D1618507

Philipp Probst

LEBENSLUST
Die Reporterin im Appenzellerland

Philipp Probst

LEBENSLUST

*Die Reporterin
im Appenzellerland*

orte Verlag

PROLOG

Als der Vollmond hinter dem Berg aufging, war sie bereit.

Sie war ruhig. Sie sass mit gekreuzten Beinen am Boden der Hütte, der roten Fensterscheibe zugewandt, die Arme ausgestreckt, die Handflächen nach oben gerichtet. Um sie herum standen Töpfe mit Pflanzen, Kräutern und Wurzeln: Arnika, Brennnessel, Gelber Enzian und viele andere. Dazwischen Steine: Kalk, Schwefel, Quarz, aber auch Metalle wie Eisen und Zinn. Und ein grosser Felsbrocken. Ein Felsbrocken mit Einkerbungen.

Beim Kamin, in dem die Kohle glühte, sass Minouche, die schwarze Katze mit der weissen Schwanzspitze und dem weissen Fleck auf dem Kopf. Sie schaute mit ihren grünen Augen schläfrig zu Fabienne.

Fabienne spürte die Wärme. An ihren Händen, an ihrem Kopf. Bald an ihrem ganzen Körper. Ihr Herz begann schneller zu schlagen. Sie schloss ihre Augen.

Sie hörte, wie die Pflanzen knisterten. Fabienne lächelte. Denn sie war sich sicher: Nicht nur mit ihr passierte etwas, sondern auch mit den Pflanzen. Sie war erleichtert: Es passierte tatsächlich etwas! Und das lag nicht allein am Licht des Vollmonds, das durch das rote Fenster schien. Es lag auch am Fensterglas, an den Metallen darin und an der eingeschliffenen Engelsfigur.

Es lag aber auch an der klaren Luft auf 1100 Meter über Meer, an der gesamten Atmosphäre.

Und es lag am Berg. Sie nannte ihn bei seinem Ur-Namen: Sambatinus, der am Samstag geborene.

Es war Samstag, kurz nach 2 Uhr.

Sie spürte, wie Minouche sich an sie schmiegte, um sie herumstrich und sich auf ihren rechten Oberschenkel setzte. Minouche starrte zum Fenster, gähnte, schaute zu Fabienne, gähnte noch einmal. Dann fielen ihr die Lider zu.

5

Fabiennes Puls wurde immer schneller. Ihr Körper glühte. Es war ein Kraftakt und ein Leiden. Aber ihr Wille war stark. Sie musste durch diese Pforte hindurch. Lange, sehr lange lieferten sich Körper und Geist einen Kampf. Der Körper wollte aufgeben. Die Hitze und der Schmerz wurden unerträglich. Der Puls hämmerte in ihrem Kopf. Sie sah Flammen. Sie glaubte zu verbrennen.

Doch sie blieb sitzen. Der Wille und der Geist gewannen.

Minouche döste friedlich.

Plötzlich sah sie sich von oben. Sah sich mit der Katze in der Mitte dieses Pflanzen- und Steinkreises, ihr rot beleuchtetes, lächelndes Gesicht, ihre rotbraunen Haare, die sich aus dem Zopf lösten, den sie geflochten hatte. Sie sah, wie sich ihr Körper langsam vom Boden abhob. Sie wurde zu einer Fee.

Minouche schnellte auf, miaute.

Fabiennes Körper schwebte durch den Raum. Er durchbrach die Decke der Hütte und wurde nun in das silberne Licht des Monds getaucht, die Haare glänzten im Mondschein und flatterten im Wind. Ihr Körper wurde immer weiter nach oben getragen, zum Mond, zu den Sternen, wurde immer kleiner und verschwand im Himmelsgewölbe.

Jetzt sah sie sich als Mädchen, wie sie mit einem Chemie-Baukasten spielte. Sie sah ihren Vater, der mit einem Segelboot auf einem Ozean über die Wellen flog. Ihre Mutter, die mit Geistern sprach. Sie sah einen Knaben, der sie frech angrinste, ins Meer zog und sie unters Wasser drückte. Sie sah sich als junge Frau in der Uni sitzen, wie sie an den Lippen der alten Professorin mit den langen, geflochtenen Haaren hing. Sie sah Pflanzen, Steine, fremde Länder und Menschen. Die Bilder wechselten immer schneller. Dann begann sich alles zu drehen und verschmolz zu einer braunen, erdigen Masse. Plötzlich erschien ein Punkt, der näherkam und heller wurde. In diesem Licht war das Antlitz eines Engels zu erkennen. Es war das Engelsgesicht aus dem roten Fenster.

Abrupt wurde es schwarz.

Sie erwachte. Sie schrie. Sie war nach hinten in die Pflanzen und Steine gekippt. Alle Glieder taten ihr weh. Sie hatte fürchterliches Kopfweh. Sie atmete durch. Ihr war heiss. Sie brauchte dringend Abkühlung. Sie musste raus.

Fabienne schnellte hoch, stolperte über den Felsbrocken mit den Einkerbungen, erreichte die Türe, öffnete sie und rannte hinaus. Sie atmete die kalte Luft ein. Wie gut das tat! Sie spürte, wie der Schmerz nachliess, wie sich ihr Puls beruhigte. Atmen, atmen, atmen.

Der Mond stand hoch am Firmament. Sein Licht liess den Sambatinus bläulich erscheinen. Es war wunderschön. Es war einzigartig. Es war ein Naturschauspiel.

Fabienne ging mit festen Schritten um die Hütte herum und schloss den Laden des roten Fensters. Dann eilte sie in die Hütte zurück, stocherte mit einem Holz in der Asche im Kamin herum, blies hinein, brachte ein Stück Kohle zum Glimmen, legte das Scheit dazu. Es brannte schnell. Sie stellte einen Gitterrost mit Beinen über das Feuer und setzte einen grossen Topf mit Wasser darauf. Dann pflückte sie Blätter, Blüten und Dornen von den Pflanzen und gab sie in das Wasser. Sie zwickte Kräuter von den Stauden und legte sie ebenfalls hinein. Dazu Wurzeln, Steine und Metallklumpen.

Minouche sass daneben und starrte sie an.

Fabienne ging in den kleinen Nebenraum. Ein Schreibtisch mit Computer, Büchern, Unterlagen und Dossiers. Dahinter ein Regal mit Fläschchen, Reagenz- und Kolbengläsern. Sie nahm einige, ging zurück zur Feuerstelle, betrachtete die Flüssigkeiten in den Gläsern, roch daran und schüttete sie in den Topf. Mit einer Holzkelle rührte sie vorsichtig im Wasser, mal nach rechts, mal nach links, mal in einer Acht, mal in Herzform. Sie zählte stumm die Sekunden.

Die schwarze Katze mit der weissen Schwanzspitze und dem

weissen Fleck auf dem Kopf sprang Fabienne plötzlich an, krallte sich an den Pullover und kraxelte auf Fabiennes Schulter.

Nach sieben Mal sechzig Sekunden legte Fabienne die Kelle beiseite und wartete. Sie setzte sich auf einen Schemel am Feuer und starrte in den Topf. Das Wasser begann zu brodeln und liess die Blätter und Kräuter tanzen. Ein herber Duft breitete sich aus. Minouche schnurrte. Fabienne wurde müde. Sie knickte nach vorne und schlief auf dem Schemel sitzend ein.

Das laute Gebimmel einer Glocke liess sie erwachen. Fabienne räkelte sich, stand auf. Ihre Glieder schmerzten. Das Feuer war erloschen. Draussen war es hell. In der Hütte roch es herb und bissig. Fabienne sah um sich und suchte nach Minouche. Die Katze war verschwunden.

Fabienne stand auf, ging zur Türe und öffnete sie. Das Tageslicht blendete. Sie blinzelte, sah, dass eine Kuh mit einer grossen Glocke sie anglotzte. Fabienne hielt ihr die Hand hin. Die Kuh leckte sie mit ihrer rauen Zunge ab. Dann streckte sie ihre Zunge nach Fabiennes langen Haaren aus. Erst jetzt wurde Fabienne bewusst, dass sich die Haare aus dem Zopf gelöst hatten und nicht etwa zerzaust waren, sondern so, als wären sie lange und liebevoll gekämmt worden.

Fabienne warf die Haare in den Nacken und streichelte die Kuh. Diese trottete davon und liess ihre Glocke erklingen. Fabienne atmete tief durch, warf einen Blick auf den mächtigen Berg, den Säntis, den Sambatinus, und ging in die Hütte zurück. Sie nahm einen Suppenlöffel und schöpfte die Brühe aus dem Topf in eine Tasse.

Sie nippte daran. Der Tee war lauwarm, schmeckte bitter, bissig, erdig. Mit grossen Schlucken leerte sie die Tasse.

Sie schöpfte nach.

Nein, ein Genuss war es nicht. Aber das musste es auch nicht sein. Fabienne ging nach draussen.

Plötzlich spürte sie einen Stich im Magen. Ihr wurde übel. Schwindelig.

Wasser. Sie brauchte Wasser. Sie müsste ihren Trunk verwässern. Sie hielt ihren Bauch und rannte zum Brunnen, der neben der Hütte stand. Sie hielt den Kopf unter den Hahn mit frischem Quellwasser.

Das Wasser, das über ihren Kopf plätscherte, spürte sie nicht. Sie sackte zusammen.

Es wurde ganz schnell ganz still. Sie sah jetzt weder Feen, Engel, noch Sterne.

Sie sah nichts.

Nichts.

1

Selma kam aus der Dusche. Sie trug ihren flauschigen Morgen-rock und trocknete ihre langen, braunen Haare mit einem Frot-teetuch.

Da klingelte die Hausglocke.

Selma wischte mit dem Tuch schnell ihre nassen Füsse ab, ging barfuss ins Wohnzimmer, öffnete das Fenster und schaute vom dritten Stock hinunter zum Eingang ihres Hauses «Zem Syydebändel» am Basler Totentanz. Doch es stand niemand draussen.

Es klingelte erneut.

«Ich komme», rief Selma. Sie vermutete, dass ihre Mutter, die im ersten Stock lebte, direkt vor der Wohnungstüre stand. Oder ihre beste Freundin, die gleich unter ihr im zweiten Stock wohnte. Aber nein, schliesslich war es kurz nach 9 Uhr, und Lea müsste längst in ihrem Coiffeursalon im Parterre des Hauses sein. Also würde es ihre Mutter sein. Allerdings wunderte sich Selma, dass sie klingelte. Meistens klopfte Charlotte. Und trat danach manchmal gleich ein.

Selma öffnete die Türe und sagte: «Mama, warum ...»

Es war nicht Selmas Mutter Charlotte, die vor ihrer Wohnungstüre stand. Es stand überhaupt niemand da. Es kniete jemand vor ihrer Türe. Es musste ein Mann sein, denn er trug einen Nadelstreifenanzug. Der Mann kniete ganz tief und hatte den Kopf zum Boden gesenkt bis auf die Fussmatte. Er hatte halblange, gegelte Haare. Und er trug rote Cowboy-boots.

«Jonas, was soll das?», fragte Selma irritiert.

«Jesusmariasanktjosef, Selmeli, bitte verzeih mir», sagte Jo-nas Haberer in einem hohen monotonen Singsang. «Ich bitte um Gnade.» Er hob ohne aufzublicken etwas den Kopf und atmete tief durch die Nase ein. Mehrere Male. «Ich rieche Lavandula angustifolia, wie wir Lateiner sagen. Lavendel, Selmeli, du duftest nach Lavendel. Lavendel soll eine beruhigende Wirkung haben.» Er atmete noch einmal tief ein und aus und senkte dann seinen Kopf wieder auf die Fussmatte. «Ja, ich spüre sie schon. Lavandula angustifolia tut meinem unsteten und manchmal aufbrausenden Geist gut.»

«Was ist denn mit dir passiert?», fragte Selma.

«Selmeli, oh holde und gütige Selma des adligen Geschlechts Legrand-Hedlund. Ich knie vor dir und bitte dich um Verzeihung für all meine Schandtaten. Darf ich mein Haupt nun erheben und zu dir ...» Haberer stockte, starrte gebannt auf Selmas nackte Füsse, räusperte sich laut und sagte jetzt in seinem normalen, lauten und rüden Tonfall: «Selmeli, du hast griechische Füsse!»

Selma musste lachen und sagte: «Griechische Füsse? Was sind griechische Füsse?»

«Sie sind göttlich. Du bist eine griechische Göttin.»

«Jonas!»

«Von griechischen Füssen spricht man, wenn der zweite Zeh länger ist als der grosse.»

Selma schaute zu ihren Füssen: «Aha, das wusste ich nicht.»

«Deine Füsse sind wunderschön, oh göttliche Selma, aber sehr, sehr knochig. Darf ich mich nun erheben und dir ins Antlitz schauen?»

«Jonas, ich bitte dich darum.»

Unter lautem Gestöhne erhob sich Jonas Haberer, schaute Selma ins Gesicht und hob die dichten Augenbrauen: «Selmeli, du siehst schrecklich aus.»

«Oh, danke, vielleicht ist es besser, wenn du wieder hinkniest.»

«Selmeli, nicht nur deine Füsse sind knochig, dein Gesicht ist es auch.»

«Komm jetzt endlich herein», sagte Selma und ging zur Küche. «Und nenn mich nicht immer Selmeli.»

Selma goss Kaffee aus dem Krug der Filterkaffeemaschine, die sie vor dem Duschen in Gang gesetzt hatte, in zwei Tassen, gab in ihre Milch dazu und setzte sich zu Jonas an den Küchentisch.

«Wo ist die Schnapsflasche?», murrte Haberer leise.

«Es ist gerade einmal neun Uhr, Jonas.»

«Du hast recht. Aber dein Gesöff kann man ohne Schnaps nicht trinken.» Er nippte das Getränk, schluckte und verzog das Gesicht: «Doch, mit viel Fantasie kann man den Kaffeegeschmack in diesem heissen Wasser erkennen.»

«Du willst dich also entschuldigen?»

«Ja.»

Es waren gut zehn Monate vergangen, seit Selma Legrand-Hedlund, die Reporterin, ihren Auftraggeber Jonas Haberer das letzte Mal gesehen hatte. Jonas hatte zwar immer wieder angerufen und geschrieben, aber Selma hatte nie geantwortet. Das Drama, das sie im vergangenen Sommer auf dem Piz Bernina im Engadin erlebt hatte, beschäftigte sie bis heute. Ihre Erfrierungen waren verheilt. Doch nach wie vor hatte sie die Bilder vor Augen, wie Julia, die Braut, nach dem Gipfelkuss auf dem Piz Bernina mit ihrem Bräutigam beim Abstieg in den Tod gestürzt war. Bilder, die sie mit ihrer Kamera festgehalten hatte, weil sie den Abstieg des Brautpaars über den Biancograt, der Himmelsleiter, fotografieren wollte. Bilder, die Jonas Haberer anschliessend gegen ihren Willen an die Medien verkauft hatte.

«Selma, es tut mir aufrichtig leid», säuselte Haberer in seinem breiten Berner Dialekt. «Kannst du mir verzeihen? Können wir endlich wieder zusammenarbeiten?»

«Jonas, wie lange kennen wir uns?», fragte Selma, wartete aber die Antwort nicht ab. «Viele Jahre. Du warst mein journalistischer Ziehvater, mein Mentor, hast mich als Fotografin und

Reporterin herumgehetzt, in die Machenschaften der Politik eingeführt, mich im Dreck wühlen lassen und mich öfters in den Schlamassel geritten. Aber gut, das ist lange her. Dann haben wir uns beide selbstständig gemacht. Ja, ich bin dir dankbar, dass du als Medienunternehmer mit all deinen Kontakten mir immer wieder schöne Aufträge zugehalten hast. Und ich glaubte wirklich, du hättest dich geändert. Ich dachte, du betrügst keine Leute mehr. Aber dann das! Jonas, du hast die Todesbilder an die Medien verscherbelt.»

«Also verscherbelt würde ich es nicht nennen», maulte Haberer. «Ich habe einen tollen Preis erhalten und redlich mit dir geteilt. Zudem haben wir das grosszügige Honorar des Brautpaars behalten können. Also ganz so schlecht ist die Sache nicht gelaufen, würde ich mal ...»

«Kapierst du es nicht?», unterbrach ihn Selma wütend. «Nur weil Julia eine der reichsten Erbinnen Deutschlands war, haben sich die Medien auf die Fotos gestürzt und ihr Schicksal breitgeschlagen.»

Jonas Haberer senkte seinen Kopf und sagte kleinlaut: «Ich weiss. Schande über mich.» Nun schaute er mit Hundeblick zu Selma. «Können wir nicht wieder Freunde sein?»

Selma verschränkte die Arme. «Kann man mit dir befreundet sein? Ist überhaupt jemand mit dir befreundet?»

«Du willst, dass ich weine, nicht wahr?» Haberer verzog das Gesicht und versuchte eine Träne herauszudrücken.

«Blödmann», sagte Selma und trank Kaffee. Vielleicht hatte Haberer recht, vielleicht war es an der Zeit, einen Schlussstrich zu ziehen. Sie stellte die Tasse ab und reichte Haberer die Hand.

Jonas drückte sie fest: «Endlich, Selmeli, Selma, Madame Selma Legrand-Hedlund. Danke.» Er stand auf und sagte barsch: «Wir sehen uns.»

Klack – klack – klack. Haberer stampfte mit seinen roten Boots übers Parkett zur Wohnungstüre. Selma folgte ihm. Jonas öffnete die Türe, drehte sich um, griff in die Innenseite seines Jacketts, zückte einen Briefumschlag und sagte: «Fast hätte ich das Wichtigste vergessen.» Er überreichte Selma das Couvert, nickte, klemmte sich eine Haarsträhne hinters Ohr und verliess die Wohnung.

Haberers Schritte hallten durchs Treppenhaus. Dann hörte Selma, wie ihre Mutter Jonas begeistert begrüsste und ihn zu einem Frühschoppen einlud.

Selma lächelte und ging zurück in die Küche. Sie setzte sich und öffnete den Briefumschlag. Zum Vorschein kam ein Gutschein für einen Wellnessurlaub am Bodensee. Von Hand hatte Haberer etwas darauf gekritzelt, was Selma mühsam entziffern musste: «Für dich und deinen lieben besten Freund und Partner Märssu. Ihr dürft ab nächster Woche ausspannen. Also fast ...» Dahinter hatte Jonas einen Smiley gezeichnet.

«Warum fast?», fragte sich Selma. «Habilein, was hast du vor?»

2

Selma schaute sich lange im Spiegel an. Haberer hatte recht. Sie war knochig geworden. Dass sie Gewicht verloren hatte, wusste sie. Marcel, ihre Freundin Lea und auch ihre Mutter Charlotte hatten ihr immer wieder gesagt, dass sie mehr essen soll. Doch sie konnte einfach nicht.

Wie sie auch nicht mehr arbeiten konnte. Und auch nicht malen. All das, was sie vor dem Unglück auf dem Piz Bernina, bei dem sie selbst fast gestorben wäre, mit grosser Leidenschaft gemacht hatte, war nicht mehr wichtig.

War es wirklich nicht mehr wichtig?

Zum ersten Mal zweifelte sie daran. Marcel hatte immer wieder zu ihr gesagt, dass sie Zeit brauche, irgendwann würde die

Lebensfreude zurückkehren. Hatte er recht? War jetzt der Zeitpunkt gekommen?

Marcel, ihr Partner, ihr bester Freund, Bus- und Tramchauffeur bei den Basler Verkehrs-Betrieben, war eigentlich Psychologe. Diesen Beruf übte er aber nicht mehr aus, weil ihn die Patienten und deren Erkrankungen zu sehr belastet hatten. Noch immer wohnten sie nicht zusammen, und übers Heiraten hatten sie …

Selma erschrak. Heiraten! Tatsächlich. Selma hatte vor dem Unfall immer wieder daran gedacht. Sie hatten sogar darüber gesprochen. Wann war es das letzte Mal? Genau, damals, als sie auf dem Berg in diesem fürchterlichen Sturm im Delirium war und mit Marcel per Funk kurz geredet hatte. Aber seither war Heiraten kein Thema mehr gewesen.

«Selma, du musst endlich zurück ins Leben», sagte sie ihrem Spiegelbild und lächelte es an. Aber nur kurz. Sie sah das Grübchen in ihrer rechten Wange, das sie von ihrem leiblichen Vater Arvid Bengt geerbt hatte. Sie hatte es noch nie gemocht. Aber jetzt war es noch markanter geworden. Richtig eklig, wie sie fand.

Sie wandte sich ab und zog sich an. Enge Jeans, die an ihr nicht mehr wirklich eng wirkten, ein weisses Hemd, halbhohe Sandalen. Sie betrachtete ihre Füsse und schmunzelte: «Griechische Füsse …»

Sie schminkte sich dezent, frisierte ihre mittlerweile trockenen dunkelbraunen, gewellten Haare und lächelte erneut ihr Spiegelbild an. Ich muss wirklich mehr essen, nahm sie sich vor. Dann holte sie aus ihrer grossen Schublade, in der sie all ihre Handtaschen aufbewahrte, eine beige Alltagstasche hervor, steckte Haberers Gutschein hinein, um ihn Marcel zu zeigen, und verliess ihre Wohnung.

Aus dem ersten Stock hörte sie lautes Lachen. Es war Haberers Lachen. Selma klingelte bei ihrer Mutter und wurde von einer glücklich lächelnden Charlotte empfangen. Sie trug ein bordeauxrotes Kleid mit hohen schwarzen Pumps mit einem bordeauxroten Blumenmuster. Der Lippenstift passte einmal mehr perfekt dazu. Der silbergraue Pony-Haarschnitt war ebenfalls in bester Form.

«Sind wir nicht zum Mittagessen verabredet?», fragte Selma. «Du und ich und die ganze Familie? Du wolltest uns doch etwas mitteilen.»

«Aber sicher», antwortete Charlotte und bat ihre Tochter herein.

Jonas Haberer sass breitbeinig auf dem abgewetzten Biedermeiersofa und grinste. Auf dem Salontisch standen eine halbleere Flasche Aquavit und zwei Gläser. «Selmeli, habe ich nicht gesagt, dass wir uns sehen? Überraschung, ich bin immer noch da!» Er hob die Hände und schnitt eine Grimasse.

Charlotte nahm ihre Tochter in die Arme und sagte: «Ich wusste, dass es klappt. Es war auch höchste Zeit.»

Selma löste sich von ihrer Mutter und schaute sie mit ernster Miene an: «Was wusstest du? Hast du Haberer ...?»

«Ich habe ihn zu unserem Familienessen eingeladen und gedacht, dass es höchste Zeit wäre, die Sache zwischen dir und ihm zu klären. Ist das verkehrt, Liebes?»

«Nein», sagte Selma zögerlich.

«Na los, Selmeli, trinken wir einen», sagte Haberer laut.

Charlotte brachte ein drittes Schnapsglas. Jonas schenkte ein, prostete allen zu und kippte den Inhalt hinunter. Selma nippte den Schnaps, Charlotte nicht einmal das.

«Danke für das Geschenk», sagte Selma zu Haberer.

«Aber gerne. Das Hotel ist sehr gepflegt und auf Öko getrimmt. Da kannst du mit Märssu den ganzen Tag mit bestem Gewissen wellnessen und die Seele baumeln lassen.»

«Und du kannst segeln lernen», ergänzte Charlotte. «Das wolltest du doch.»

Auch das hatte Selma völlig vergessen. Sie wollte mit ihrem schwedischen Vater Arvid Bengt, den sie erst kurz vor dem Drama im Engadin persönlich kennengelernt hatte, segeln. Und sie wollte mit ihm malen. Eine Leidenschaft, die sie ebenfalls von ihm geerbt hatte. Nicht nur das Grübchen.

«Wandern kannst du auch», sagte Haberer. «Das nahe gelegene Appenzellerland ist ein Wanderparadies. Das wird deiner Seele und deinem Geist und deinem Körper guttun. Du kannst all die mystischen Kraftorte besuchen und endlich wieder richtig gesund werden.»

«Also das hast du gemeint mit deinem Hinweis auf dem Feriengutschein?»

«Welcher Hinweis?», fragte Haberer.

Selma nahm den Briefumschlag aus der Handtasche und las vor: «Ihr dürft ab nächster Woche ausspannen. Also fast …»

Haberer goss sich nochmals Aquavit nach und leerte das Glas erneut in einem Zug. Dann sagte er: «Nimm auf alle Fälle deine Fotoausrüstung mit. Ich habe einen kleinen Auftrag für dich, der dir grosse Freude bereiten wird. Du besuchst eine Kräuterhexe. Eine echte Kräuterhexe!»

«Eine Kräuterhexe?»

«Na ja …» Haberer räusperte sich. «Tolle Sache. Eine Geschichte, wie für dich gemacht. Du wirst deinen Grossvater Heini Hedlund …»

«Hjalmar», korrigierte Charlotte. «Er hiess Hjalmar Hedlund und wanderte als Forscher von Schweden nach Basel aus.»

«Mitbegründer der heutigen Pharmamultis, ich weiss, liebe Charlotte», sagte Haberer und wandte sich wieder Selma zu: «Du wirst wie dein Grossvater Grosses erschaffen. Und die Pharmabranche auf den Kopf stellen.» Er strich sich eine Haarsträhne aus dem Gesicht und ergänzte: «Mit meiner unbedeutenden Unterstützung.»

3

Im Restaurant Schiff in der St. Johanns-Vorstadt, nur hundert Meter vom Haus «Zem Syydebändel» entfernt, stocherte Selma lustlos in ihrem Teller herum. Sie hatte sich das vegetarische Menü bestellt, einen Auberginen-Pasta-Auflauf. Eigentlich schmeckte es ihr, aber in Gedanken war sie woanders.

Sie war im Appenzellerland und stellte sich vor, wie sie eine Kräuterhexe fotografierte. Was war überhaupt eine Kräuterhexe? Eine etwas seltsame alte Frau, die aus Kräutern geheimnisvolle Mixturen mischte? Selma fragte sich auch: Kann ich es noch? Beherrsche ich das Reporter-Handwerk? Und was will Haberer damit bezwecken? Was sollte der Hinweis auf die Pharmabranche? Da schenkt er mir einen Urlaub, dachte Selma, und verknüpft ihn mit einem Auftrag. Verschaukelt er mich schon wieder?

Mitten im Essen stand sie auf und bat Haberer hinaus. Charlotte, Selmas Schwester Elin und ihr Mann Eric, Marcel und Selmas beste Freundin Lea schauten irritiert, als die beiden auf die Strasse hinaustraten. Nur Erins und Erics Kinder Sven und Sören assen unbekümmert weiter.

«Jonas», sagte Selma resolut. «Was soll das?»

«Selmeli, was meinst du?»

«Du sollst mich nicht Selmeli nennen!»

«Ups, das wird ein ernsthaftes Gespräch.» Er zupfte an der weissen Serviette, die er ins Hemd gesteckt hatte. In seinen Mundwinkeln klebten Reste von der Tomatensauce.

«Du schickst mich in die Ferien und gleichzeitig zu einem Auftrag. Verkaufst du mich für blöd?»

«Nein, natürlich ...» Haberer hielt inne und wartete, bis ein Tram der Linie 11 vorbeigefahren war. «Natürlich nicht. Ich dachte wirklich, der kleine Auftrag freut dich.»

«Für wen ist der Auftrag? Wer ist unser Kunde?»

Haberer druckste herum: «Ich habe noch keine definitive Strategie. Wir müssen die Geschichte zuerst im Trockenen haben. Das ist ein bisschen ...»

«Du gibst mir einen Auftrag, der möglicherweise im Papierkorb landet?», unterbrach ihn Selma unwirsch. «Einfach, um eine übergeschnappte Reporterin etwas werkeln zu lassen? So als Psychotherapie? Danke für dein Mitleid.»

«Mach mal halblang, Selmeli, der Auftrag ist delikat.»

«Aha?»

«Sehr delikat sogar.»

«Und wer hat dich darauf gebracht?»

«Das kann ich dir nicht sagen.»

«Das wird immer besser. Die doofe Selma erstellt eine Fake-Story für einen geheimnisvollen Kunden oder einen Fake-Kunden!»

Haberer packte Selmas Arm und sagte jetzt wütend und laut: «Jetzt krieg dich wieder ein, Selma. Es reicht endgültig. Erstens habe ich mich entschuldigt. Und zweitens bist du an diesem Scheiss-Unfall auf dem Piz Bernina nicht schuld. Und drittens», Haberer sprach nun sehr leise in Selmas linkes Ohr, «ist das ein verdammt heisser Auftrag. Die Kräuterhexe ist nicht einfach eine Kräuterhexe, sondern heisst Fabienne Richemond und ist Doktor der Biochemie. Sie erforscht das ewige Leben. Sie ist verdammt nah dran, den Schlüssel beziehungsweise den Cocktail dafür zu finden. Und wir werden die Story als Erste gross bringen und richtig abkassieren.» Er liess Selma los, hustete und ergänzte: «Sofern alles gut ausgeht.»

«Sofern alles gut ausgeht?»

«Also, die Sache ist die ...» Er neigte sich wieder zu Selma und sprach noch leiser. «Big Pharma ist natürlich nicht erfreut, dass eine Kräuterhexe beziehungsweise eine unabhängige Forscherin den Code zum ewigen Leben knackt. Die werden alles versuchen, an sie heranzukommen. Und wir werden uns warm anziehen müssen, Selmeli. Gerade du, da du in Basel wohnst, der Hauptstadt der Big Pharma.»

«Benutzt du mich als Versuchskaninchen? Als dumme Nuss, die es nicht mehr bringt?»

Haberer schaute Selma mit funkelnden Augen an und zischte: «Ich schicke dich einzig und alleine deshalb zu dieser Hexe, weil du die Beste bist. Hast du das kapiert?»

«Okay», sagte Selma kleinlaut.

«Bitte?», schrie Haberer. «Hast du das kapiert?»

«Ja», sagte Selma nun mit fester Stimme. «Danke, ich muss und will zurück ins Leben.»

Haberer strich ihr über die Wange: «Braves Mädchen. Und kein Wort über Big Pharma. Zu niemandem. Auch nicht zu Märssu. Das ist alles geheim. Du fotografierst einfach eine Kräuterhexe, die einen Zaubertrank mixt.» Er wedelte mit der Hand vor dem Gesicht, um anzudeuten, dass diese Kräuterhexe nicht alle Tassen im Schrank hätte.

Selma nickte, ging mit Haberer zurück ins Restaurant und setzte sich wieder an ihren Platz zwischen Marcel und Lea. Marcel fragte: «Alles in Ordnung, Liebste?»

«Ich glaube schon. Wir fahren nächste Woche in die Ferien.»

Marcel nahm Selmas Hand und drückte sie fest. «Ich weiss. Jonas hat mich informiert, und ich konnte Ferien nehmen.»

«Du hast das ...»

«Ich habe gar nichts», sagte Marcel. «Also fast nichts. Ich habe Jonas lediglich gebeten, dir endlich Arbeit zu geben. Weil du aus diesem Loch herausmusst. Den Rest hat er gemacht.»

«War ich unerträglich?»

«Nein ... aber ... es war manchmal schwierig.»

«Also unerträglich.» Selma gab Marcel einen Kuss: «Sag es einfach, wie es ist, du lieber Klugscheisser.»

Marcel neigte sich vor und schaute zu Lea hinüber: «Deine Freundin ist übrigens auch nicht ganz unschuldig.»

Lea liess ihr Besteck fallen. Alle am Tisch und auch an den Nachbartischen verstummten. Lea weinte plötzlich. Dann wischte sie sich die Tränen ab und sagte: «Selma, weisst du eigentlich, dass wir uns alle seit Monaten Sorgen um dich machen? Du gehst nicht mehr in die Kletterhalle wie vor der Tour auf den Piz Bernina, du vernachlässigst unsere Fasnachtsclique. Dass dein Buch über die Wölfe erschienen ist und ein Erfolg wurde – nicht einmal das konnte dich aufmuntern. Und das Schlimmste», Lea wischte sich nochmals die Tränen ab, «du kommst kaum noch zu mir in den Salon.»

«Das stimmt nicht», wehrte sich Selma.

«Du kommst höchstens noch einmal im Monat, früher bist du jede Woche oder jeden Tag gekommen!» Alle am Tisch lachten. An den Nebentischen wurde gemurmelt. «Das ist doch nicht normal», fuhr Lea fort. «Süsse, wir mussten irgendwas tun. Und der, der dich bisher immer aus der …» Lea zögerte.

«Aus der Scheisse geholt hat», ergänzte Selma.

«Das war meistens Jonas. Selma …» Ihr Stimme wurde von Tränen erstickt.

Selma neigte sich zu ihr und umarmte sie.

Plötzlich klingelte jemand mit dem Messer an ein Glas. Es war Charlotte: «Darf ich diesen emotionalen Augenblick noch ein bisschen emotionaler machen? Ich habe dieses Familientreffen einberufen, weil ich euch etwas zu sagen habe.»

Alle schauten zu Charlotte.

«Nach dem Tod meines geliebten Mannes Dominic-Michel wurde mein Leben, wie soll ich sagen, schwierig? Ich wurde eine alte Frau.»

Gemurmel in der Runde.

«Doch, doch», fuhr Charlotte fort. «Ich habe zwei wunderbare Töchter», sie schaute zu Selma und Elin, «zwei wunderbare Enkel, eine wunderbare Familie und wunderbare Freunde.» Nun schaute sie zu Marcel, Lea und Jonas. «Aber die Lebensfreude fehlte mir. Ich dachte, ich nehme mein Geheimnis über Selmas Vater mit ins Grab. Aber die Dinge kamen anders. Ich habe meine damalige Liebe in Schweden wieder getroffen. Wir kamen uns näher. Und ich habe ihn in seiner Heimat besucht. Selma wollte mich leider nicht begleiten, was ich verstehen kann, nach allem, was im Engadin passiert ist. Jetzt möchte ich euch mitteilen, dass Arvid Bengt in die Schweiz kommt. Zu Mittsommer. Stellt euch vor: Ein Schwede verzichtet auf das Mittsommerfest in seinem Land. Nur, um bei uns zu sein.»

«Mama», sagte Selma. «Mittsommer? Arvid Bengt kommt ausgerechnet zu Mittsommer?»

«Ja. Es war die Mittsommernacht vor ein paar Jährchen, in der du entstanden bist, Selmeli.»

«Wow», sagte Selma. «Und wie lange bleibt mein Papa hier?»

Charlotte schaute jeden einzelnen am Tisch an. Es herrschte absolute Ruhe im Restaurant. Selbst die Servicemitarbeitenden unterbrachen ihre Arbeit und schauten zu Charlotte.

Charlotte lächelte bloss. Dann setzte sie sich und lächelte ungeniert weiter.

Nun stand Jonas Haberer auf: «Es war mir eine Ehre, bei diesem Festmahl dabei zu sein.» Er zog die Serviette aus dem Hemd, wischte sich zuerst den Mund ab, dann die Stirn und schliesslich seine Augen: «Mir kommen die Tränen.» Er schaute zu Charlotte: «Ich dachte, da ich schon bei Selmeli, ähm, Selma, keine Chance habe, könnte ich bei dir landen, Charlotte.» Alle lachten. «Nun denn», fuhr Haberer fort, «ich verlasse euch leider, ich muss zu einem Kumpel, mit dem ich schon einmal die Welt gerettet habe. Tja, was soll ich sagen? Ich bin zwar der grösste Reporter, aber dennoch ...», er nahm die Menükarte und zeigte auf das Logo des Restaurants, einem Segelschiff, «... dennoch bin ich nur ein kleiner Matrose auf dieser Welt.»

Er winkte und verliess das Restaurant Schiff mit lauten Schritten. Klack – klack – klack.

4

Selma hätte nach dem Mittagessen gerne mit Marcel geredet. Aber er musste zum Dienst auf das 16er-Tram. Also wandte sich Selma an ihre Schwester Elin: «Machen wir einen Spaziergang?»

Elin war einverstanden und verabschiedete sich von Eric und ihren Söhnen Sven und Sören. Eric meinte, dass sie bestimmt einiges zu bereden hätten, da Charlottes Neuigkeit doch sehr viel Spielraum für Spekulationen lassen würde.

«Was soll das?», meinte Elin, als sie mit Selma unten am Rheinufer angekommen war.

«Mein leiblicher Vater Arvid Bengt besucht uns», erklärte Selma. «Oder was meinst du?»

«Ich frage mich, was zwischen den beiden läuft. Mama hat einmal mehr nur Andeutungen gemacht.»

Selma blieb stehen und schaute auf den Rhein: «Würde es dich stören, wenn etwas laufen würde? Wäre das für dich ein Verrat an unserem Vater Dominic-Michel? Ach, Elin, wir wissen doch längst, dass die beiden ein Paar sind. Ich freue mich für sie.»

Elin umarmte Selma von hinten und flüsterte in ihr Ohr: «Es ist alles gut, so wie es ist. Mama hat unseren Vater Dominic-Michel geliebt. Und wenn sie jetzt ihre alte Liebe zu Arvid Bengt, deinem Erzeuger, wiederentdeckt hat, dann ist das auch gut. Vielleicht bekomme ich wie du auch noch einmal einen Vater. Und Sven und Sören einen Grossvater.»

Selma drehte sich um und klammerte sich nun richtiggehend an Elin: «Das wäre so schön. Und wir werden nie vergessen, dass Dominic-Michel unser Vater ist. Auch wenn ich nicht seine Gene habe. Versprich mir, Schwesterherz, dass wir eine Familie bleiben.»

«Das verspreche ich dir gerne, grosse Schwester», sagte Elin. «Mama wirkt wirklich viel jünger.»

«Du wolltest sie schon ins Altersheim verfrachten», sagte Selma gespielt empört.

«Sie hat sich eine Zeit lang auch wie eine alte Tante angestellt. Aber dank Arvid Bengt lebt sie auf. Und er ist Schwede, wie ihr Vater und unser Grossvater, der grosse Forscher Hjalmar Hedlund.»

Die beiden Frauen spazierten dem Rheinbord entlang Richtung Totentanz und Mittlere Brücke.

«Gehen wir einmal alle zusammen schwimmen?», fragte Selma.

«Alle zusammen? Wen meinst du mit alle?»

«Die ganze Familie.»

«Na ja, wenn Arvid Bengt sich in den Rhein traut. Ohne Mama allerdings. Du weisst, Mama würde nie im Rhein schwimmen. Er ist und bleibt für sie eine Kloake.»

«Da wäre ich nicht so sicher. Wenn Arvid Bengt hineinspringt, kommt Mama vielleicht auch. Arvid Bengt ist immerhin Wikinger und kann segeln. Also wird er auch in Seenot geratene Damen retten können. Mama wird entzückt sein.»

Die beiden Schwestern lachten.

Nach einer Weile fragte Elin: «Was war das eigentlich mit Jonas? Was habt ihr draussen besprochen?»

«Es ging um einen etwas merkwürdigen Auftrag. Ich soll im Appenzellerland eine Kräuterhexe fotografieren, die aber eine seriöse Wissenschaftlerin ist und sich mit Genetik und solchen Sachen auskennt.»

«Sie sucht nicht zufällig nach der Medizin für das ewige Leben? Oder zumindest nach dem Zaubertrank, der das Leben verlängert?»

«Doch», sagte Selma erstaunt und blieb stehen. «Woher weisst du das?»

«Das ist in der Pharmabranche ein Riesenthema, weil es auch ein Milliardengeschäft sein wird. Die Alterung stoppen, für immer jung sein – Selma, stell dir das mal vor!»

«Möchtest du das?»

«Nein», sagte Elin und zog mit den Händen ihre Haut im Gesicht nach hinten um ihre ersten Fältchen zu glätten. «Also …»

«Hör auf», sagte Selma und lachte. «Ich wäre schon froh, es gäbe eine Anti-Grübchen-Pille!» Sie lächelte und zeigte auf ihr Grübchen in der rechten Wange.

«Die Menschen erforschen die Alterung schon lange», sagte jetzt Elin sehr sachlich. «Und Unsterblichkeit ist ein Menschheitstraum. Wo ist das Kraut zum ewigen Leben? Ich finde die Mischung Naturwissenschaftlerin und Hexe sehr originell. Und dann ausgerechnet im Appenzellerland.»

«Aha? Wie meinst du das?»

«Das Appenzellerland war schon immer bekannt für eine äusserst liberale Gesundheitspolitik. Deshalb gab es dort immer wieder viele Quacksalber und Scharlatane. Aber nichtsdestotrotz: Das Appenzellerland ist eine sagenumwobene und mystische Gegend. Ich könnte mir vorstellen, dass da übersinnliche Kräfte mit im Spiel sind.»

«Wow, Elin», sagte Selma erstaunt. «So kenne ich dich überhaupt nicht.»

«Wie kennst du mich nicht?» Elin schaute Selma erstaunt an und strich sich durch ihre kurzen Haare.

«Elin, du bist doch Wissenschaftlerin. Du glaubst nur das, was man beweisen kann.»

«Ich bin Apothekerin. Und durchaus mit der Homöopathie vertraut. Und mit den Kräften von Kräutern und Wurzeln und Steinen. Es ist ein grosses Gebiet. Und welches Medikament letztlich wie auf einen Menschen wirkt, ach, wer weiss das schon so exakt?»

«Hilfst du mir bei der Recherche? Darf ich dich fragen, wenn ich nicht mehr weiterweiss?»

«Natürlich. Ich werde mich in meine alten Studienbücher vertiefen und mich im Internet über die aktuellen Forschungen zur Unsterblichkeit schlau machen.»

«Das ist lieb, vielen Dank.»

«Und dir viel Glück, Liebes, beim Wiedereinstieg. Aber falle nicht gleich in den Reporterin-Modus zurück.»

«Bitte?»

«Na ja, in den Selma-ist-fixiert-auf-eine-Story-Modus.»

«Aha. Davon hat mir Lea schon berichtet.»

«Deine beste Freundin wird es wohl wissen. Marcel ebenso. Mama und ich kennen diese Selma natürlich auch. Nur noch Reporterin, keine Selma mehr.»

«So schlimm?»

«So schlimm.»

Selma sagte nichts dazu.

Die Schwestern gingen noch einige Schritte und schauten auf den Rhein. Das Wasser stand hoch, war braun und hatte mächtig Zug, weil es in den letzten Tag oft und reichlich geregnet hatte. Die Klingentalfähre legte gerade ab und liess sich zur Kleinbasler Seite treiben.

«Und die letzten Monate?», fragte Selma. «Seit dem Drama am Piz Bernina? Auch schlimm?»

«Ja, auch schlimm.»

«Wie schlimm?»

«Du hast deine Verletzungen auskuriert, Julias Tod verarbeitet, Haberers Fehltritt mit den Absturzbildern. Dann das Kennenlernen deines leiblichen Vaters. Da ist viel zusammengekommen.»

«War ich zickig?»

«Verletzlich, Selma, sensibel.»

Selma lachte laut heraus und sagte: «Jetzt klingst du wie Marcel!»

«Dein Psychologe, Partner und liebster Klugscheisser», sagte Elin und ergriff Selmas Hände: «Er war immer für dich da. Vergiss das nicht.»

Selma umarmte Elin und sagte: «Danke. Danke für alles. Ich liebe dich, Schwesterlein.»

«Ich dich auch. Und jetzt freue dich auf den Bodensee, das Appenzellerland und auf deine Ferien mit Marcel.»

«Wir könnten eigentlich den Rhein hinaufschwimmen», meinte Selma. «Dann kämen wir direkt zum Bodensee. Irgendwann in hundert Jahren. Oder wir können übernatürliche Kräfte mobilisieren.»

«Oha», kommentierte Elin, «ist die Abenteuerlust zurückgekehrt?»

«Wer weiss ...»

Die Schwestern gingen Arm in Arm zum Totentanz. Dann verabschiedete sich Elin und ging zum 34er-Bus, der sie an ihren Wohnort in Riehen brachte.

Selma winkte ihr nach. Und sie empfand ein Gefühl, dass sie fast vergessen hatte: Glück.

5

Jonas Haberer hatte sich nicht lumpen lassen. Die Romantiksuite im Märchenschloss in Rorschacherberg erwies sich tatsächlich als romantisch: ein wunderbarer Ausblick auf den Bodensee, weisse bis auf den Boden reichende Vorhänge, Holzmöbel und rosarote Bettwäsche. Und Aquarelle mit Dornröschenmotiven an den Wänden. Denn Selma und Marcel hatten die Dornröschensuite bekommen. Alle Romantiksuiten hatten den Namen eines Märchens und waren mit entsprechenden Bildern ausgestattet. Es gab auch viele Blumen im Zimmer. Passend zu Dornröschen natürlich Rosen. Und es hatte ein Cheminée. Selma war begeistert. Dazu kam, dass das Hotel, wie Haberer versprochen hatte, viel Wert auf Nachhaltigkeit legte, vorwiegend Naturmaterialien verwendete und regionale und biologische Speisen anbot – alles ganz nach Selmas Gusto.

Kaum waren sie angekommen, plante Selma mit Marcel die nächsten drei Wochen. Diese bestanden aus einem Segelkurs auf dem Bodensee, vielen Wanderungen im Appenzellerland und ein wenig Wellness. Beide hatten sich in Basel bereits auf den Segelkurs vorbereitet, Marcel hatte mehrere Segelbücher mitgenommen. Selma hingegen viele Werke, Unterlagen und Schriften über Kräuter und Hexen, aber auch über Biologie, Biochemie und Biogerontologie, der Forschung über die Ursache des Alterns, Fabiennes Spezialgebiet.

Als sie beim Abendessen sassen, bekam Selma eine Nachricht von Jonas Haberer. «Kräuterhexe morgen 15 Uhr, am Hochhamm bei Urnäsch, siehe Karte.» In der zweiten Nachricht war eine Karte zu sehen, in der eine Hütte rot eingekreist war. In einer dritten Nachricht schrieb Haberer: «Alles geheim! Kannst Märssu mitnehmen. Aber kein Wort über BP.»

Selma musste kurz überlegen, was BP bedeuten mochte. Dann kam sie drauf: Big Pharma.

«Selma?», fragte Marcel. «Alles in Ordnung?»

«Haberers Auftrag. Die Kräuterhexe. Morgen 15 Uhr.»

«Perfekt.»

«Wie perfekt?»

«Du gehst dahin, machst eine tolle Reportage, und dann ist die Sache erledigt.»

«Stimmt, eigentlich ist es ganz einfach.»

«Siehst du», sagte Marcel, «und ich werde mir in deiner Abwesenheit eine Massage gönnen, schlafen, mir noch eine Massage gönnen, einen Apéro geniessen, meine neu erworbenen Segelbücher studieren, einen zweiten Apéro nehmen und mich auf dich freuen.»

«Willst du mich nicht begleiten?»

Marcel legte sein Besteck auf den Teller, wischte sich den Mund ab und sagte: «Nein, ich denke, du solltest alleine zur Kräuterhexe gehen. Es ist schliesslich ein Job. Du liebst doch deinen Beruf als Reporterin. Es ist an der Zeit, dass du ihn wieder ausübst.»

«Guter Plan, Liebster», sagte Selma, nahm seine Hand, streichelte sie und lächelte.

Selma fuhr am nächsten Morgen kurz nach 7 Uhr mit dem gemieteten E-Bike vom Hotel nach Rorschach, dann mit dem Zug via St. Gallen und Herisau nach Urnäsch im Kanton Appenzell Ausserrhoden. Sie genoss die knapp einstündige Reise und freute sich immer mehr auf ihren Auftrag. Die hügelige und liebliche Landschaft des Appenzellerlands gefiel ihr. Der Himmel war wolkenlos. Es würde ein wundervoller Tag werden.

Sie fühlte sich gut. Sie fühlte sich stark. Vielleicht noch nicht ganz so wie früher. Aber sie würde es schaffen. Marcel, Elin, Lea, ihre Mutter – alle meinten es gut mit ihr. Selbst Jonas Haberer. Es war wirklich Zeit, wieder als Reporterin zu arbeiten.

Sie war froh, dass sie heute alleine unterwegs war. Marcel hatte recht, es ging um einen Job. Und sie wusste doch, dass sie eine gute Reporterin war. Obwohl sie verunsichert war – Selma war zuversichtlich, dass das Selbstvertrauen zurückkehren würde, sobald sie die Kamera vor ihrem Auge haben und die Kräuterhexe fotografieren würde.

Von Urnäsch stieg sie zügig den Wanderweg empor. Immer wieder blieb sie stehen, atmete durch, trank Wasser aus ihrer Flasche und spürte, wie ihre Zuversicht immer grösser wurde. Bei einer etwas längeren Rast kramte sie ihre kleine, aber sehr gute Kamera hervor und machte einige Landschaftsaufnahmen. Sie ging weiter, fotografierte Bäume, den Wald, Bauernhäuser, weidende Kühe, Blumen. Die Lust am Fotografieren wurde immer stärker. Sie entdeckte da und dort neue Motive, fotografierte, spielte mit der Technik, stellte verschiedene Belichtungszeiten und Blenden ein und vergass die Zeit.

Nur den Säntis, diesen mächtigen, schroffen Berg mitten in dieser schönen Landschaft mit den überall verstreuten Bauernhöfen, nein, ihn fotografierte sie nicht. Sie schaute ihn auch nie lange an. Sie fand ihn bedrohlich. Lag es daran, dass die fürchterlichen Ereignisse auf dem Piz Bernina noch präsent waren? Selma war sich nicht sicher.

Selma setzte sich ins Gras und ass einen Kraftriegel, trank den Milchkaffee aus der Thermosflasche, den sie sich im Hotel hatte einfüllen lassen. Sie blinzelte in die Sonne und fühlte sich immer besser. Lag es an der Natur? An der Magie dieser Landschaft? An den Kraftorten, von denen Haberer erzählt hatte? Oder einfach daran, dass sie endlich wieder einmal wanderte? Egal, es tat ihr gut.

Sie sah sich als Mädchen, wie sie und ihre Schwester Elin tapfer ihrem Vater Dominic-Michel auf den unzähligen Wanderungen hinterherstapften, nicht immer mit grosser Freude, aber nachträglich – nachträglich empfand sie diese Ausflüge als grosses Glück, als Familienglück. Vor allem, da sie jetzt wusste, dass Dominic-Michel nicht ihr leiblicher Vater war, er sie aber immer wie sein eigenes Kind behandelt hatte.

Und plötzlich machte sich ein Gedanke breit, der seit vielen Jahren nicht mehr präsent war, warum auch immer, vielleicht hatte sie ihn verdrängt oder einfach nicht wahrhaben wollen: Familie. Warum hatte sie keine Familie?

Selma war jetzt ganz aufgeregt. Natürlich hatte sie eine Familie. Sogar zwei, wenn sie die Familie ihres schwedischen Vaters dazuzählte. Aber eine eigene Familie? Kinder? Mit Marcel? Sie spürte, wie ihr Herz frohlockte.

Sie kramte das Smartphone aus dem Rucksack und rief Lea an. Sie musste diesen Gedanken unbedingt und sofort mit jemandem teilen. Und dafür kam nur Lea in Frage.

«Süsse», sagte diese, «ist alles gut? Ich bin gerade ...»

«Lea, wir müssen reden», sagte Selma hastig. «Wir müssen unbedingt reden. Ich bin gerade auf einer Wanderung im Appenzellerland, alleine, und dabei kam mir ein Gedanke.»

«Ich hoffe, ein schöner Gedanke.»

«Ja, Lea, ja, ein sehr schöner sogar. Ich spüre eine Kraft, oder besser, einen Wunsch, den ich lange nicht mehr hatte, aber jetzt ist er plötzlich da und macht mich glücklich. Aber ich störe dich wohl gerade bei der Arbeit. Vielleicht spielen auch nur meine Hormone etwas verrückt. Ich lasse dich, ach, Lea, bis ganz bald.»

«Bis ganz bald, Süsse», sagte Lea. «Oh Gott, jetzt bin ich auch aufgeregt, denn wenn es das ist, was ich denke ... Ich freue mich.»

Selma lächelte. Denn ihr war klar, dass Lea ganz genau wusste, worum es ging.

Selma schaute aufs Smartphone und sah, dass es bereits 13 Uhr 30 war. Höchste Zeit um weiterzugehen, sie wollte schliesslich nicht zu spät kommen. Den Gipfel des Hochhamms zu erklimmen, lag nicht mehr drin, also peilte sie die von Haberer angegebene Hütte direkt an, ging weiter, kam an der kleinen Siedlung Schönau im Süden des Hochhamms vorbei, wanderte durch einen Wald mit alten, mächtigen Bäumen und stieg dann den Berg hinauf.

Selma erreichte einen Bauernhof. Auf dem Wegweiser bei der Scheune stand Sönderli und die Höhenangabe 1025 Meter über Meer geschrieben. Die Reporterin konsultierte die Karte, die ihr Jonas Haberer geschickt hatte. Sie war ganz nah am Ziel, denn die Hütte lag etwas oberhalb des Weilers Sönderli. Also marschierte Selma weiter und stand fünf Minuten später auf einer kleinen Hochebene, einer Schulter am Berghang, umgeben von Weiden und Wäldern. Sie ging einige Meter weiter über eine Kuppe, entdeckte sogleich eine weitere Bergschulter, auf der tatsächlich eine Hütte stand.

Von weitem sah die Hütte wie eine Scheune oder ein Stall aus. Ein dunkler Holzstall mit roten Dachziegeln, einem Kamin und einer kleinen Solaranlage. Die Hütte wirkte alles andere als belebt.

Neben dem lauten Zirpen der Grillen hatte Selma das Gefühl, ein Geräusch zu hören, dass nicht in diese Kulisse passte. Ein leises Motorengeräusch, wie sie es von ihrer Fotodrohne kannte. Selma blickte nach oben, suchte den blauen Himmel ab und erkannte tatsächlich eine Drohne. Sie stieg plötzlich in die Höhe und verschwand in der Ferne.

Selma stutzte, machte sich allerdings keine weiteren Gedanken dazu, schliesslich gab es viele Leute, die mit Drohnen fotografierten, filmten oder nur zum Spass herumflogen.

Als Selma der Hütte näherkam, bestätigte sich der erste Eindruck. In einen Brunnen strömte klares Wasser, es gab einen Gemüse- oder Kräutergarten, aber er war ungepflegt, das Grünzeug wucherte nach allen Seiten. Selma wunderte sich. In ihrer Vorstellung gab es für eine Kräuterhexe nichts Wichtigeres, als den Kräutergarten zu hegen und zu pflegen. Aber vielleicht täuschte sie sich.

Die nach links und rechts aufklappbaren, grünen Läden der wenigen Fenster waren verschlossen und verriegelt. Spinnweben hingen überall. Ausser an einem der drei Fenster an der Südseite Richtung Säntis. Selma ging ums Eck und entdeckte eine Türe.

Sie stutzte. Es sah aus, als hätte der Besitzer oder die Besitzerin die Hütte im Späherbst winterfest verschlossen und seither nicht mehr betreten. Selma nahm an, dass die Hütte ursprünglich eine Alphütte oder einfach ein Stall war. Aber als solche wurde sie definitiv nicht mehr genutzt. Denn es war Ende Mai, die Kühe waren bereits hier oben auf den saftigen Alpweiden, und die Hütte hätte belebt sein müssen.

Eine seltsame Sache, dachte Selma, kontrollierte nochmals Jonas Haberers Karte und verglich sie mit ihrer detaillierten Wanderkarte. Doch, sie war am richtigen Ort. Es war die Hütte, die Haberer rot umkreist hatte.

«Na ja», murmelte Selma. «Vielleicht leben Kräuterhexen so. Es wäre zumindest ein toller Einstieg in meine Geschichte.»

Sie ging noch einmal um die Hütte herum und klopfte dann beherzt an die Türe.

Nichts passierte.

Sie klopfte noch einmal.

Aber es passierte wiederum nichts. Selma horchte angestrengt, legte ihr Ohr an die Türe und vernahm nicht das Geringste.

Sie drückte die Türklinke. Die Türe war verschlossen.

Selma entfernte sich einige Meter, ging zum Brunnen, hielt die Hände hinein und netzte sich das Gesicht. Dann setzte sie sich auf den Brunnenrand, holte ihr Telefon heraus und rief Jonas an.

«Selmeli, bist du schon verhext?»

«Nix verhext. Niemand da.»

«Was? Wie? Warum?»

«Niemand da. Keine Kräuterhexe. Nicht einmal richtige Kräuter. Nur Unkraut.»

«Das kann nicht sein», maulte Haberer. «Bist du am richtigen Ort?»

«Jonas!», erwiderte Selma empört.

«Schon gut, schon gut. Aha. Niemand da. Hast du geklopft?»

«Haberer!»

«Du hast geklopft, hätte ich mir denken können.»

«Die Hütte ist verriegelt. Sie sieht aus, als wäre sie im Winterschlaf.»

«Du bist gut, Selmeli, Winterschlaf. Wir haben Sommer. Da stimmt etwas nicht. Moment ...» Haberer machte eine kurze Pause. «Selmeli, es ist auch noch nicht 15 Uhr. Es ist 14 Uhr 56.»

«Na und?»

«Selmeli, Hexen können fliegen. Die Kräuterhexe wird pünktlich um 15 Uhr mit ihrem Besen bei dir landen.» Haberer lachte schallend.

«Da kommt nichts dahergeflogen. Höchstens Bienen, Fliegen und Bremsen. Und Drohnen.»

«Drohnen?», fragte Haberer aufgeregt.

«Ich habe vorher eine entdeckt.»

«Aha. Interessant.»

«Wie meinst du das?»

«Na ...» Haberer stockte. Dann sagte er schnell: «Neumodisches Zeugs. Was die Leute so alles machen. Also, siehst du nun eine Hexe im Landeanflug?»

Selma schaute zum Himmel: «Nein.»

«Dann hat sich die Hexe verschanzt.»

«Ich dachte, sie erwartet mich.»

«Tut sie auch», sagte Haberer laut und fügte etwas leiser hinzu: «Denk ich mal.»

«Bitte?»

«Ja, ist so.»

«Was ist so? Dieser Termin ist gar kein richtiger Termin? Hallo? Jonas, was wird das?» Selma regte sich auf. Verschaukelte Haberer sie tatsächlich schon wieder?

«Ach, Selmeli, wir wollen es uns doch nicht zu einfach machen. Es gibt schon so etwas wie einen Termin, aber du weisst doch, wie das mit Hexen ist.»

«Nein, excusé, das weiss ich nicht. Ich habe bisher noch keine Hexe kennengelernt. Hast du eine Handynummer von ihr?»

«Seit wann haben Hexen Mobilphones?», fragte Haberer zurück und lachte. «Hexen arbeiten mit Telepathie und solchen spirituellen Dingen.»

«Du hast also keine Telefonnummer?»

«Nicht wirklich», murrte Haberer leise.

«Also nein?»

«Nein. Telepathie, Süsse, Telepathie …»

«Jetzt lass mal die blöde Hexerei! Doktor Fabienne Richemond ist Wissenschaftlerin. Über die man seltsamerweise im Internet nichts findet, wie ich gesehen habe. Und falls du mich wieder einmal …»

«Nein, nein, nein, Selma. Aber du hast recht, lassen wir den Hokuspokus. Sie schickte mir eine anonymisierte Mail mit dem Termin. Ist die Türe verriegelt?»

Selma ging zur Hüttentüre und drückte nochmals die Klinke: «Ja.»

«Und die Fenster?»

«Auch.»

«Hast du daran gerüttelt?»

«Nein.»

«Dann mach mal.»

Selma ging zur Talseite, zur Südseite der Hütte, an der die drei Fenster waren, die Selma bereits entdeckt hatte. Selma rüttelte am ersten Fensterladen. «Dicht», teilte sie Haberer mit.

«Okay. Weiter.»

«Haberer, lass den Quatsch.» Selma fühlte sich bevormundet. «Ich rege mich bereits wieder auf. Ich hätte wissen sollen, dass du genau dieser Kotzbrocken bist und bleibst, der du bist. Du schickst mich wieder einmal direkt in die Scheisse! Echt, Jonas, ich habe die Schnauze voll. Ich hau jetzt einfach ab. Mach diesen Mist alleine. Mir ging es in den letzten Tag besser, und ich habe mich sogar auf diese Reportage gefreut. Aber jetzt fängt der Quatsch wieder von vorne an.»

«Selmeli, was ist los mit dir? Kannst du dich beruhigen und gnädigerweise am zweiten Fensterladen rütteln?»

«Jonas, was soll das, verdammt noch mal!?» Sie trat zum zweiten Fensterladen, zu jenem, der nicht mit Spinnweben verhangen war, und rüttelte wütend. Er liess sich nicht öffnen, hatte aber etwas Spiel. Selma konnte ihn einen Spalt breit aufstemmen.

«Und?», fragte Haberer.

«Ich sehe ein Fenster. Es schimmert rot.»

«Rot?»

«Ja, rot.»

«Interessant. Und was noch?»

Den Laden aufzustemmen, war äusserst anstrengend. Selma schnaufte stark.

«Du atmest wie eine alte Kuh. Ist alles in Ordnung mit dir, Selmeli?»

Selma liess den Laden los. Er schnellte zu. «Was war das?», fragte Haberer.

«Das war der Laden. Er ist jetzt wieder zu. Und das wird er auch bleiben.»

«Nein, wird er nicht. Das rote Fenster hat eine Bedeutung.»

«Und welche?»

«Selmeli, was ist mit dir los?»

«Jonas», sagte Selma wütend. «Was soll bitteschön mit mir los sein? Nach allem, was passiert ist, willige ich mit Ach und Krach ein, wieder einmal eine Reportage zu machen. Eine Wissenschaftlerin, die sich als Kräuterhexe versucht, im wunderschönen Appenzellerland nach dem ewigen Leben forscht und darüber erzählen will. Mit dem kleinen Manko allerdings, dass sie von der Pharma ...»

«Selma!», schrie Haberer. «Nicht am Telefon!»

«Excusè. Du wirst paranoid. Aber gut. Von irgendwelchen Verfolgern ist hier oben nichts zu sehen. Trotzdem, ich bekomme von dir als Wiedergutmachung für deine Schandtaten auch noch Ferien geschenkt. Alles wunderbar. Und was passiert? Ich stehe vor einer verschlossenen Hütte, sehe weder eine Kräuterhexe noch eine Forscherin und das Einzige, was du zu sagen hast, lautet: ‹Das rote Fenster hat eine Bedeutung›.» Beim letzten Satz äffte sie Jonas nach.

«Selma!», schrie Haberer erneut ins Telefon. «Jetzt hör mit deiner Psychoscheisse auf und komm zu dir! Hast du schon einmal eine verdammte Alphütte mit einem roten Fenster gesehen?»

«Nein, natürlich nicht.» Kaum hatte Selma den Satz ausgesprochen, kapierte sie, was Haberer meinte. Eine rote Fensterscheibe bei einer Hütte war tatsächlich aussergewöhnlich. Selma zerrte den Laden erneut auf. Sie sah nun die Halterung des Ladens, ein kleiner Metallarm in einer Öse, löste diesen und konnte den Laden nun vollständig öffnen. «Wow», sagte sie.

«Was?»

«Das ist nicht einfach ein rotes Fenster», meldete Selma an Haberer.

«Sondern?»

«Die Scheibe ist irgendwie … wie soll ich sagen … sie ist graviert oder geritzt, geschliffen.»

«Und wie?»

«Ich sehe ein Gesicht. Ich glaube, ich sehe das Gesicht einer Frauengestalt. Nein, es ist das Gesicht eines Engels.»

«Eines Engels?», sagte Haberer konsterniert. «Jesusmariasanktjosef!»

Plötzlich bewegte sich etwas. Selma wich etwas vom Fenster zurück. «Jonas, es bewegt sich», flüsterte sie nun.

«Was bewegt sich, das Fenster?»

«Nein, es bewegt sich etwas im Fenster.»

«Im Fenster?»

«Oder hinter dem Fenster. Jonas! Eine Gestalt, sie kommt näher, meine Güte ...»

Selma liess das Telefon fallen. Sie hörte Jonas, wie er immer wieder «Selma!» und «Selmeli!» schrie.

Selma konnte nicht mehr antworten. Sie erstarrte.

Hinter dem Engelsgesicht war ein zweites Gesicht aufgetaucht. Ein Gesicht, das statt Augen nur riesige schwarze Löcher hatte. War es ein Totenkopf? Oder die Fratze des Teufels?

Selma geriet in Panik und rannte davon.

6

Sie war ausser Atem, zitterte, setzte sich ins Gras. Sie zog den Rucksack ab, nahm die Wasserflasche heraus und trank. Das Wasser war zwar lauwarm, trotzdem tat es ihr gut. Ihr Puls hämmerte in den Schläfen.

Selma war gut fünfzig Meter von der Hütte entfernt. Sie spürte ein laues Lüftchen. Die Grillen zirpten, Bienen summten.

Als sie sich etwas beruhigt hatte, schaute sie zurück zur Hütte. Sie nahm ihre zweite Kamera aus dem Rucksack, die grosse Spiegelreflexkamera, stülpte den Gurt über den Kopf, nahm den Sucher an ihr Auge und zoomte die Hütte heran. Jetzt sah sie, dass aus dem Kamin ein dünner Rauch aufstieg. Und sie sah, dass der Fensterladen, den sie zuvor geöffnet hatte, wieder verschlossen war. Ohne jeden Zweifel: Es war jemand in der Hütte.

Fabienne? Nein, das war keine Frau gewesen, die Selma durch das rote Fenster gesehen hatte. War es die Kräuterhexe? Ach was, sagte sich Selma. Hexen gibt es keine. Und selbst wenn, dann sehen sie sicher nicht so schrecklich aus, wie in Kinderbüchern dargestellt.

Selma wollte Marcel anrufen und suchte ihr Smartphone. Erst jetzt wurde ihr bewusst, dass sie es beim Fenster vor Schreck hatte fallen lassen. Sie musste also zurück zur Hütte, zu diesem mysteriösen Fenster. Aber was, wenn das Wesen in der Hütte sie bemerken und erneut auftauchen würde?

«Ruhig, Selma, ganz ruhig», sagte sie zu sich selbst, nahm die Thermosflasche aus dem Rucksack und trank den letzten Schluck des Milchkaffees. «Ich bin vielleicht noch etwas sensibel, aber übergeschnappt bin ich nicht.» Sie würde jetzt einfach das Telefon holen und Marcel anrufen. Oder Haberer, um ihm gleich mitzuteilen, dass er eine andere Reporterin oder einen anderen Reporter für diesen Auftrag engagieren solle. Sie war noch nicht so weit. Zumindest nicht für einen solch schwierigen Einsatz.

Selma packte den Rucksack, ging zur Hütte und stellte ihn neben die Türe.

Wieder spürte sie den Pulsschlag in ihrem Kopf. Trotzdem ging sie weiter zum Fenster, entdeckte am Boden ihr Telefon und hob es auf.

«Selmeli? Hallo? Selma!», plärrte Haberers Stimme aus dem Lautsprecher.

«Jonas, bist du noch dran?» Selma entfernte sich wieder einige Schritte von der Hütte.

«Natürlich. Was, um Himmelswillen, ist passiert?»

«Ich habe den Teufel gesehen», flüsterte Selma.

«Was? Den Teufel? Eher die Hexe, oder?»

«Ich weiss es nicht, Jonas. Jedenfalls haust eine fürchterliche Gestalt in dieser Hütte.»

«Mach mal halblang, Selmeli. Du gehst jetzt nochmals zur Türe und klopfst.»

«Das mache ich nicht.»

«Wie bitte?»

«Ich will das nicht ...»

«Selma, du musst, verdammt noch mal! Du bist als Reporterin um die halbe Welt gereist, warst in Krisen- und Kriegsgebieten, du bist in eine Gletscherspalte gefallen, hast Wölfe und Wilderer überlebt – und jetzt hast du Angst vor einer kleinen Hexe?»

Selma kam sich tatsächlich gerade etwas doof vor. «Also gut», sagte sie mit fester Stimme. «Ich gehe jetzt zur Türe und klopfe. Und wenn kein normales menschliches Wesen öffnet, oder besser, wenn nicht diese Wissenschaftlerin Fabienne Richemond in der Hütte ist, mache ich rechtsumkehrt und die Geschichte ist gelaufen. Okay?»

«Wo bleibt denn deine Neugier, Selmeli?»

«Nichts mit Selmeli. So mache ich es jetzt.»

Selma beendete das Gespräch, steckte das Telefon in den Hosensack und stapfte zur Türe. Sie ballte ihre rechte Hand zu einer Faust und hämmerte gegen die Türe: «Frau Richemond? Fabienne? Ich bin Selma Legrand-Hedlund, die Reporterin. Ich komme wegen des Artikels über Sie und Ihre Arbeit.»

Es vergingen einige Sekunden, dann wurde das Schloss gedreht und die Türklinke langsam nach unten gedrückt.

Selma war aufgeregt. Was würde sie erwarten?

Die Türe öffnete sich quietschend.

Selma erschrak, aber nicht so heftig, wie sie es befürchtet hatte. Die Reporterin erblickte eine Frau in ihrem Alter, allerdings deutlich kleiner. Sie hatte grosse dunkle Augen, grosse schwarze Augenhöhlen. Der Rest des Gesichts war mager, knochig, und die Wangenknochen ragten übernatürlich aus dem Gesicht heraus. Die Frau hatte lange rotbraune Haare, die sie zu einem Zopf geflochten hatte. Dieser hing über ihre Brust und reichte bis zum Bauchnabel. Die Frau trug eine völlig verknitterte, verschmutzte, weisse Leinenbluse und eine ebenso verdreckte Leinenhose. Sie war barfuss.

«Bonjour», sagte die Frau. «Ich habe Sie ganz vergessen.»

Die Frau sprach Deutsch mit einem deutlich französischen Akzent. «Sie sind Selma, die Journalistin. Haben wir heute diesen Termin? »

«Ja, Sie sind Doktor ...»

«Fabienne Richemond, lassen Sie den Doktor weg. Ein Monsieur Aberer hat mich kontaktiert.»

«Haberer», korrigierte Selma. «Mit einem H vor dem Aberer.»

«Aberer. Ich erinnere mich.»

Selma fiel auf, dass Fabienne ihr immer nur kurz in die Augen schaute, ihren Blick dann leicht nach unten richtete. Selma irritierte das. «Komme ich ungelegen?», fragte sie.

«Nein, also, ich weiss nicht. Haben Sie vorher den Fensterladen geöffnet?» Wieder blickte Fabienne nur kurz Selma in die Augen, dann wieder auf ihren Mund oder das Kinn.

«Excusé, auf mein Klopfen an der Türe haben Sie nicht reagiert.»

«Ich war beschäftigt. Ich habe sie erschreckt, nicht wahr?»

«Das war ziemlich ...» Selma stockte. Sie bemerkte, dass Fabiennes Blick immer leerer wurde und sich die Augen verdrehten. «Geht es Ihnen nicht gut?»

Fabienne Richemond schüttelte sich leicht und sagte: «Doch, doch, ich bin ... nur ... ein bisschen ...»

«Sie sind ganz bleich», sagte Selma. «Soll ich Ihnen frisches Wasser vom Brunnen holen?» Selma nahm die Kamera, die immer noch vor ihrer Brust baumelte, ab, legte sie auf den Rucksack neben der Türe und wollte zum Brunnen eilen.

«Ich weiss nicht ...», krächzte Fabienne. Sie fächerte sich mit der Hand Luft zu, verdrehte erneut die Augen und schwankte. «Mein Rezept ... die Mandragora ...»

Plötzlich sackte sie zusammen und kippte nach hinten auf den Holzboden.

7

Selma gab der Türe einen kräftigen Tritt, um sie zu öffnen. Diese quietschte laut und knallte irgendwo dagegen. Selma betrat die Hütte. Ein beissender Gestank drang in ihre Nase. Sie musste husten und nach Luft schnappen. Sie kniete hin. «Fabienne! Fabienne!»

Fabienne Richemond bewegte sich nicht, atmete aber. Allerdings schwach.

Selma legte Fabienne in Seitenlage und nahm vorsichtig ihren Arm. Er war ganz knochig. Selma hatte den Eindruck, dass er gleich zerbrechen würde. Sie kontrollierte nochmals die Atmung. Sie war noch da. Selma angelte ihre Flasche aus dem Rucksack, rannte zum Brunnen, schüttete unterwegs das lauwarme Wasser aus und füllte die Flasche mit frischem Wasser. Dann rannte sie zurück und flösste Fabienne das Wasser ein.

Tatsächlich kam Fabienne zu sich, schluckte etwas, spuckte das Wasser wieder aus, hustete, verlor erneut das Bewusstsein.

Selma tätschelte Fabiennes Wange und stellte fest: Diese Frau bestand nur noch aus Haut und Knochen.

«Fabienne!», sagte Selma laut. «Halten Sie durch, ich rufe einen Arzt.» Selma holte ihr Telefon aus dem Hosensack und wollte gerade die Notrufnummer wählen.

«Nein, bitte, keinen Arzt», röchelte Fabienne. «Mir geht es schon wieder besser. Bitte keinen Arzt. Ich lege mich nur kurz hin.»

Fabienne Richemond versuchte aufzustehen. Selma stütze sie. Als Fabienne stand, löste sie sich von Selma und torkelte ins Innere der Hütte.

«Ich bin gleich wieder da», lallte Fabienne. «Bitte keinen Arzt. Bitte. Ich muss mich nur ein wenig ausruhen. Die Mandragora ... die Alraune ...»

42

Dann hörte Selma ein dumpfes Plumpsen. Sie wagte sich nun ebenfalls weiter in die Hütte hinein, obwohl es ihr dabei überhaupt nicht wohl war. Tat sie es aus Fürsorge? Oder erwachte ihr Reporterinnengeist? Selma wusste es nicht.

Ihre Augen mussten sich zuerst an die Dunkelheit gewöhnen. Und der Geruchssinn an den Gestank. Es war ein bissiger, ätzender Gestank. Aber irgendwie auch süsslich. Es erinnerte Selma an die Experimente im Chemieunterricht.

Jetzt sah Selma, dass Fabienne auf einem Bett mit stark verschmutzter Bettwäsche an der gegenüberliegenden Wand der Hütte lag. Auf dem Boden standen Pflanzen- und Kräutertöpfe. Einige waren umgefallen. Selma konnte auch Wurzeln erkennen. Viele verschiedene Wurzeln. Und Steine. Alles zusammen bildete einen grossen Kreis. Zu diesem Kreis gehörte auch ein Felsbrocken. Ein Felsbrocken mit Einkerbungen.

Selma balancierte zwischen den Pflanzen und Steinen hindurch zu Fabienne. Die Wissenschaftlerin atmete ruhig.

Nun schaute sich Selma weiter in der Hütte um. Sie erblickte die drei Fenster auf jener Seite der Hütte, die gegen das Tal und damit gegen Süden und den Säntis ausgerichtet waren. Sie sah jetzt auch, dass das mittlere Fenster aus rotem Glas war und konnte das Engelsgesicht erkennen. Sie ging zum Fenster, strich mit dem Zeigefinger darüber und stellte fest, dass das Gesicht ins Glas geschliffen war.

Es war eindeutig das Fenster, in dem sie das Antlitz des Teufels gesehen hatte.

Dann drehte sie sich um und sah, woher der Gestank kam: von einem Topf, der über der Feuerstelle hing. Selma ging davon aus, dass die Hütte tatsächlich früher als Alphütte genutzt worden war. Auf der Feuerstelle war sicher in einem Kupferkessi gekäst worden. Selma ging vorsichtig durch den Pflanzen- und Steinkreis, stützte sich auf dem grossen Felsbrocken ab, untersuchte ihn genauer und entdeckte tiefe Einkerbungen. Insgesamt waren es zwölf Stück, unterteilt in eine Neuner- und in eine Dreiergruppe.

Selmas Neugier war endgültig geweckt.

Vorsichtig ging sie zur Feuerstelle und roch am leicht dampfenden Topf, in dem irgendeine Mixtur aus Blättern schwamm. Der Geruch war ätzend, aber jetzt roch Selma die süssliche Note, die sich in der ganzen Hütte ausbreitete, ganz deutlich. Es war eine angenehme Süsse. Unter dem Topf glimmte eine schwache Glut. Über dem Topf hingen etliche Kellen an einem Draht.

Selma drehte sich um und entdeckte einen Schüttstein und eine hölzerne Ablagefläche. Alles war verstellt mit Gläsern, Tassen, Tellern, Besteck, Schüsseln und Töpfen. Sie waren stark verschmutzt, schimmerten grünlich, gelb, grau. Tote Mücken, Fliegen und Käfer lagen darin. Selma würgte.

Auf der linken Seite neben der Eingangstüre erkannte Selma eine weitere Türe. Sie öffnete sie vorsichtig und erblickte ein altes Plumpsklo. Sie schloss die Türe und sah auf der rechten Seite der Küchenzeile, links neben der Feuerstelle, eine andere Türe. Selma öffnete auch diese. Wie die Haustüre quietschte sie etwas. Der Raum war fensterlos.

Trotzdem konnte sie einige Dinge erkennen. Einen Tisch mit zwei Papierstapeln und drei Dossiers, zwei grosse Bildschirme, eine Tastatur und eine Computermaus. Selma ging in den Raum, setzte sich auf den Holzstuhl und bewegte die Maus. Beide Bildschirme leuchteten auf und präsentierten Fotos von Ozeanen mit riesigen Wellen. Die Fotos waren zwar toll, halfen Selma jedoch nicht weiter. Denn der Computer verlangte nach einem Passwort. Selma schaute unter den Tisch, sah den Computertower und verfolgte das Stromkabel. Es endete in einer Steckdose, deren Kabel an der Wand entlang zum Dach führte. Selma ging davon aus, dass dieses Kabel zur Solaranlage führte.

Sie drehte sich und sah zwei Wandregale, auf denen viele

Kolbengläser, Apothekerflaschen und -fläschchen und ein Mörser standen. Sie erhob sich vom Stuhl, griff nach ihrem Smartphone und knipste die Taschenlampe an. Die Kolbengläser und Flaschen waren mit Etiketten versehen auf denen handgeschriebene Formeln und lateinische Namen standen. Sie nahm eines der Gläser in die Hand. Ein grünes Kraut war in einer Mixtur eingelegt. In einem zweiten Glas war eine Wurzel, ebenfalls in einer Mixtur. Im dritten erkannte Selma kleine Knochen.

Sie schauderte. War dieser Raum ein Labor mit uralten Arzneimitteln, Mixturen und Elixieren? War das eine Hexenküche des 21. Jahrhunderts? Oder befand sie sich in der Alchemistenküche in Goethes Faust, aufgepeppt mit einem leistungsstarken Computer?

Selma wollte den Raum gerade verlassen und die Türe schliessen, als sie im Augenwinkel etwas entdeckte: Hinter der Türe stand ein Besen. «Der Hexenbesen», flüsterte Selma. Ein Schauer lief ihr den Rücken hinab. Doch es war kein richtiger Hexenbesen, kein Strassenbesen mit langen Bambuszweigen, sondern ein Stubenbesen. Selma spürte eine gewisse Erleichterung und ging zurück zu Fabienne.

Erneut erschrak sie. Neben Fabienne sass eine schwarze Katze auf dem Sofa. Sie hatte eine weisse Schwanzspitze und einen weissen Fleck auf dem Kopf. Ihre grünen Augen funkelten. Sie waren starr auf Selma gerichtet. Dazu bewegte die Katze aufgeregt ihren Schwanz hin und her.

Selma ging langsam auf die Katze zu und streckte ihr die Hand entgegen. Die Katze wich zurück, wagte sich dann aber mit der Schnauze näher und näher an Selmas Hand: «Alles gut, liebes Katzenbusi», sagte Selma auf Baseldeutsch leise. «Alles gut. Ich tu dir nichts. Und auch Fabienne nicht. Ich kümmere mich bloss ein wenig um sie.»

Die Katze strich mit ihrer Schnauze über Selmas Hand und setzte sich. Selma schaute zu Fabienne, ergriff Fabiennes Zopf, der ihr übers Gesicht hing und legte ihn beiseite. Sie spürte, dass die Haare fettig und verschmutzt waren und nach Pflege lechzten.

«Fabienne», sagte Selma leise. «Soll ich wirklich keinen Arzt rufen?»

«Nein ... keinen Arzt, bitte ... nicht», stotterte Fabienne. Sie zitterte. «Bitte ... bitte nicht. Es kommt ... sonst ... alles ...»

«Aus?», machte Selma den Satz zu Ende. «Was soll denn auskommen? Das, was Sie hier treiben? Ein illegales Labor mit hochgiftigen Substanzen? Meinen Sie das?»

Fabienne Richemond gab keine Antwort.

Selma stand auf, packte bei der Türe ihren Rucksack und ging nach draussen zum Brunnen. Sie trank einen Schluck. Dann rief sie Marcel an.

«Liebste, schon fertig?»

«Nein, ich weiss nicht, was ich tun soll.»

«Wie meinst du das?»

«Fabienne Richemond, die Kräuterhexe, ist vor meinen Augen zusammengebrochen, ist bewusstlos oder schläft. Sie ist bleich, hat gigantische Augenringe und besteht nur noch aus Haut und Knochen. Im ersten Moment dachte ich, sie wäre der Teufel! In der Hütte stinkt es, und es sieht aus wie in einem Labor aus dem Mittelalter.»

«Rufe einen Arzt.»

«Fabienne will keinen Arzt.»

«Das kann sie noch sagen?»

«Ja, sie bettelt richtiggehend darum, dass ich keinen Arzt rufe. Ich glaube, sie hat entsetzliche Angst. Was soll ich tun?»

«Wovor hat sie Angst?»

«Marcel, ich weiss es nicht. Ich könnte mir vorstellen, dass ich in einem Drogenlabor gelandet bin.»

«Dann müsstest du auch die Polizei rufen.»

Selma ärgerte sich. Sie bekam von Marcel, ihrem liebsten Klugscheisser, Antworten, die sie überhaupt nicht gebrauchen konnte. «Marcel», sagte sie mit einem deutlich verärgerten Unterton, «ich hatte von dir wirklich kreativere Antworten erwartet.»

«Dazu müsste ich vor Ort sein.»

«Mein Gott, worauf wartest du noch?»

8

Als Marcel die Hütte nahe beim Sönderli auf dem westlichen Bergrücken des Hochhamms erreichte, war es bereits 18 Uhr. Selma hatte ihm nicht nur die Karte geschickt, sondern ihn per Telefon gelotst.

Er hatte einen schweren Rucksack dabei, keuchte fürchterlich und musste sich erst einmal setzen. Er hatte ganz blaue Lippen.

«Was schleppst du alles mit dir herum?», fragte Selma, als sie Marcel half, den Rucksack abzulegen. Er hatte sogar zwei Schlafsäcke aufgeschnallt, was Selma wunderte.

Marcel setzte sich ins Gras und erzählte: «Ich habe in Rorschach die halbe Apotheke zusammengekauft. Medikamente zur Entgiftung, Herz-Kreislauf-Doping, Pillen zur Stärkung des Immun- und des vegetativen Nervensystems und allerlei Nahrungsergänzungsmittel. Alles, damit deine Kräuterhexe wieder auf die Beine kommt.»

«Und ein Arztstudium hast du in dieser kurzen Zeit auch noch absolviert?»

«Grundkenntnisse, liebste Selma. Auch als studierter Psychologe ist einem der menschliche Organismus nicht unbekannt. Zudem konnte ich dank meines Doktortitels und meiner sprachlichen Überzeugungskraft auch rezeptpflichtige Medikamente

47

erwerben. Ich vermute aufgrund deiner Schilderung stark, dass die Patientin an akuter Mangelernährung leidet, gepaart mit einer veritablen Vergiftung durch Drogen oder sonstigen hochgiften Substanzen. Hast du ihr regelmässig Wasser eingeflösst?»

«Nein, nicht wirklich. Einmal. Aber dann hat sie die Hälfte wieder ausgespuckt, weil sie einen Hustenanfall bekam.»

«Na, dann wollen wir mal», sagte Marcel. «Wo ist die Patientin?»

«In der Hütte.»

Marcel stand auf und wollte eintreten, schwankte aber.

Selma hielt ihn fest: «Alles gut?»

«Klar», antwortete Marcel. «Ich bin nur etwas zu schnell aufgestanden. Also, los geht's.»

«Vorsicht, Liebster, das ist eine Hexenküche. Und ob du es glaubst oder nicht: Es gibt sogar einen Besen und eine schwarze Katze mit grünen Augen.»

«Du machst Witze?»

«Nein. Sie ist allerdings nicht ganz schwarz.»

Marcel ging in die Hütte und machte gleich rechtsumkehrt. «Himmel, hier drin kann man doch nicht überleben.»

Selma trat ebenfalls ein, öffnete alle Fensterläden und Fenster und fragte sich, warum sie nicht längst darauf gekommen war. Sie schaute zu Fabienne, die immer noch döste. Die schwarze Katze starrte zu Selma. Als Marcel auf Fabienne zuging, schnellte die Katze hoch und huschte zur Hütte hinaus.

«Tatsächlich, eine schwarze Katze», sagte Marcel. «Ich dachte, du veräppelst mich.»

Selma verliess die Hütte, ass einen Kraftriegel und wartete auf Marcel. Er kam nach wenigen Minuten nach und packte aus seinem Rucksack mehrere Medikamente.

«Was hat sie?», fragte Selma.

«Sie ist total geschwächt. Und vermutlich macht sie Selbstversuche.»

«Drogen?»

«Nein. Das Kraut, das in der Hütte zu finden ist, passt schon eher zu einer Kräuterhexe, die das Elixier des ewigen Lebens sucht.»

«Ist sie wach?»

«Jetzt schon. Aber sie ist im Delirium. Ich versuche nun, ihr diese Medikamente einzuflössen.» Er zeigte Selma einige Pillen. «Sie sollten ihren Kreislauft stärken. Hat sie über Schmerzen geklagt?»

«Nein.»

«Erbrechen, Durchfall?»

«Nein. Aber wirklich reden konnte ich nicht mit ihr.»

«Na gut, ich versuche, ihr das Zeugs einzugeben.»

Marcel ging wieder in die Hütte, Selma zückte ihr Smartphone und sah, dass Haberer geschrieben hatte. Und Elin. Selmas Schwester erkundigte sich, ob sie die Kräuterhexe schon getroffen habe. Selma rief sie sofort an.

«Hei, hei, Elin», sagte Selma aufgeregt, «dass ich dumme Nuss erst jetzt darauf komme, dich anzurufen.» Dann schilderte sie ihrer Schwester die Situation, Fabiennes Gesundheitszustand und Marcels Behandlung. Damit sie nichts Falsches erzählte, ging sie in die Hütte und fragte Marcel, welche Medikamente er Fabienne verabreichte. Marcel sprach selbst mit Elin und wurde für seine Arbeit gelobt.

«Hat sie Fieber?», fragte Elin.

Marcel hielt Fabienne die Hand an die Stirne: «Ich glaube schon.»

«Hast du fiebersenkende Medikamente dabei?»

«Ja.»

«Dann gib ihr diese. Vor allem aber sollte sie dringend ins Spital oder zumindest zu einem Arzt.»

«Das will sie offenbar nicht.»

«Das ist fahrlässig.»

«Ich weiss. Besprich es mit Selma, Elin, sie hat vor allem mit Fabienne geredet, nicht ich.» Marcel gab Selma das Telefon zurück. Selma ging aus der Hütte.

«Selma, diese Fabienne muss dringend in ärztliche Behandlung», sagte Elin.

«Das will sie aber nicht.»

«Aber sie ist doch unzurechnungsfähig, Selma, bitte, ruf den Rettungsdienst an.»

«Wir sind auf einer Alp.»

«Dann kommt der Arzt eben mit dem Hubschrauber. Selma, ihr müsst die Sanität rufen! Alles andere wäre unterlassene Hilfeleistung.»

«Okay», sagte Selma und blickte zum Himmel. «Mit dem Hubschrauber …», murmelte sie und erschrak. Am Himmel entdeckte sie keinen Helikopter, sondern eine Drohne. «Das kann doch kein Zufall sein», sagte Selma zu sich selbst. «Schon wieder eine Drohne …» Sie nahm ihre Kamera aus dem Rucksack und wollte einige Fotos schiessen. Doch in diesem Moment war die Drohne bereits wieder weg. «Mist», fluchte Selma.

«Selma, was ist los?», meldete sich Elin.

«Alles gut. Den Notarzt. Bis später.»

Selma versorgte Kamera und Telefon und ging in die Hütte zurück. Plötzlich spürte sie, wie die schwarze Katze um ihre Beine strich. Selma streichelte sie kurz und ging dann zu Marcel und Fabienne.

«Und?», fragte Selma.

«Unverändert», rapportierte Marcel. «Ich rufe nun den Notarzt.»

«Meint Elin auch», sagte Selma. «Aber warte noch kurz.» Sie neigte sich zu Fabienne: «Hörst du mich?»

Fabienne murmelte etwas Unverständliches.

«Fabienne, dir geht es nicht gut. Mein Freund Marcel ist da. Er hat dir Medikamente gegen das Fieber und zur Stärkung des Kreislaufs gegeben. Wir rufen jetzt den Notarzt. Dann kommst ...»

Plötzlich schreckte Fabienne hoch, packte Selma am Hals und starrte sie mit ihren unheimlichen, riesigen Augen an: «Nein, das tust du nicht, es passiert sonst eine Katastrophe!»

Selma war konsterniert.

Fabienne liess Selma los und sackte zurück auf die Matratze.

Die schwarze Katze fauchte, stellte die Rückenhaare auf und machte einen Buckel.

9

Zwischen Selma und Marcel kam es vor der Hütte zu einem längeren Disput. Marcel fand, dass Fabienne trotz ihrer Bitte ins Spital gehörte. Selma beharrte auf ihrem Standpunkt: Das sei keine Bitte gewesen, sondern eine Warnung. «Wer weiss schon, was die Hexerei alles bewirkt?», so Selma. «Am Ende fliegt uns die ganze Hütte um die Ohren.»

Marcel argumentierte vorsichtig, aber ebenso beharrlich: «Wenn es sich tatsächlich um Hexerei handeln sollte, ja, dann könnte etwas passieren. Ich halte dies allerdings für unwahrscheinlich und würde den Rat deiner Schwester befolgen: Fabienne braucht einen Arzt.»

«Marcel», sagte Selma und packte ihn am Arm. «Es geht nicht nur um Hexerei.»

«Wie meinst du das?», fragte Marcel irritiert. Selma erklärte ihm, was Haberer ihr gegenüber angetönt hatte und sie eigentlich nicht weitererzählen sollte. Dass Fabiennes Aufenthalt auf dieser Alp geheim sei – wegen möglicher Verfolger von Big Pharma. «Allerdings bin ich mir nicht sicher, ob ihre Verfolger nicht längst wissen, wo Fabienne steckt. Ich habe vorhin schon zum zweiten Mal eine Drohne gesehen.»

«Das kann auch Zufall sein, oder nicht? Eine Drohne, was heisst das schon? Was ich nicht verstehe: Wenn Fabienne sich versteckt und alles so geheim ist – warum will sie dann eine Reporterin empfangen?»

«Gut möglich, dass sie etwas aufdecken will.»

«Das soll also investigativer Journalismus sein?», fragte Marcel provokativ.

«Es ist einfach mein Handwerk, okay?», murrte Selma und rief Jonas Haberer an. Selma erklärte ihm die Umstände. Haberer hörte schweigend zu. Was Selma stutzig machte. Sie hatte lautes Johlen erwartet, da sie die Kräuterhexe gefunden hatte und die Story tatsächlich äusserst mysteriös war. Aber Haberer schwieg. Er schwieg auch, als Selma ihn fragte, ob sie nun den Notarzt und die Bergretter alarmieren sollte. Zuletzt sagte sie: «Und ich habe zweimal eine Drohne gesehen.»

Haberer schwieg weiter. Er schwieg selbst dann noch, als Selma schwieg.

«Jonas, bist du noch da?»

«Hm», machte Haberer und schwieg weiter.

«Was machst du?»

«Stell dir vor, Selmeli, für einmal überlege ich, bevor ich quassle.»

«Ups, etwas ganz Neues. Macht dich verdächtig.»

Haberer schwieg weiter. Marcel machte Handzeichen und Grimassen, um zu erfahren, was los war. Selma zuckte mit den Schultern.

«Bleib dran», sagte Haberer plötzlich.

«Wie dran? Am Telefon?»

«Nein, an der Kräuterhexe», sagte er in seinem gewohnten Befehlston: «Keinen Notruf. Hexen sind zäh. Sie wird jetzt kaum ins Gras beissen.»

«Oder die Harfe fassen, wie du sonst zu sagen pflegst.»

«Genau, Selmeli, Hexen krepieren nicht einfach so. Bleib einfach dran.»

«Und wie soll ich das machen? Warten, bis sie aufwacht?»

«Zum Beispiel.»

«Haberer», sagte Selma erbost, «du glaubst doch nicht im Ernst, dass ich in dieser Hexenküche sitzenbleibe und Fabienne das Händchen halte, bis sie wieder zu sich kommt.»

«Doch. Das Händchenhalten kannst du von mir aus weglassen.»

«Wie gnädig.»

«Nutz die Zeit und fotografiere alles, verstanden?»

«Soll ich das wirklich tun?»

«Ja. Und pass auf dich auf. Märssu ebenso. Ich nehme an, er weiss Bescheid.»

«Ja. Aber er sagt niemandem etwas.»

«Das hoffe ich.»

«Wie geht es dann weiter?»

Haberer antwortete nicht mehr.

«Jonas?» Selma starrte auf ihr Telefon und sagte zu Marcel: «Hat einfach aufgelegt. Er ist immer noch der gleiche Kotzbrocken wie früher. Der kann mich mal. Wir rufen jetzt …»

«Nein», meinte Marcel.

«Nein?»

«Wir überlegen zuerst, Selma.» Er hielt einen Moment inne, dann sagte er: «Wir haben drei Möglichkeiten.»

«Erstens?»

«Wir hauen einfach ab. Wenn Fabienne stirbt, und es kommt aus, dass wir hier waren, dann … du weisst schon.»

«Unterlassene Hilfeleistung. Zweitens?»

«Wir rufen den Notarzt. Gegen Fabiennes Willen. Dann sind wir raus aus der Geschichte.»

«Und drittens?»

Marcel löste die Riemchen seines Rucksacks und breitete

zwei Schlafsäcke aus: «Wir bleiben hier. Für diesen Fall habe ich diese Schlafsäcke gekauft.»

Selma war es zwar nicht ganz wohl dabei. Und je schneller es einnachtete, desto unheimlicher wurde ihr. Weil aber das Licht in und um die Hütte herum immer besser wurde, sanfter, farbiger und intensiver, begann Selma zu fotografieren. Sie fotografierte Fabiennes Kräuter-, Wurzel- und Steinkreis, den Felsbrocken mit den seltsamen Einkerbungen, die Küche mit dem vergammelten Geschirr, die Brühe im Topf auf der Glut, die mittlerweile ganz erloschen war, und das Hinterzimmer mit den Essenzen, Mixturen und dem Computer. Als die Sonne untergegangen und der Halbmond aufgegangen war, fotografierte sie auch das rote Fenster mit dem Engelsgesicht. Dazu öffnete sie den grünen Fensterladen.

Selma fuhr ein kalter Schauer über den Rücken – die Aufnahmen waren eindrucksvoll. Das Engelsgesicht erschien märchenhaft und mythisch. Selma schaffte es sogar, die schwarze Katze mit der weissen Schwanzspitze und dem weissen Fleck auf dem Kopf als echte Hexenkatze in Szene zu setzen und ihre grünen Augen funkeln zu lassen.

Sie fotografierte auch Fabienne. Allerdings war sich Selma unsicher: Sagte das Bild einer schlafenden Kräuterhexe oder Wissenschaftlerin irgendetwas aus? Ja, vielleicht schon. Erschöpfung? Krank durch Selbstversuche? Doch, das wäre ein tolles Bild ...

Konnte sie die Fotos überhaupt je gebrauchen? Fabienne müsste damit einverstanden sein.

Schliesslich fotografierte Selma die Hütte von aussen. Dagegen konnte niemand etwas haben. Es gelangen ihr tolle Schüsse: der verwilderte Gemüsegarten im fahlen Licht des Monds, der mächtig thronende und drohende Säntis, der die Hütte ganz klein erscheinen liess, Nebelschwaden, die vom Tal aufstiegen.

Marcel sass auf einer Wolldecke neben den zwei ausgerollten Schlafsäcken.

«Excusé», sagte Selma. «Ich habe mich total vergessen.»

«Das ist ein gutes Zeichen», kommentierte Marcel.

«Für was?»

«Du hast die Leidenschaft für deinen Beruf wiederentdeckt. Aber jetzt komm her. Ich habe ein kleines Menü zubereitet.»

Auf der Wolldecke hatte Marcel allerlei Proviant ausgebreitet und mit Blumen und Kräutern, die er auf der Wiese gefunden hatte, verziert: Tomaten, Gurken, Käse, vegane Wurst, Biskuits und zwei Appenzeller Biber. Die regionale Lebkuchenspezialität hatte er vor dem Aufstieg zur Hütte in einer Urnäscher Bäckerei gekauft.

Selma legte ihre Kamera beiseite, setzte sich zu Marcel, griff sogleich nach dem Biber und biss herzhaft in den eingeprägten Bären, dem Appenzeller Wappentier, der das Gebäck zierte. Selma kaute und schloss die Augen: «Mmh, das tut gut.»

«Und hat ordentlich Kalorien. Das tut dir wirklich gut. Würde aber auch Fabienne guttun.»

«Sobald sie wach ist, stopfen wir sie damit.»

«Zum Glück habe ich mehrere gekauft. Im Übrigen wären sie zur Nachspeise gedacht gewesen …»

«Excusé, ja, jetzt sehe ich es erst, du hast ein richtiges Mahl zubereitet und sogar mit Blumen und Kräutern geschmückt.» Sie beugte sich zu Marcel und drückte ihm einen dicken Kuss auf den Mund. Danach ass sie Käse, Wurst, den Rest des Bibers und die Hälfte von Marcels Biber dazu.

Marcel staunte. Und freute sich: «Dir geht es besser, oder?»

«Ja, mein Liebster. Haberer hat mich zwar schon wieder masslos geärgert und diese Geschichte rund um Fabienne auch. Wie geht es ihr eigentlich, warst du nochmals bei ihr?»

«Ja, als du die Hütte und den Säntis fotografiert hast. Sie ist im Moment stabil, der Puls ist ruhig, ihre Atmung auch.»

«Das ist gut, danke, Liebster. Ja, ich habe mich aufgeregt, aber jetzt, mitten in dieser wunderschönen Natur, mit dir an meiner Seite, geht es mir wirklich viel besser. Ich liebe dich, Marcel. Ich habe so intensive Gefühle hier im Appenzellerland. Das ist eine magische, sagenumwobene Landschaft, voll von Kraftorten, heilenden Quellen, Pflanzen und Kräutern. Genau, wie es meine Schwester gesagt hat.»

«Sie als Apothekerin muss es wissen.»

Selma zog ihre Wanderschuhe aus und kroch in den Schlafsack: «Bleiben wir die ganze Nacht hier?»

«Das wird ziemlich kalt und feucht, fürchte ich», sagte Marcel und räumte die Esswaren in den Rucksack. «Wir können auch in die Hütte. Müssen allerdings erst ein bisschen aufräumen ...»

«Um Himmels Willen, nein!», ging Selma dazwischen. «In dieser Hexenküche schlafe ich nicht. Die schwarze Katze wird uns im Schlaf die Augen auskratzen. Oder der Hexenbesen erschlägt uns. Oder Fabienne verhext uns. Nein, dann bleiben wir lieber die ganze Nacht draussen.»

Marcel stellte den Wecker seines Smartphones so ein, dass er alle zwei Stunden klingelte. Er würde dann in die Hütte gehen, um nach Fabienne zu sehen. Dann legte er sich ganz nahe neben Selma und gab ihr die Hand.

Die Wiese, in der sie lagen, war etwas abschüssig. So hatten sie einen tollen Blick ins Tal hinunter Richtung Schwägalp und natürlich auf den Säntis. Die Nebelschwaden hatten sich mittlerweile verzogen. Am Himmel leuchtete der Halbmond, Milliarden von Sternen. Und im Tal funkelten überall die Lichter der weit auseinander liegenden Bauernhöfe.

«Weisst du eigentlich», sinnierte Marcel, «dass im Appenzellerland viele Hexen lebten und tanzten? Manchmal sogar mit dem Teufel? Und dass sogar ein Riese hier gewohnt haben soll?»

«Nein», sagte Selma leise und drückte Marcels Hand ganz fest. «Erzähl mir jetzt aber nichts von den Hexen und dem Teufel. Das würde mir Angst machen. Erzähl mir vom Riesen.»

«Als der Säntisriese eines Tages im Flachland war, fand er Gefallen an den vielen putzigen Häusern. Er packte sie in einen Sack. Entweder wollte er damit spielen oder aber eine Stadt im Appenzellerland bauen. Es gibt zwei Versionen dieser Sage. In der ersten Fassung schnitt ein mutiger Bauer mit seiner Sense einen Schlitz in den Sack. In der zweiten streifte der Riese mit seinem Sack einen kantigen Felsen, der den Sack aufriss. Jedenfalls purzelten bei jedem Schritt des Riesen die Häuser aus dem Sack und verteilten sich über das ganze Appenzellerland und das Toggenburg. Der Riese verschwand und wurde nie mehr gesehen.»

«Das ist eine schöne Geschichte», sagte Selma müde. «Ich hoffe, der Riese kehrt nicht doch noch zurück. Zumindest nicht in dieser Nacht.»

10

Lea kam kurz vor 23 Uhr von der Piccolo-Probe ihrer Fasnachtsclique Ehrenherren nach Hause. Einmal mehr hatte Selma gefehlt. Ihre beste Freundin hatte nach den Ereignissen im letzten Sommer am Piz Bernina pausiert. Selma hatte sogar die Fasnacht mehr oder weniger ausgelassen, war nur ein einziges Mal – am Dienstagnachmittag – mit ihrer Frauengruppe eingestanden und hatte eine Runde gepfiffen. Dann hatte sie sich wieder verabschiedet. Lea hoffte, dass Selma nach den Ferien und ihrer Reportage im Appenzellerland in die Fasnachtsclique zurückkehren würde.

Lea schloss die Haustüre des Hauses «Zem Syydebändel» möglichst leise und stieg ebenso leise die Treppe zu ihrer Wohnung im zweiten Stock hinauf. Sie wollte Selmas Mutter Charlotte nicht aufwecken.

Sie machte sich bettfertig und liess sich nach einem langen Tag in ihrem Coiffeursalon sowie der Probe mit ihrer Clique erschöpft auf die Matratze fallen, seufzte, steckte ihr Telefon ans Stromkabel und löschte das Licht.

Plötzlich vernahm sie ein Rumpeln. Dann herrschte wieder Stille. Lea drehte sich auf die Seite. Wieder rumpelte es, lauter als zuvor. Lea hob den Kopf und horchte. Es krachte.

Ein spitzer Schrei.

Lea knipste das Licht an, stand auf, schlüpfte in ihren rosa Trainingsanzug und öffnete vorsichtig die Wohnungstüre.

«Hilfe!», rief jetzt jemand mit hoher Stimme.

«Charlotte? Hallo?»

«Hilfe!»

Lea stieg die Treppe hinunter und klingelte bei Charlotte. Da Charlotte nicht sofort öffnete, klopfte sie zusätzlich und rief: «Charlotte? Alles in Ordnung? Brauchst du Hilfe?»

«Lea!», rief Selmas Mutter. «Ich bin unten im Keller, das blöde Gestell, merde! Kannst du mir helfen?»

Lea hastete die Treppe hinunter, öffnete die Kellertüre neben dem Hauseingang, sah, dass das Licht brannte, und stieg vorsichtig die knarrenden Stufen hinunter. Es wurde ihr gerade bewusst, dass sie noch nie in diesem Keller gewesen war. Er hatte eine gewölbte Decke aus Backsteinen, mittendrin hing eine uralte Glühlampe, die nur schwaches Licht spendete.

Es herrschte ein heilloses Durcheinander. Kartonschachteln und Kisten standen herum. Ein Schrank war umgefallen und hatte sich dabei geöffnet. Kleider hingen heraus. Lea konnte sie eindeutig als alte Fasnachtskostüme identifizieren. Selma und sie hatten die gleichen: Zugskostüme ihrer Clique Ehrenherren, die Lea bei sich in der Wohnung im Schrank aufbewahrte.

Auch ein Gestell war umgefallen. Larven, die Basler Bezeichnung für Fasnachtsmasken, lagen auf dem Boden. Lea kannte auch diese: eine alte Tante, einen Polizisten, eine Hexe und einen Piraten.

Zwischen der Hexe und dem Piraten entdeckte Lea Charlotte: «Himmel, was ist denn passiert? Brauchst du einen Arzt?»

«Mais non», sagte Charlotte. «Ich kann bloss nicht aufstehen, weil das Gestell auf mich gefallen ist.»

Lea musste einige Kartons wegräumen, um Charlotte befreien zu können. Dann nahm sie die Larven und legte sie zur Seite. Sie packte das Regal und wuchtete es zurück auf die Beine. Anschliessend half sie Charlotte aufzustehen.

Charlotte wischte den Staub und den Dreck von ihrem dunkelblauen Schlafanzug und richtete die Frisur.

«An deinem Pony sollten wir wieder einmal Hand anlegen», sagte Lea. «Und sonst? Nichts passiert?»

«Ich alte Schachtel werde wohl einige Blessuren und Schürfungen davontragen, aber was soll's?»

«Was machst du überhaupt um diese Uhrzeit im Keller?», wollte Lea wissen. «Als ich nach Hause kam, habe ich gar nichts bemerkt.»

«Da habe ich auch noch im Bett gelegen», sagte Charlotte und schaute sich das Chaos an. «Ich habe dich die Treppe hinaufgehen hören. Dieses Haus ist so ringhörig. Dann bin ich aufgestanden. Ich wollte nur sehen, was hier unten alles herumsteht. Was man wegschmeissen kann und was man sonst irgendwo einlagern muss.»

«Warum denn das?»

«Weil morgen die Handwerker kommen. Ich habe das vergessen.»

«Handwerker?»

«Komm, Lea, wir trinken in meiner Wohnung ein Schnäpschen, dann erkläre ich es dir.»

«Es ist schon spät», wandte Lea ein.

«Genau. Deshalb gönnen wir uns einen Absacker. Danach schlafen wir richtig gut.»

Das mit dem Absacker dauerte dann doch etwas länger. Charlotte und Lea sprachen vor allem über Selma. Beide waren froh, dass es mit ihr bergauf ging und sie wieder auf Reportage war.

Kurz vor eins sagte Lea: «Du wolltest mir doch erzählen, was die Handwerker im Keller machen sollen.»

«Ach ja. Aber du darfst niemandem etwas sagen, versprochen?» Charlotte schenkte nochmals zwei Gläschen Aquavit ein.

«Versprochen», bestätigte Lea.

Charlotte prostete Lea zu, nahm einen Schluck und sagte: «Du kennst doch die Geschichte: Selmas Vater Arvid Bengt hat über all die Jahre einen Liebestanz gemalt, weil er so inspiriert war vom Basler Totentanz, an dem wir wohnen. Deshalb ...»

«Er war vor allem von dir inspiriert», unterbrach Lea. «Er liebte dich, zeugte mit dir Selma und jetzt, nach all den Jahren, habt ihr euch wieder gefunden.»

«Natürlich, Lea. Jedenfalls lasse ich diesen Keller in eine Galerie umbauen und werde Arvid Bengts Bilderreihe ausstellen.»

Lea sprang von ihrem Sessel auf und umarmte Charlotte: «Was für eine süsse Idee.» Nachdem sie sich wieder hingesetzt hatte, spann sie die Idee weiter: «Charlotte, du bist doch Kunsthistorikerin. Du könntest eine Galerie eröffnen und auch Bilder von anderen Künstlern ausstellen. Vor allem natürlich von Selma.»

«Ach, Liebes, soll ich das wirklich tun?»

«Unbedingt. Das wird toll!»

Charlotte trank ihr Glas aus und sagte dann leise: «Hat Selma eigentlich einmal etwas gesagt wegen ihrem Vater? Freut sie sich, dass er und ich ...?» Sie stockte.

«Ein Paar seid?», ergänzte Lea. «Das ist wieder einmal so

eine indiskrete Frage von dir, liebe Charlotte, aber ja, ich glaube, alle freuen sich darüber.»

«Eigentlich hatte ich gehofft, dass Selma und Marcel bald heiraten, noch bevor Arvid Bengt und ich zusammenkommen. Aber das war wohl nichts.»

«Selma war nach ihrem Absturz am Piz Bernina lange krank.»

«Zwischen den beiden ist aber alles in Ordnung? Geniessen sie die freien Tage am Bodensee und im Appenzellerland?»

«Charlotte, du erwischst mich nicht. Ich werde keine Geheimnisse meiner besten Freundin ausplaudern.»

«Oh, dann gibt es also welche?»

Lea stand auf: «Ich muss jetzt wirklich ins Bett.»

Auch Charlotte erhob sich, brachte Lea zur Türe, hielt sie dann aber am Arm fest und sagte: «Danke, dass du mir geholfen hast. Übrigens, ich habe neulich im Keller etwas wiederentdeckt. Komm, ich zeige es dir.»

Charlotte führte Lea ins Schlafzimmer und schaltete das Licht ein. Neben dem Bett stand eine Wiege. Eine Holzwiege, in die Sonne, Mond und Sterne eingeschnitzt waren, aber auch Pflanzen und Tiere.

«Wow!», sagte Lea.

«Das war Selmas Wiege.»

«Aber da lag sicher auch Elin darin, oder?»

«Nein, mein verstorbener Mann Dominic-Michel liess diese Wiege extra anfertigen – und später für Elin ebenfalls eine. Wir haben Elin ihre Wiege geschenkt, als sie schwanger war.» Charlotte seufzte, verschränkte die Arme und starrte auf die Wiege.

«Und Selma würde ihre Wiege bekommen, wenn sie schwanger würde?», fragte Lea.

«So war es gedacht. Aber langsam gebe ich die Hoffnung auf.»

«Ach, Charlotte», sagte Lea und umarmte sie.

Jetzt fiel ihr der kurze und sehr aufgeregte Anruf von Selma am frühen Nachmittag ein. Selmas Andeutungen. Ihre beste Freundin hatte so glücklich geklungen. Nein, sie konnte sich nicht täuschen. Selma wünschte sich ein Kind.

Charlotte löste sich aus der Umarmung und schaute Lea skeptisch an: «Was ist? Habe ich etwas Dummes gesagt?»

«Nein, natürlich nicht.»

«Aber?»

«Nichts aber. Ich muss jetzt wirklich ins Bett.»

Lea ging nach oben in ihre Wohnung und legte sich hin. Sie dachte noch lange über das Gespräch mit Charlotte nach. Was hatte sie ihr mit dieser Wiege mitteilen wollen? Warum hatte sie sie ihr gezeigt? Einfach so? Aus Freude? Wollte sie, dass Lea mit Selma darüber sprach? «Natürlich will sie das», murmelte Lea. Oder wusste sie, dass sich Selma mit der Frage beschäftigte, schwanger zu werden? Spürte sie es?

Lea lächelte und dachte an ihre beste Freundin. Es war lange her, seit sie das letzte Mal mit ihr über Kinder gesprochen hatte. Selma hatte damals so gestrahlt.

Und genau dieses strahlende Gesicht sah Lea jetzt vor sich. Dann schlief sie ein.

11

Zuerst hörte sie nur ein Schnaufen. Mal lauter, mal leiser. Selma blinzelte, sah, dass es noch Nacht war, tastete nach Marcel und schüttelte ihn leicht.

Doch das Schnaufen stoppte nicht. Es wurde lauter. Es war wirklich ein Schnaufen, kein Schnarchen. Also stammte es definitiv nicht von Marcel. Selma fand es unheimlich. Sie selbst wagte kaum noch zu atmen.

Das Schnaufen war auf einmal so nah, dass sie sogar einen Luftzug im Gesicht spürte. Plötzlich fuhr etwas Nasses, Raues über ihre Wange.

Selma schreckte hoch, riss die Augen auf und starrte auf das Maul einer Kuh. Diese fuhr noch einmal ihre Zunge aus und leckte ihr quer übers Gesicht. Selma wischte sich mit dem Ärmel ihrer Fleecejacke ab, die sie sich irgendwann in der Nacht angezogen hatte.

Die Kuh wich zurück, starrte Selma eine Weile an und fing wieder an zu grasen. Selma blickte um sich. Eine ganze Herde war in ihrer Nähe. Die meisten Tiere lagen da und käuten wieder. Am Horizont konnte Selma einen hellen Streifen sehen, die Venus darüber leuchtete hell. Es war also früher Morgen. Selma suchte ihr Smartphone, fand es irgendwo bei den Füssen in ihrem Schlafsack, doch das Display war schwarz, der Akku leer. Nun zog sie ihren Rucksack zu sich, versorgte ihr Telefon im Rucksack, nahm die grosse Kamera heraus, schaltete sie ein und sah auf dem Bildschirm, dass es 4 Uhr 37 war. Sie legte die Kamera auf den Rucksack, schaute durch den Sucher, stellte eine lange Belichtungszeit ein und drückte auf den Auslöser. Dieses Prozedere wiederholte sie einige Male aus verschiedenen Blickwinkeln und war äusserst zufrieden mit dem Resultat: Sie hatte es geschafft, die einzigartige Stimmung mit den Kühen in der Morgendämmerung und der weiss strahlenden Venus einzufangen.

Sie verstaute die Kamera und mummelte sich wieder in den Schlafsack. Erst jetzt spürte sie, dass sich ihre Kleider feucht anfühlten. Sie begann zu frösteln.

Nun schälte sie sich aus dem Schlafsack, schlüpfte in ihre Wanderschuhe, die ebenfalls feucht und kalt waren, und stand auf. Sie ging zur Hütte. Die Türe stand offen. Marcel hatte sie ebenso wie ein Fenster offengelassen, damit der Gestank sich verziehen konnte. Selma trat vorsichtig ein und sah, dass Fabienne immer noch auf dem Bett lag. Von der schwarzen Katze fehlte jede Spur. Selma ging zu Fabienne und setzte sich zu ihr. Sie fühlte den Puls, er war ruhig.

«Was ist passiert?», murmelte Fabienne. «Wo bin ich?»

«Du warst erschöpft und bist zusammengebrochen», sagte Selma leise. «Du bist in der Hütte beim Sönderli im Appenzellerland.»

Fabienne schlug die Augen auf und schaute Selma mit ihren dunklen Augen an: «Wer bist du?»

«Selma. Ich bin Selma, die Reporterin. Ich bin gestern gekommen, um mit dir ein Interview zu führen, aber ...»

«Ich erinnere mich. Ich war müde.»

«Du bist einfach umgefallen, dein Kreislauf ist kollabiert.»

«Hast du ...?» Fabienne hielt inne, zitterte ganz leicht.

«Nein, ich habe keinen Notarzt gerufen. Das hast du strikt abgelehnt.»

Fabienne schloss die Augen und sagte: «Das ist gut. Merci.»

Selma ging zum Brunnen und holte frisches Wasser. Fabienne trank. Dann legte sie sich wieder hin, schloss die Augen und sagte leise: «Ich muss aufstehen.»

«Es ist noch nicht einmal fünf Uhr morgens. Schlaf dich zuerst richtig aus.»

«Aber ich muss mich unbedingt melden», sagte Fabienne schläfrig.

«Wo musst du dich melden?»

«Unbedingt. Ich muss ... Turido ... melden.»

«Bei wem? Turido?»

«Gruppe ... Forscher ... Turido ...» Fabienne döste weg.

Selma bemerkte, dass Marcel im Türrahmen stand. Sie ging zu ihm, gab ihm einen Kuss und sagte: «Auch schon wach?»

«Du bist gut. Ich bin immer wieder aufgewacht. Aber du hast die ganze Nacht geschlafen wie ein Murmeltier. Ist alles in Ordnung mit Fabienne?»

«Ich glaube, es geht ihr gut. Sie soll sich irgendwo melden, dringend. Aber wir lassen sie schlafen, oder?»

«Sie ist in der Nacht einmal aufgestanden», berichtete Marcel. «Sie ging vermutlich aufs Klo. Aber dann schlief sie weiter. Sie muss total erschöpft sein.»

«Ich vermute, sie hat vergessen zu essen, zu trinken und zu schlafen. Und sie hat mit ihrem Hexengebräu experimentiert.»

«Komm, Selma, wir kuscheln uns auch noch ein wenig in die Schlafsäcke.»

«Nein, Liebster, das tun wir nicht.» Sie sah, dass Marcel mit nackten Füssen vor ihr stand: «Zieh deine Socken und Schuhe an. Wir müssen los.»

«Es ist alles nass. Und wir haben doch Ferien.»

«Mach schon», meinte Selma nur. «Du wirst es nicht bereuen.»

Die beiden legten ihre Schlafsäcke neben den Eingang der Hütte und deponierten dort auch Marcels Rucksack. Selma schwang sich ihren Rucksack mit der Fotoausrüstung auf den Rücken, hängte sich die grosse Kamera um den Hals, packte Marcel an der Hand, strahlte ihn an und sagte: «Los geht's!»

Sie gingen über die Wiese den Berg hinauf, vorbei an den Kühen, die sich nicht im Geringsten stören liessen, und erreichten einen Weg. Auf diesem gingen sie nun weiter auf den langgezogenen Bergrücken des Hochhamms und durch einen Wald. Nach einem weiteren Anstieg standen sie auf einer Anhöhe.

Selma blieb stehen, atmete durch und wartete auf Marcel, der ihr Tempo nicht mithalten konnte. Selma legte den Rucksack ab, zog die Fleecejacke aus und sagte zu Marcel: «Ein Kaffee wäre nicht schlecht.» Sie zeigte auf das Berggasthaus Hochhamm gut hundert Meter weiter oben.

«Ob die schon wach sind?», keuchte Marcel. «Es ist immer noch Nacht. Oder fast.»

«Es ist früher Morgen. Und deshalb sind wir hier. Den Kaffee gibt es später. Erst müssen wir auf den Gipfel, um den Sonnenaufgang zu geniessen.»

«Warum können wir den nicht hier geniessen?»

«Weil er oben noch viel schöner ist.»

«Und warum bist du so fit ohne Kaffee? Du brauchst doch sonst immer Kaffee. Habe ich etwas verpasst?»

«Vielleicht.»

«Oh, gibt es eine neue Selma?»

«Vielleicht. Aber hü, weiter geht es.»

Selma ging mit schnellen und langen Schritten voran, erreichte das Gasthaus, blieb kurz stehen und schaute zu Marcel, der ihr langsam entgegenkam, wartete aber nicht auf ihn, sondern nahm den letzten Abschnitt in Angriff. Kaum war sie oben auf dem 1274 Meter hohen Gipfel des Hochhamms angekommen, stellte sie ihren Rucksack ab und begann zu fotografieren. Durch den Wald auf der Südseite des Gipfels erblickte sie den Säntis, der von den ersten rötlichen Sonnenstrahlen erhellt wurde. Selma sprang hin und her, knipste und war begeistert. Das Licht war einzigartig, zauberhaft, magisch. Zusammen mit dem Tau an den dunklen Bäumen im Vordergrund entstanden wunderbare Aufnahmen.

Sie drehte sich um und fotografierte auch gegen Norden. Das Appenzellerland bis zum Bodensee lag vor ihr, keine Bäume störten die Sicht. Was für eine liebliche Landschaft mit den vielen verstreuten Häusern, die aus dem Sack des Riesen gepurzelt waren. Selma kribbelte es im ganzen Körper, vor Freude, vor Ergriffenheit.

Marcel erreichte nun ebenfalls schwer atmend den Gipfel und wollte sich setzen. Doch Selma liess es nicht zu, zeigte in Richtung Osten. Jetzt ging die Sonne auf, Selma machte noch einige Fotos, dann umarmte sie Marcel und sagte: «Spürst du diese Kraft auch? Spürst du diese Lebenslust, mein liebster Schatz?»

12

Marcel war irritiert. Selma hat noch nie Schatz zu ihm gesagt. Warum jetzt? Warum hier? Und nein, er spürte weder eine besondere Kraft noch eine aussergewöhnliche Lebenslust. Er war vom Aufstieg und von der kurzen Nacht vor allem eines: erschöpft.

Trotzdem sagte er immer noch keuchend: «Es ist wunderschön hier oben.» Und fügte nach einer kleinen Pause, in der er nach Luft schnappte, an: «Danke, mein liebster Schatz.»

Selma schaute ihn verängstigt an: «Du bist wirklich ganz ausser Atem. Alles okay mit dir?»

«Alles okay.»

«Setz dich. So einen Schwächeanfall hattest du schon am Piz Bernina.»

«Das war die Höhe.»

«Hier ist es aber kaum die Höhe. Wir sind bloss auf etwas über 1200 Metern.»

«Hoch genug», sagte Marcel und stand wieder auf. «Alles gut.»

«Gestern hattest du das auch. Du solltest unbedingt zum Arzt», sagte Selma.

«Ja, vielleicht», meinte Marcel und lächelte Selma an. «Aber das ist nichts.»

«Marcel!»

«Verstanden. Ich werde mich bei meinem Arzt melden.»

Selma nahm ihn an der Hand. Gemeinsam bestaunten sie die Aussicht, beobachten, wie die Sonne aufstieg und die Landschaft in warmes Licht tauchte.

Selma machte viele Fotos. Auch von Marcel. Schliesslich sagte sie: «Und jetzt machen wir noch ein Selfie. Wir müssen diesen denkwürdigen Augenblick festhalten. Aber mit deinem Smartphone. Bei meinem ist der Akku leer.»

«Unbedingt», sagte Marcel, wusste aber nicht wirklich, was Selma mit dem «denkwürdigen Augenblick» meinte, schliesslich waren sie nicht das erste Mal auf einer Wanderung und erlebten auch nicht ihren ersten gemeinsamen Sonnenaufgang. Selma lehnte sich zu ihm. Marcel kramte sein Mobile hervor, gab es Selma und schaute grinsend in die Kamera.

Selma kontrollierte die Aufnahme und war nicht zufrieden. Irgendetwas mit ihren Haaren stimmte nicht. Sie schüttelte den Kopf, schmiegte sich erneut an Marcel und drückte auf den Auslöser. Dann zeigte sie ihm das Bild.

«Süss», kommentierte er. «Also du. Ich sehe ziemlich alt aus.»

«Blödsinn. Du bist das blühende Leben.»

Marcel musste lachen und meinte: «Na ja, ich weiss nicht. Das blühende Leben bist in diesem Moment vor allem du. Und das freut mich. Du hast deine Lebensfreude zurück.»

«Oh ja, Schatz. Wir beide. Wir haben so viel zusammen vor.»

«Das haben wir, Schatz.»

Marcel war wiederum irritiert. Natürlich hatten sie viel vor. Die Ferien geniessen, den Segelkurs besuchen, wandern. Aber Marcel vermutete, dass Selma nicht nur die nahe Zukunft meinte. Deutete sie ihr gemeinsames Leben an? Hochzeit? Ja, das musste es sein. Damals, in jenen verhängnisvollen Tagen im Engadin, war Heiraten ein Thema gewesen. Selma war inspiriert von der glamourösen Hochzeit, die sie fotografiert hatte, vom Gipfelkuss.

Aber dann dieses Drama, der Tod der Braut. Seither hatten sie nie mehr übers Heiraten geredet.

Beim Abstieg vom Hochhamm überlegte sich Marcel, ob er Selma darauf ansprechen sollte. Oder sollte er ihr gleich einen Heiratsantrag machen? Nein, das war zu heikel, Selmas Lebensfreude war gerade erst wieder aufgeflammt. Vielleicht war es auch nur eine vorübergehende Stimmungslage. Marcel wollte den Moment auf keinen Fall zerstören.

Als sie den Wanderwegweiser beim Berggasthaus erreichten, stutzte Selma: «Warum steht hier ‹Bergstation Hochhamm›? Ist doch weit und breit keine Seilbahn zu sehen.»

Auch Marcel konnte sich das nicht erklären, sagte aber: «Vielleicht gab es mal eine Bahn.»

Da schaute ein Mann zum Fenster hinaus und rief ihnen zu. Selma und Marcel schauten sich fragend an. Der Mann wiederholte seinen Satz. Dieses Mal ein bisschen langsamer. Aber auch jetzt hörten Selma und Marcel vor allem eine etwas eigenartige Sprachmelodie, viele Vokale, Wörter, die in höherem Tonfall begannen und tiefer endeten.

«Hast du etwas verstanden?», fragte Selma ohne Marcel anzuschauen.

«Ich glaube, der Herr wünscht uns einfach einen guten Morgen.»

Der Mann nahm einen dritten Anlauf und versuchte nun, seinen Dialekt zu unterdrücken: «Ihr habt den Sonnenaufgang auf dem Hochhamm bestaunt, oder? Möchtet ihr Kaffee, Frühstück?»

«Haben Sie schon offen?»

«Kommt einfach. Sönd willkomm.»

Der Mann schloss das Fenster.

«Wow, das ist aber nett», sagte Selma und schaute auf die Uhr ihrer Kamera und sagte «es ist erst kurz vor sieben Uhr.»

Die beiden setzten sich auf die Terrasse, die noch im Schatten lag.

«Ist es nicht zu kalt draussen?», fragte der Mann, als er die Terrassentüre öffnete. Er war im gleichen Alter wie Selma und Marcel, trug ein rotes Hemd, hatte blonde Haare und einen blonden Bart. «Ich bin übrigens Hannes und wirte hier oben. Sönd willkomm.»

«Wir sind Selma und Marcel, wir wohnen in Basel und machen hier Ferien», sagte Marcel. «Nein, es ist herrlich draussen.» Er wandte sich Selma zu: «Oder was meinst du?»

Selma nahm die Fleecejacke, die sie im Rucksack verstaut hatte, wieder hervor, zog sie an und sagte: «Draussen ist perfekt.»

«Entdecken die Basler gerade das Appenzellerland?», meinte Hannes schmunzelnd und kraulte in seinem Bart. «Ich habe eine Frau aus Basel in der Gästehütte untergebracht. Dem Dialekt nach ist sie aber keine Baslerin, eher Westschweizerin oder Französin. Aber sie wohnt in Basel. Sie will hier oben auf der Alp arbeiten, quasi im Homeoffice.»

«Oh, ist das die Frau ...», begann Marcel.

«Frühstück», unterbrach ihn Selma, «ich brauche dringend Kaffee, also Milchkaffee, und etwas zu essen. Ich habe einen Bärenhunger.»

«Mache ich euch gerne. Wir haben übrigens selbst gemachte Imbeilatweri und leckeren Schlipfechääs.»

«Aha», machte Selma nur. «Was auch immer das ist, wir nehmen es.»

Hannes lachte und erklärte: «Himbeermarmelade und junger Appenzeller Bergkäse.»

«Klingt lecker», sagte Selma, nahm ihr Smartphone aus dem Rucksack und fragte Hannes, ob sie das Telefon aufladen dürfe – falls er ein passendes Aufladekabel dazu hätte.

Der Wirt nahm Selmas Gerät, betrachtete es kurz und sagte: «Ich glaube, mein Aufladekabel passt. Ich habe nämlich fast das gleiche Modell.»

Als der Wirt mitsamt Selmas Smartphone im Haus verschwunden war sagte Selma: «Excusé, Marcel, dass ich dich unterbrochen habe. Aber du wolltest Hannes sicher erzählen, dass wir Fabienne getroffen haben.»

«Ja, ich Depp, es wäre mir fast herausgerutscht. Danke, dass du mich aufgehalten hast. Fabienne hat ihre Gründe, warum sie keinen Arzt will. Ich denke, auch Hannes weiss nicht, was Fabienne in ihrer Hütte treibt und welche Experimente sie durchführt.»

«Genau, mein Liebster», sagte Selma. «Deshalb: pssst.»

Hannes brachte Milchkaffee, Zopf, Butter, Honig, mehrere Sorten Konfitüre, natürlich auch die Imbeilatweri, harten und weichen Käse und den Schlipfechääs: «Ich wünsche euch einen guten Appetit», sagte er und schaute zu Selma. «Dein Smartphone hängt übrigens an meinem Aufladekabel bei der Theke. Bloss nicht vergessen.»

Selma bedankte sich, trank Kaffee und stürzte sich dann regelrecht auf die Speisen, machte immer wieder «mmh» und forderte Marcel auf, dies und das zu probieren. Marcel ass, staunte aber vor allem über Selmas Appetit und freute sich. Selma wirkte wie verändert.

Motorengeräusch und Gebell. Eine Frau mit einem Traktor erreichte die Gastwirtschaft. Der mittelgrosse Hund mit schwarzem Fell, weisser Brust und geringeltem Schwanz rannte auf die Terrasse und kläffte Selma und Marcel an.

«Merle!», schrie die Frau und schaltete den Motor aus. «Lass das, komm her!»

Merle gehorchte aber nicht, sondern kläffte weiter.

Hannes kam aus dem Haus: «Merle, vertreibst du wieder mal meine Gäste?» Er streichelte den Hund und gab der Frau einen Kuss. Dann wandte er sich Selma und Marcel zu: «Entschuldigt. Merle ist eine kleine Kläfferin.»

«Welche Rasse ist es denn?», fragte Selma.

«Ein Bläss.»

«Oh, eine Appenzeller Sennenhündin?»

«Genau. Und das ist Theres, meine Freundin. Sie ist Kräuterbäuerin in Schönengrund.» Hannes zeigte nach unten Richtung Norden, schaute dann zu seiner Freundin und sagte: «Das sind Selma und Marcel aus Basel.»

«Oh, freut mich, gründen wir eine Basler Kolonie?», fragte Theres lachend.

«Scheint so. Ich habe ihnen bereits von Fabienne erzählt.»

Selma und Marcel schauten sich an. Marcel getraute sich nichts zu sagen. Also ergriff Selma das Wort: «Frühstückt doch mit! Oder habt ihr zu tun?»

Hannes verschwand im Haus, und Merle kläffte Selma und Marcel nochmals kräftig an. Erst als sich Theres zu ihnen setzte und von Selma ein Stück Zopf bekam, beruhigte sich die Hündin und legte sich hin. Um gleich wieder aufzuspringen, als Hannes mit zwei weiteren Tassen Milchkaffee, zwei Tellern und Besteck zum Tisch kam. Merle holte sich bei Hannes ein Stück Käserinde, reagierte tatsächlich auf den anschliessenden Befehl «Platz» und legte sich hin.

Selma betonte nochmals, wie nett es sei, um diese Zeit schon Frühstück zu bekommen und lobte die vielen Köstlichkeiten. Dann fragte sie, warum auf dem Wegweiser «Bergstation» stehe und erfuhr von Hannes, dass hier früher eine Bahn hinauffuhr. Ein Sessellift, der nach dem Konkurs abgebrochen worden war.

«Und ihr seid auch auf Kräutersuche?», fragte Hannes. «Falls ihr etwas über Appenzeller Kräuter und Heilpflanzen wissen wollt, Theres weiss alles. Wobei hier keine einzigartigen Gewächse anzutreffen sind, hier wächst das, was auch sonst im Alpenraum wächst.»

«Wer ist denn noch auf Kräutersuche?», fragte Selma.

«Also auf Kräutersuche ist Fabienne nicht mehr», antwortete Theres und zupfte ihr blaues Kopftuch zurecht. Es passte gut zu ihren blauen Augen.

«Fabienne hat Kräuter bei dir gekauft?», fragte Selma. «Was für welche?»

«Praktisch mein ganzes Sortiment aus dem Alpengarten. Einige musste ich von anderen Kräuterbauern dazukaufen wie die Alraune und die Yams- oder Lichtwurzel.»

«Und einen grossen Sandstein wollte sie auch noch», ergänzte Hannes. «In diesen musste ich nach einem bestimmten Muster Kerben einschleifen.»

Selmas Gedanken rotierten. Sie schaute zu Marcel und sah ihm an, dass auch er kombinierte.

«Keine Ahnung, was sie mit dem Zeugs macht», meinte Theres und versuchte den Schlipfechääs. Dann sagte sie zu Hannes: «Der ist wirklich gut.»

«Fantastisch», sagte Selma. «Das Frühstück ist so toll, die Landschaft wunderbar, ein strahlender Morgen, und ihr seid so nett. Wir müssen viel öfter das Appenzellerland besuchen, nicht wahr, Schatz?»

Marcel lächelte. Selma erinnerte ihn gerade an Charlotte: Sie stand ihrer Mutter in Sachen gepflegter Konversation in nichts nach.

«Aha, Alraune und Lichtwurzel», sinnierte Selma nun, schaute interessiert zu Theres und sagte: «Diese Pflanzen kenne ich gar nicht.»

«Also die Alraune galt lange als Zauberpflanze», erklärte Theres. «Mandragora officinarum, so der wissenschaftliche Name.»

Selma zuckte innerlich zusammen. Mandragora? Das hatte Fabienne doch im Delirium gesagt ...

«Ihre Wurzel ähnelt einer Menschengestalt», fuhr Theres fort. «Vorausgesetzt, man hat Phantasie. Aber wegen dieser Wurzel galt sie wohl als sagenhaft und göttlich.»

Selma schluckte und fragte: «Was kann denn diese Zauberpflanze?»

Theres lachte und meinte: «Wahrscheinlich nicht halb so viel, wie ihr angedichtet wurde und immer noch wird. So gilt sie als Liebesapfel, als Aphrodisiakum, und soll sogar empfängnisfördernd sein. Sie soll aber auch eine narkotisierende und halluzinogene Wirkung haben. Man fliegt wohl davon. Das stimmt sogar, denn die Alraune ist giftig. Sie kann Herzrhythmusstörungen verursachen, zur totalen Erschöpfung und im schlimmsten Fall zum Ersticken führen.»

Selma und Marcel schauten sich an und wussten, dass beide

das gleiche dachten: Fabienne hatte eine Alraunen-Vergiftung erlitten.

«Puh, Teufelszeug», sagte Selma. «Und die Lichtwurzel?»

«Dioscorea batatas», erklärte Theres. «Beim Ernten soll die Wurzel leuchten. Sie erhellt angeblich den Geist und fördert den Intellekt und die Langlebigkeit.»

Wieder schauten sich Selma und Marcel an. Alles passte, Fabienne suchte schliesslich nach dem Geheimnis des ewigen Lebens.

Selma wandte sich Theres zu und sagte: «Du weisst ja alles über Kräuter. Du solltest dich mit meiner Schwester austauschen. Elin ist Apothekerin.»

«Heilkunde ist normalerweise nicht mein Ding», erklärte Theres. «Ich beliefere eine Schnapsfabrik und Käsereien im Appenzellerland, die ihre geheimnisvollen und sagenumwobenen Würzmischungen daraus herstellen. Und eine Bonbonfabrik im Unterland, die ihre Produkte weltweit verkauft.»

«Gratuliere», meinte Marcel beeindruckt. «Und wie kam es dazu?»

Theres erzählte die Geschichte ihrer Familie, die erst mit der fürs Appenzellerland typischen Weberei, später mit Milchwirtschaft ihren Lebensunterhalt verdient hatte, bis Theres auf die Kräuterproduktion umstellte. «Die Alphütte, die wir oberhalb vom Sönderli besitzen», sie zeigte in die Richtung des langen Hochhamm-Bergrückens, «habe ich zusammen mit Hannes so umfunktioniert, dass wir sie an Touristen vermieten können.»

«Fabienne hat die Hütte für den ganzen Sommer gemietet», sagte nun Hannes. «Zum Mietpreis gehört auch, dass man hier im Gasthaus Frühstück, Mittag- oder Abendessen bekommt. Aber Fabienne war noch nie hier.» Er lachte und sagte dann: «Ich hoffe, sie ernährt sich nicht nur von all den Kräutern.»

«Vielleicht ist diese Fabienne eine Kräuterhexe», meinte Marcel.

«Was für eine unwissenschaftliche Analyse, Herr Doktor Psychologe», sagte Selma. Worauf Theres und Hannes sich erkundigten, ob Marcel tatsächlich Psychologe sei. Marcel fasste sich kurz. Ja, er sei studierter Psychologe, arbeite aber als Tram- und Busfahrer. Dann schob er den Ball geschickt Selma zu, indem er sagte, dass seine Liebste den weitaus spannenderen Beruf habe. Sie sei Reporterin. Worauf Selma aus ihrem Leben erzählte.

Es endete damit, dass sich die beiden Pärchen bei der Verabschiedung wie beste Freunde umarmten und die Telefonnummern austauschten. Zum Glück: Selma hätte ihr Telefon, das sie zum Aufladen Hannes gegeben hatte, doch glatt vergessen. Hannes holte es ihr.

«Was für nette Leute», sagte Marcel auf dem Weg vom Hochhamm zur Hütte oberhalb vom Sönderli.

Selma schaltete ihr Smartphone ein. Dieses piepste und surrte mehrere Male. Selma starrte auf das Display.

«Was ist?», fragte Marcel.

«Jonas Haberer sucht mich. Dringend. Er schreibt, dass wir aufpassen sollen. Fabienne wird gesucht.»

«Von der Polizei?», fragte Marcel.

Selma rief Haberer sofort an und marschierte gleichzeitig weiter: «Wird Fabienne von der Polizei gesucht?», fragte sie ihn geradeheraus.

«Selmeli ...»

«Oder von Big Pharma? Oder von beiden? Die Drohnen ...?»

«Selma ...»

«Was jetzt?»

«Weiss ich nicht, seid einfach vorsichtig und haltet die Augen offen. Die Story wird immer besser.» Haberer unterbrach die Verbindung.

Selma blieb stehen und sagte fassungslos zu Marcel: «Einfach aufgelegt.»

13

Die Kühe waren verschwunden. Die Schlafsäcke von Selma und Marcel lagen ausgebreitet auf der Weide in der Sonne. Die Türe und die Fenster der Hütte waren verschlossen.

Selma und Marcel stutzten. Sie hatten die Schlafsäcke doch neben Marcels Rucksack bei der Hütte deponiert.

Selma klopfte an die Türe.

Da sie keine Antwort erhielt, öffnete sie sie: «Hallo? Fabienne?»

Immer noch keine Antwort.

Selma trat ein. Alles war noch gleich wie am frühen Morgen. Ausser, dass Fabienne nicht mehr auf dem Bett lag. «Fabienne?», rief Selma erneut.

Die Türe zum kleinen Raum mit den Computern und all den Apotheker-Fläschchen öffnete sich.

«Bonjour», sagte Fabienne. «Ich habe eure Schlafsäcke in die Sonne gelegt. Sie waren nass. Danke nochmals, dass ihr mir geholfen habt. Ich bin am Arbeiten. Mir geht es wieder gut.» Wie bei ihrer ersten Begegnung schaute Fabienne immer nur kurz in Selmas Augen, dann senkte sie ihren Blick. Offenbar hatte dies nichts mit dem Zusammenbruch zu tun, sondern war eine Eigenart.

«Das freut mich», sagte Selma. «Können wir jetzt das Interview machen?»

«Das geht gerade sehr schlecht. Ich bin mitten in einem wichtigen Prozess.»

Selma schaute an Fabienne vorbei und sah, dass die schwarze Katze neben der Computertastatur sass. «Und die Katze hilft dir bei diesem Prozess? Ist sie eine Hexenkatze?»

Ein Lächeln huschte über Fabiennes Gesicht.

«Die Katze hat mir gestern einen ziemlichen Schrecken eingejagt», redete Selma weiter. «Also, was ist jetzt mit dem Interview?»

«Selma», entgegnete Fabienne verlegen. «Ich habe jetzt wirklich keine Zeit.»

«Wann dann?»

Fabienne antwortete nicht.

Selma drehte sich um und holte Marcels Rucksack. Sie packte sämtliche Lebensmittel, die Marcel eingekauft hatte, aus und stellte sie neben das schmutzige Geschirr: mehrere Dosen mit Ravioli, Mais und Linsen, Brot, Eier, Bananen und Äpfel. «Du solltest essen, sonst brichst du wieder zusammen.» Selma musterte Fabienne von oben bis unten: «Du bist nur noch Haut und Knochen.»

Auch Fabienne musterte Selma und lächelte bereits zum zweiten Mal.

«Ich weiss», sagt Selma rasch. «Ich kann auch noch etwas an Gewicht zulegen. Aber weisst du was? Wir hatten gerade ein reichhaltiges Frühstück im Restaurant Hochhamm bei Theres und Hannes, deinen Vermietern. Sehr köstlich. Sie erwarten dich eigentlich zum Essen. Würde dir guttun. Kämst dann auch mal raus aus . . .», Selma hielt einen Moment inne, «. . . aus deiner Hexenküche.»

Fabienne schaute beschämt zum Boden.

«Also Fabienne», sagte Selma resolut. «Das Interview. Du hast es mir zugesichert.»

«Geht jetzt nicht», entgegnete Fabienne ohne Selma anzuschauen. «Vielleicht ein andermal. Ich muss arbeiten. Ich bin hier schliesslich im Homeoffice.»

«Fabienne, Frau Doktor Fabienne Richemond, was ist los? Wer bist du? Du experimentierst hier mit tödlichen Substanzen. Es geht dir echt schlecht, du willst keinen Arzt und erzählst mir, dass du hier im Homeoffice arbeitest?»

«Ist doch schön hier oben.»

«Das ist es», sagte Selma jetzt unwirsch. «Und man wird hier nicht von der Polizei oder von sonst jemandem, der hinter einem her ist, gefunden.»

Fabienne zuckte, starrte Selma an. Ihre Augen in den schwarzen Augenhöhlen wirkten gespenstisch. Die schwarze Katze erhob sich, machte einen Buckel und starrte Selma an.

«Warum sucht dich die Polizei? Oder wer sonst?»

«Warum sollte mich ...»

«Fabienne, lassen wir die Spielchen. Ich weiss mehr, als du denkst. Hast du vielleicht schon einmal die Drohne bemerkt, die über der Hütte kreist ...» Selma stockte und beobachtete Fabiennes Reaktion genau.

Fabienne reagierte nicht. Deshalb sprach Selma weiter: «Keine Ahnung, was du verbrochen hast. Es ist mir auch egal. Mein Auftrag lautet: Mach eine schöne Reportage über eine Wissenschaftlerin, die nach der Formel der Unsterblichkeit forscht. Aber eine solch durchgeknallte Frau, excusé meinen Ausdruck, habe ich noch nie erlebt.»

«Selma, ich weiss nicht, was du meinst. Unsterblichkeit, wie kommst du denn darauf?»

«Lass gut sein, Fabienne. Du hast mir in deinem Delirium erzählt, dass du für eine Gruppe namens Turido forschst.»

Fabienne war einen Moment lang sichtlich irritiert und sagte zögerlich: «Ja, Turido ist der Name einer internationalen Forschungsgruppe, es geht um ...»

«Es ist mir egal, worum es geht, Fabienne», unterbrach Selma wütend, machte rechtsumkehrt, verliess die Hütte, rollte auf der Weide die Schlafsäcke zusammen, band sie auf Marcels Rucksack und sagte zu ihm: «Wir gehen.»

«Das war ein schnelles Interview», meinte Marcel.

«Das war nichts», sagte Selma. «Lass uns von hier verschwinden.»

Auf dem Weg hinunter nach Urnäsch erzählte Selma Marcel, was passiert war. Zum Schluss sagte sie, dass sie wirklich keine Lust habe auf eine solche Geschichte.

«Wie meinst du das?», fragte Marcel.

«Das ist keine schöne Reportage, sondern ein Krimi oder ein Thriller. Und diese Fabienne hat sie doch nicht mehr alle. Kann einen nicht einmal in die Augen schauen. Echt! Sie will auch nicht mit mir reden. Einen solchen Quatsch mache ich nicht mehr mit. Das sollte Jonas Haberer wissen.»

«Aber vielleicht wusste er wirklich nicht, worum es genau geht.»

«Natürlich nicht», sagte Selma und drückte ein Lachen heraus. «Das glaubst du doch selbst nicht. Haberer weiss mehr, als er sagt. Würde gerne wissen, wer sein Informant ist. Zudem ist die Gruppe, für die Fabienne arbeitet, äusserst verdächtig. Turido, das klingt so harmlos.»

«Turido, sagtest du?»

«So nennt sich diese Forschergruppe, zu der Fabienne offenbar gehört.»

Marcel blieb stehen, zückte sein Smartphone und suchte im Internet nach diesem Begriff. Er fand aber nichts, was auf eine Forschergruppe schliessen liess.

«Fabienne bestreitet sogar, über Unsterblichkeit zu forschen», sagte Selma. «Das ist doch seltsam, oder?»

Marcel starrte weiter auf sein Handy.

«Hallo, Herr Psychologe?»

«Moment noch», murmelte Marcel, um dann zu verkünden: «Wusst ich's doch! Turritopsis dohrnii, die unsterbliche Qualle. Es gibt viele Infos dazu im Internet. Diese Qualle erneuert sich immer wieder selbst.»

«Turri ... was?»

«Turritopsis dohrnii.»

«Turritopsis dohrnii», wiederholte Selma langsam. «Turido. Natürlich! Abgekürzt Turido.» Sie drehte sich und stieg mit schnellen Schritten wieder hinauf. Ab und zu rannte sie sogar.

«Was wird das?», rief ihr Marcel hinterher.

«Ich muss noch etwas klären», rief Selma. «Ich bin gleich zurück.»

Marcel ging ihr nach, hatte aber keine Chance Schritt zu halten. Selma schnaufte heftig, verlangsamte aber nicht. Als sie die Hütte erreichte, riss sie ohne anzuklopfen die quietschende Türe auf. Die schwarze Katze lag auf dem Bett, liess ihren Schwanz mit der weissen Spitze zucken und funkelte sie mit den grünen Augen an. Selma ging zu Fabienne ins Hinterzimmer. Sie sass am Computer, neben der Tastatur lagen diverse Blätter mit Formeln. Fabienne schaute geschockt zu Selma.

«Turritopsis dohrnii, die unsterbliche Qualle. Turido, ein wahrlich treffender Name für eure Forschergruppe zur Unsterblichkeit. Ihr wolltet an die Öffentlichkeit, irgendetwas aufdecken, deshalb bin ich doch hier. Und jetzt plötzlich wollt ihr nicht mehr. Dir geht es miserabel, und du wirst von der Polizei gesucht. Oder von wem? Von Leuten, die heftig interessiert sind an deinen Formeln? Big Pharma! Weisst du was, Fabienne? Ich sollte die Polizei informieren. Ich denke nämlich, dass du knietief in der Scheisse sitzt.» Selma erschrak über sich selbst, über ihren ordinären Ausdruck. Sie zog den Rucksack ab, kramte einen Stift aus der Seitentasche und schrieb ihre Telefonnummer auf eines der Papiere mit den Formeln. «Du gibst mir bis morgen Bescheid, was los ist und wann ich mit dir dieses Interview führen kann. Ansonsten leite ich meine Infos an die Polizei weiter.» Selma erschrak gleich nochmals über ihre Ansage und kam sich vor, als wäre sie Jonas Haberer. Aber irgendwie taten ihr diese Deutlichkeit und Vehemenz gerade gut. Sie fühlte sich erleichtert.

«Selma», sagte Fabienne verdattert. «Selma, du verstehst es nicht.»

Die Reporterin drehte sich um, schnappte ihren Rucksack und wollte die Hütte verlassen. Doch die schwarze Katze stand im Hauseingang. Selma wollte sie erst verscheuchen, blieb dann aber stehen. Sie ging in die Hocke und streckte der Katze die Hand entgegen.

In diesem Moment tauchte Marcel bei der Hütte auf, schwer

atmend: «Alles in Ordnung?», fragte er und schwankte etwas. Er hielt sich am Türrahmen fest.

«Ich wollte gerade gehen», antwortete Selma.

Die Katze schlich vorsichtig zu Selmas Hand, schnupperte und strich mit ihrem Kopf den Fingern entlang. Schliesslich öffnete sie den Mund und biss leicht in Selmas Zeigefinger.

«Na, du Hexenkatze», sagte Selma leise. «Du wirst mich doch nicht beissen, oder?» Selma strich mit der anderen Hand über das Fell. Ihre Wut war verflogen.

Die Katze miaute und strich nun zwischen Marcels Beinen hindurch.

Selma sah, dass es Marcel unwohl war. Sie ging zu ihm und flüsterte: «Hast du wieder Schwindel?»

«Nein, Selma, nein, alles bestens.» Er beugte sich, hob die Katze auf und kraulte ihren Nacken.

«Sie ist mir zugelaufen», sagte Fabienne, die nun hinter Selma und Marcel stand. «Ich nenne sie Minouche. Sie bringt mir Mäuse.»

Selma erhob sich: «Das passt zu einer Hexe.»

Minouche kletterte auf Marcels Schulter.

«Sie mag dich», sagte Fabienne.

Als sich Marcel umdrehte und nach draussen ging, sprang die Katze von ihm mit einem Riesensatz zu Fabienne.

«Selma, ich ...», sagte Fabienne, hielt kurz inne und fuhr dann fort. «Ich melde mich. Garantiert. Schon bald. Und danke für alles.»

14

Seit sieben Uhr herrschte im Haus «Zem Syydebändel» Hochbetrieb. Zuerst kamen drei Zügelmänner mit einem Lieferwagen und räumten den Keller aus. Charlotte stand am Hauseingang, schaute in jede Kiste, begutachtete jedes Möbelstück, jede Lampe, jedes längst vergessene Objekt. Gnadenlos entschied sie, was ins externe Lager kam und was im Brockenhaus oder auf dem Müll landete. Ins Lager kamen nur Selmas Fasnachtskostüme, Larven und Laternen. Vom Rest verabschiedete sie sich meistens mit einem schnippischen: «Jesses, dieser alte Seich.» Eine Gartenlaterne und ein Kleiderständer überlebten Charlottes Selektion. Die Gartenlaterne könnte künftig ihren Dienst auf der Dachterrasse verrichten, der Kleiderständer – ein bisschen aufgehübscht – würde allenfalls in Charlottes Entrée einen Platz finden, da künftig nicht nur ihre Jacken und Mäntel, sondern auch jene von Arvid Bengt aufgehängt werden müssten.

Um neun Uhr rückte die Putzbrigade an: Diese musste mit Hochdruckreiniger das schöne Kellergewölbe waschen, die Wände, den Boden. Ab morgen waren die Ausstellungsinstallateure gebucht, die aus dem Keller eine Galerie machen sollten.

Charlotte war zufrieden. Am Mittag gönnte sie sich ein belegtes Brötchen in der Confiserie Seeberger an der Schifflände, ging danach zurück nach Hause und legte sich hin. In diesem Moment klingelte ihr Smartphone. Arvid Bengt rief an.

Charlotte wurde nervös, richtete ihren Pony und nahm den Anruf entgegen: «Ja, bitte, Legrand-Hedlund am Apparat», säuselte sie.

«Meine liebste Charlotte, hier ist Arvid Bengt, wie geht es dir?»

«Welch schöne Überraschung! Mir geht es ausgezeichnet. Ich habe mich gerade ein wenig hingelegt.»

«Oh, dann möchte ich nicht stören.»

«Du störst nicht.»

Nach gut einer halben Stunde Small Talk – Arvid Bengt hatte sich mittlerweile daran gewöhnt –, fragte Charlotte: «Hast du in der Zwischenzeit deine Angelegenheiten regeln können?»

«Deshalb rufe ich dich an.»

«Das ist sehr lieb von dir.»

«Mein Sohn Inger hat sich endlich bereit erklärt, meine Unternehmung mit den Beteiligungen an den diversen Forst- und Papiergesellschaften zu übernehmen. Die Geschäftsführung der Glasmanufaktur übergeben wir in diesen Tagen einem externen Manager. Jedenfalls so lange, bis mein Enkel Kristian so weit ist. Meine Enkelin Nellie steigt vielleicht in ein paar Jahren als Medien- und Marketingspezialistin ein, aber das ist alles sehr ungewiss. Sie hat vor allem den Sport im Kopf.»

«Tja, die todesmutige Skifahrerin.»

«Ach, Charlotte, du weisst gar nicht, was mein Grossvaterherz alles aushalten muss.»

«Es wird vielleicht bald noch mehr aushalten müssen», sagte Charlotte und schaukelte Selmas Wiege, die neben ihrem Bett stand.

«Ich weiss, deine lieben Enkel Sven und Sören. Ich freue mich auf sie. Wir werden viel Spass mit ihnen haben.»

«Das werden wir. Bist du dir immer noch sicher? Hast du die richtige Entscheidung getroffen?»

«Mit dir das Leben zu verbringen? Charlotte! Wie kannst du so etwas anzweifeln? Oder bist du dir etwa nicht mehr sicher?»

«Natürlich bin ich mir sicher», sagte Charlotte mit fester Stimme und konnte sich kaum zurückhalten, ihm zu erzählen, dass sie ihren Keller zu einer Galerie umbauen liess. Zu einer Arvid Bengt-Liebestanz-Galerie.

«Wie hat Selma auf deine Entscheidung reagiert?», wollte Arvid Bengt wissen «Elin? Die ganze Familie?»

«Ich glaube, sie haben es wohlwollend zur Kenntnis genommen.»

«Ich verstehe den Ausdruck wohlwo ...»

«Sie haben mich beglückwünscht und keine Fragen gestellt.»

«Du bist die Königin, Charlotte, deine Entscheidungen sind immer richtig.»

«Mon dieu, Arvid Bengt, mein Leben ist gespickt mit falschen Entscheidungen.»

«Sag das nicht, du bist und warst immer meine Königin.»

«Vorsicht, mein Lieber, als Schwede lebst du in einer Monarchie. Mich Königin zu nennen – grenzt das nicht an Landesverrat?»

Arvid Bengt lachte. Und sagte dann: «Am Bodensee gibt es doch diese Blumeninsel. Würdest du sie mit mir besuchen? Sie gehört uns Schwedinnen und Schweden.»

«Na ja, ein bisschen komplizierter ist es schon. Aber gut, die Adelsfamilie Bernadotte, die mit der schwedischen Königsfamilie verwandt ist, war und ist für die Blumeninsel sehr wichtig.»

«Wie auch immer, würdest du sie mit mir besuchen?»

«Es wäre mir eine Freude.»

«Ich freue mich, liebste Charlotte.»

Sie schwiegen eine Weile. Charlotte schaukelte die Wiege sanft hin und her. Dann sagte sie: «Um nochmals auf dein strapaziertes Grossvaterherz zurückzukommen: Es muss vielleicht bald noch mehr aushalten können.»

«Ach ja?»

«Wir beide, also du und ich, werden möglicherweise bald Grosseltern.»

15

Der Spa-Bereich des Märchenhotels in Rorschacherberg wurde von Selma und Marcel kaum genutzt. Eigentlich sollte es ein Wellnessurlaub werden, aber jetzt fand Selma, dass es viel zu viele Dinge im Appenzellerland und am Bodensee gab, die sie sehen und erleben wollte. Sie besuchte zwar einmal das Bad, hielt es aber nicht lange aus. Baden und Saunieren könnten sie auch in Basel, meinte sie zu Marcel.

Die Tage verliefen nach einem sportlichen Plan: Am Vormittag besuchten sie den Segelkurs, nachmittags ging es auf eine Wanderung oder auf eine Exkursion ins Appenzellerland. So besuchten sie auf der Ebenalp das berühmte Wildkirchli mit den imposanten Höhlen, in denen schon Neandertaler und Höhlenbären gehaust haben sollen. Sie schlenderten durch den Ort Appenzell und bestaunten all die bunt bemalten Häuser mit den steilen oder geschwungenen Giebeln. Oder sie fuhren mit den Appenzeller Bahnen einfach an einen Ort, wanderten der Nase nach. Selma blühte immer mehr auf, fotografierte nicht nur als Reporterin, sondern als begeisterte Touristin. Immer wieder nahm sie Marcel an der Hand und zeigte ihm dies und jenes und war in ihrer Euphorie und Begeisterung kaum zu bremsen.

Marcel freute sich, dass es Selma so gut ging. Selbst die Geschichte mit Fabienne stellte keinen Rückschlag dar. Sie hatte ihrem Chef Jonas Haberer klargemacht, dass sie jetzt auf ein Zeichen von Fabienne warten müssten. Dieser hatte zwar gemurrt, sich aber zufriedengegeben.

Marcel selbst legte sich im Segelkurs mächtig ins Zeug. Wie schon damals bei den Kletterkursen war er konzentriert und interessiert bei der Sache, offenbarte fürs Segeln aber deutlich mehr Talent als fürs Klettern. In den Theoriestunden lernte er viele Regeln, die komplizierte Wetterkunde und unzählige Knoten wie beispielsweise den Palstek in rekordverdächtigem Tempo, während sich Selma redlich abmühte. Auch in der Praxis glänzte er mit der Wende, der Halse oder dem Aufschiesser, einem Segelmanöver, bei dem das Boot in den Wind gesteuert wird, um es zum Stillstand zu bringen.

Der Segellehrer war ein junger, cooler Typ namens Eddie. Weil am vierten Tag die Wetterprognose einen schönen und heissen Tag versprach, buchte Selma Eddie für den ganzen Tag. Sie wollte einen längeren Törn absolvieren und mitten im Bodensee schwimmen. Es wurde wirklich ein herrlicher Tag. Selma und Marcel sprangen ins Wasser, schwammen und blödelten herum, bis sie fröstelten. Sie kletterten aufs Boot zurück. Marcel übernahm das Ruder, Selma legte sich neben ihm aufs Deck.

Plötzlich hatte sie ein Déjà-vu. Sie lag doch schon einmal auf einem Boot in einem hellblauen Bikini. Und Marcel hatte Badeshorts mit lachenden Haifischen getragen. Gut, die lachenden Haifische fehlten jetzt, aber sonst glich die Badehose tatsächlich jener von damals. Und waren da nicht noch ihre Mutter und Arvid Bengt, ihr leiblicher Vater, dabei gewesen?

Nein, jetzt kam es Selma in den Sinn: Sie hatte das nur geträumt, damals im Spital in Samedan im Oberengadin nach ihrem Absturz am Piz Bernina.

War das ein gutes oder ein schlechtes Omen?

«Ein Gutes», sagte Selma. «Es ist ein gutes Zeichen.»

«Hast du etwas gesagt?», fragte Marcel und hielt seine Nase in den Wind. Er korrigierte seinen Kurs ganz leicht, damit die Segel wieder straff im Wind standen.

Selma richtete sich auf und schaute ihn an: «Ach nichts.»

«Nichts?»

«Ich habe nur geträumt.»

«Du hast davon geträumt, dass wir auf hoher See sind? Liebste Selma, hier auf dem Bodensee sind wir wirklich auf hoher See. Wir sind auf dem Schwäbischen Meer, dem mit 536 Quadratkilometer drittgrössten See Mitteleuropas, der drei Länder verbindet: die Schweiz, Deutschland und Österreich.»

«Ich habe von einem kräftigen, braungebrannten Kapitän mit schwarzen Haaren und dunkler Sonnenbrille geträumt.» Sie lächelte Marcel an.

«Hast du von mir geträumt oder von John Maynard?»

«Wer ist John Maynard?»

«Das ist der Held einer Ballade von Theodor Fontane: ‹John

Maynard. Wer ist John Maynard?>», zitierte Marcel nun laut und dramatisch das Gedicht: «‹John Maynard war unser Steuermann, aushielt er, bis er das Ufer gewann, er hat uns gerettet, er trägt die Kron›, er starb für uns, unsere Liebe sein Lohn. John Maynard.› Den gab es übrigens wirklich», erklärte Marcel nun wieder in normalen Tonfall, «allerdings hiess er anders. Er konnte auf dem Eriesee in Nordamerika den brennenden Raddampfer ans Ufer bringen, alle Passagiere retten, verlor dabei aber sein eigenes Leben.»

Selma liess sich wieder aufs Deck sinken und schloss die Augen: «Ach, Liebster, du warst schon in meinem Traum ein Klugscheisser.»

«Was sagst du? Ich höre dich wegen dem Wind so schlecht.»

Selma richtete sich nochmals auf und schrie: «Marcel, halt aus, rette mich, du tapferer Mann, meine Liebe ist dein Lohn!»

Nach dem Segeltörn und der Rückkehr ins Märchenhotel wollte Marcel unbedingt in die Sauna.

«Ist es okay, wenn ich nicht mitkomme? Ich muss unbedingt mit Lea sprechen. Ich habe gesehen, dass sie mich schon einige Male angerufen hat.»

«Natürlich», sagte Marcel. «Habt ihr Wichtiges zu besprechen?»

«Immer!»

«Aha.»

«Mit seiner besten Freundin hat man immer Wichtiges zu bereden, Schatz. Und du erholst dich gut.»

Marcel packte sein Badetuch, schlüpfte in die Schlappen und sagte zu Selma: «Richte ihr einen lieben Gruss aus. Und falls ihr zufällig auch über mich oder über dich und mich sprechen würdet, dann frage sie doch, warum du seit Kurzem manchmal Schatz zu mir sagst.»

«Öhm, ja, also, wenn du meinst. Stört dich das?»

«Ganz und gar nicht. Es fällt mir einfach auf.»

«Wie lautet denn deine psychologische Analyse dazu?»

«Ich habe keine, Schatz», meinte Marcel lächelnd, gab ihr einen Kuss und schlurfte davon.

«Endlich», meldete sich Lea aufgeregt. «Geht es dir gut? Bist du wieder im Reporter-Modus?»

«Weil ich mich nicht melde? Excusé, liebe Lea. Es passiert gerade so viel.»

«Ich habe mich nur etwas gewundert, weil du unbedingt mit mir reden wolltest.»

«Ja, unbedingt, hast du Zeit?»

«Schiess los!», forderte Lea ihre Freundin auf. «Ich habe meinen Salon geschlossen, liege auf dem Sofa und gönne mir einen Sekt.»

Selma erzählte. Von Fabienne und der mysteriösen Story. Von Theres und Hannes vom Bergrestaurant Hochhamm, die so liebe Menschen seien. Vom Segellehrer Eddie. Überhaupt seien die Ostschweizer so freundliche Menschen.

«Das freut mich», sagte Lea. «Dir geht es richtig gut.»

«Ja. Und die Landschaft ist wunderschön. Einfach traumhaft.»

«Aber?»

«Nichts aber.»

«Darüber wolltest du mit mir unbedingt sprechen? Selma! Ich kenne dich doch. Also, raus mit der Sprache!»

«Marcel wundert sich, dass ich ihn plötzlich Schatz nenne. Ist mir selbst nicht aufgefallen. Aber wir sind doch ein Paar. Liebste und Liebster haben wir uns schon gesagt, als wir noch gute Freunde waren. Er nennt mich jetzt auch manchmal Schatz, und ich finde das sehr süss.»

Lea wartete einen Moment und fragte dann: «Und wo liegt jetzt genau dein Problem, Süsse?»

Selma fuhr sich durch die Haare, drehte an ihren Silberringen und platzte dann heraus: «Ich wünsche mir ein Kind.»

Lea quietschte und kicherte vor Freude. Selma quietschte und kicherte mit. Danach wurde das Thema minutiös durchdiskutiert. Schliesslich fragte Selma: «Willst du Patentante werden?»

«Oh, Gott, Selma, natürlich! Und ein Blumenmädchen an der Hochzeit möchte ich auch sein. Das hast du mir versprochen.»

«Das gilt immer noch.»

«Das ist wundervoll, Selma! Ich überlege mir jetzt gleich, was ich dem Kind zur Geburt schenken soll. Ach, schwierig, es soll etwas Besonderes sein. Eine Wiege? Nein, halt, das geht nicht, die hat ja Char ...», Lea stockte. Fast hätte sie ausgeplaudert, dass Charlotte Selmas Wiege aus dem Keller geholt hatte.

«Bitte? Was hat Charlotte?»

«Nichts, nichts, gar nichts, Selma. Deine Mama hat nichts. Ich weiss jedenfalls von nichts.»

«Die Kinder meiner Schwester lagen nach der Geburt in der Wiege, in der schon Elin geschlafen hat. Und die Wiege, in der ich lag, verstaubt irgendwo im Keller, vermute ich. Habe ich dir davon schon einmal erzählt? Oder hat meine Mutter ...»

«Nein, deine Mutter hat nichts. Du hast es mir gegenüber einmal erwähnt.»

«Ich erinnere mich aber nicht daran.»

«Doch, doch», sagte Lea hastig. «Du hast es mal erzählt. Kurz. Irgendwann. Ich weiss auch nicht mehr in welchem Zusammenhang.»

«Lea! Sollte ich etwas wissen?»

«Nein, was auch? Vergiss es einfach», sagte Lea und lenkte ab: «Ach, Süsse, du wirst eine wunderbare Mama. Und Marcel ein toller Papa. Wie hat er reagiert?»

Selma drehte nervös an ihren Ringen.

«Süsse?»

«Also, weisst du, Lea», sagte Selma leise. «Ehrlich gesagt, Marcel weiss ...»

«Bitte? Du hast es ihm noch nicht gesagt?»

«Lea! Solch wichtige Dinge bespricht man doch zuerst mit seiner besten Freundin, oder?»

Lea lachte und sagte dann: «Absolut. Ich bin ganz deiner Meinung. Männer erfahren noch früh genug, was sie zu tun haben.»

Die beiden Freundinnen lachten und kicherten und malten sich in allen Farben aus, wie sich alles verändert, wenn Selma Mutter sein würde.

Nach einer guten Stunde sagte Selma ernsthaft: «Weisst du, Lea, ich möchte, dass Marcel selbst draufkommt, dass auch in ihm der Wunsch wächst, Vater zu werden.»

«Puh», seufzte Lea.

«Wie puh?», äffte Selma Lea nach.

«Macht er Andeutungen?»

«Nein.»

«Sendest du denn Signale aus?»

«Ich denke schon, doch. Ich nenne ihn Schatz und zeige ihm, wie gut es mir geht und wie glücklich ich mit ihm bin.»

«Also nur weil du ihn Schatz nennst, wirst du noch nicht schwanger.»

Selma und Lea kicherten nochmals eine Runde. Schliesslich sagte Selma: «Ich werde Marcel ein wenig auf die Sprünge helfen.»

«Mach das», spornte Lea Selma an. «Hast du einen Plan?»

«Nein. Aber eine Idee, eine Inspiration.»

16

Selmas Idee bestand aus einer Wanderung, einer speziellen Wanderung. Marcel verriet sie nichts, er sollte sich überraschen lassen.

Nach dem morgendlichen Segelkurs fuhren die beiden mit

E-Bikes, die sie im Hotel gemietet hatten, nach Heiden. Das Wetter war gut, doch für den späten Nachmittag waren Gewitter angesagt. Selma meinte, dass die Wanderung nicht lange dauern würde und sie vor dem Unwetter zurück sein würden.

«Wir besuchen das Henry-Dunant-Museum», spekulierte Marcel, «machen vorher aber noch eine kleine Wanderung?»

«Nein», sagte Selma und fragte: «Warum gibt es in Heiden ein Museum über den Mitbegründer des Roten Kreuzes?»

«Er lebte über zwanzig Jahre in Heiden. Bis zu seinem Tod. Heiden war Ende des 19. und anfangs des 20. Jahrhunderts einer der bekanntesten Kurorte in Europa.»

«Das ist alles hochinteressant, mein liebster Klugscheisser, aber nein, wir gehen in kein Museum.»

Als sie ankamen, sahen sie sich im Ort kurz um. Doch Selma drängte Marcel zum Aufbruch. Auf einem Wegweiser las er, dass es einen Gesundheits- und einen Witzweg gab.

«Wir machen den Witzweg, oder?», fragte er Selma.

«Du und Witze erzählen?», lachte Selma. «Du hast noch nie einen Witz erzählt.»

«Witze sollen im Appenzellerland aber eine jahrhundertalte Tradition haben. Die Appenzeller sind ein lustiges Völkchen.»

«Vor allem sind es naturnahe und geistig offene Menschen.»

«Oha, dann machen wir den Gesundheitsweg. Hat das etwas mit deiner Kräuterhexe zu tun?»

«Nicht direkt», blieb Selma geheimnisvoll.

Sie gingen zum Schwimmbad, bogen danach links ab und verliessen den Gesundheitsweg. Sie folgten nun einem anderen Weg. Er war mit «Chindlisteiweg» betitelt.

Marcel wunderte sich etwas, sagte aber nichts.

«Sprachlos, mein Schatz?»

«Ich überlege.»

«Was überlegst du?»

«Der Begriff Chindlistei oder auch Kindlistei sagt mir etwas. Aber ich ...» Marcel holte sein Smartphone hervor.

«Nein, es wird nicht im Internet gespickt.» Sie packte Marcels Hand und sagte: «Wir entdecken das nun gemeinsam.»

Zuerst marschierten sie durch einen wunderschönen Wald. Der Weg war steil, Marcel musste Selmas Hand loslassen und langsamer gehen. Selma schaute immer wieder zurück, sah aber, dass es ihm gut ging und er nicht so heftig keuchte wie auf dem Hochhamm. Vielleicht lagen seine Beschwerden wirklich an der Höhenluft.

Als sie den Felskopf Teufelskanzel erreichten, las Marcel schweratmend die Schrifttafel. Dann sagte er: «Wir recherchieren für deine Story. Die Teufelskanzel wurde auch Hexenkänzeli genannt. Zum Glück lebt Fabienne heute und nicht im 14. bis 17. Jahrhundert. Dann wäre sie verfolgt und hingerichtet worden.» Er atmete noch ein paar Mal kräftig durch und ergänzte: «Fabienne wird zwar tatsächlich verfolgt. Allerdings ...»

«Ja, ja», sagte Selma. Aber sie hörte nicht richtig zu, sondern machte mit ihrer Kamera Fotos des markanten Sandsteinfelsens. Doch nicht lange. Sie zog Marcel weiter hinauf zum Grat. Dort hatten sie einen wunderbaren Blick auf den Bodensee. Am Himmel türmten sich bereits Wolken auf.

«Ein Glück, dass wir während unseres Segelkurses immer schönes Wetter hatten», meinte Marcel. «Auf dem Bodensee kann es fürchterliche Stürme geben. Wusstest du, dass viele Schiffswracks auf dem Grund liegen? Dieser See ist nicht zu unterschätzen, so lieblich er aussehen mag, er forderte schon viele Opfer. Ich finde es toll, dass wir unseren Segelschein auf dem Bodensee machen. Dann können wir deinem Vater beweisen, dass wir segeln können. Wir segeln schliesslich auf internationalem Gewässer und fast auf hoher See ...»

«Über den Bodensee weisst du wohl mehr als über den Chindlistei», unterbrach Selma. «Aber jetzt sind wir nicht am Segeln, sondern auf den Spuren der Mythologie.»

Sie gingen weiter dem Grat entlang. Rechts erstreckte sich eine grosse saftige Wiese, links ging es steil bergab. Sie erreichten wieder einen Wald. Und dann konnten sie ihn durch die Bäume erkennen: den Chindlistei, ein grosser Sandsteinfelsen. Im unteren Teil entdeckten Selma und Marcel einige Höhlen, eine etwas naive Abbildung eines Kindes und allerlei Kritzeleien. Weiter oben sahen sie die tiefen Furchen, die als Tritte dienten und zum «Gipfel» des Chindlisteis führten, daneben eine tiefe Rinne wie ein Abwasserkanal.

Selma kraxelte hinauf. Marcel folgte. Selma schaute ihn an: «Immer noch ratlos, liebster Schatz?»

«Nun ja ...»

«Also, ich habe eine bisschen recherchiert», verkündete Selma triumphierend. «Wir befinden uns auf einem kulturgeschichtlich hochinteressanten Felsen. Wir sind an einem Kraftort. Und es stellen sich viele Fragen, die vielleicht nie endgültig beantwortet werden können. Wurden in den Höhlen zu Kriegszeiten und während Hungersnöten Kinder versteckt, weil ihre Mütter befürchteten, dass die Kinder getötet werden sollten, weil sie die spärlichen Nahrungsmittel aufassen? War dieser Kultstein und die wundervolle Wiese dahinter ein geheimnisvoller Versammlungsort der Hexen? Was bedeuten all die Spuren und Einritzungen? Viele sind natürlich neu und haben mit der alten Mythologie nichts zu tun. Der Sandstein wurde auch abgetragen, ausgebeutet. Aber hier», Selma zeigte auf eine riesige Schale im Felsen, «siehst du das?»

«Sieht aus wie ein Thron.»

«Eine Liege, eine Geburtsliege. Es ist, so die These, mein Schatz, ein Gebärstein aus längst vergessener Zeit, ja, ein Stein zur Wiedergeburt, da hier auch die Ahnen verehrt worden sind.»

Marcel schaute Selma fasziniert an: «Ich bin beeindruckt.»

«Ich kann es noch.»

«Was?»

«Auch schwierige Themen recherchieren.»

«Ich habe keine Minute daran gezweifelt. Und du denkst, dass die Kräuterhexe Fabienne deshalb im Appenzellerland nach der Unsterblichkeit forscht, weil sie hofft, diese Rituale zu verinnerlichen, die geistige und natürliche Kraft mit der modernen Technologie zu verbinden, um den endgültigen Durchbruch erzielen zu können?»

«Diesen Satz muss ich mir aufschreiben. Den brauche ich für meine Reportage.»

«Das macht Sinn, Selma, das macht verdammt nochmal Sinn. Kein Wunder, sind die Pharmaleute hinter ihr her. Diese unsterbliche Qualle, die Turritopsis dohrnii, macht im Prinzip nichts anderes, als sich selbst immer wieder zu gebären. Ich bin sicher, dass Mond- und Sonnenzyklen auch ihren Beitrag leisten.»

«Du wirst noch zum Esoteriker.»

«Eher zum Historiker.»

«Aber mal ehrlich, Schatz, spürst du diese Kraft?»

Marcel schloss die Augen und sagte nach einer Weile: «Nein.»

Selma war enttäuscht. Doch sie gab nicht auf. Sie müsste Marcel nur von dieser Kräuterhexen-Geschichte abbringen und den Chindlisteiweg mehr zu ihrer persönlichen Sache machen.

Nachdem sie alles in den verschiedensten Varianten fotografiert hatte, sagte Selma: «Los, wir gehen weiter, mein liebster Schatz!»

Nach wenigen Minuten erreichten sie das untere Ende der Wiese, dieses vermeintlich geheimnisvollen Ritualplatzes mit dem Namen Raspeln, und kamen an einem kleinen gepflegten Holzhaus mit einer Mühle vorbei.

«Schau mal», sagte Selma. «Das könnte unser Haus sein. Ist es nicht süss?»

«Das ist es. Aber ein bisschen weit weg von Basel.»

«Wer sagt denn, dass wir ewig in Basel leben müssen?»

Marcel war sichtlich irritiert, sagte aber: «Ja, wer sagt das denn?»

«Siehst du, wir haben das ganze Leben noch vor uns. Das Haus könnte auch irgendwo in Schweden stehen. Wenn es rot angestrichen wäre, könnte es ein Schwedenhäuschen sein. Würdest du mit mir auch in Schweden leben wollen?»

«Öhm, ja, klar. Aber wovon leben wir in Schweden?»

«Ach, das wird schon. Reporterin kann ich überall sein. Und du als Psychologe findest sicher auch in Schweden genügend Menschen, die auf deine Hilfe warten. Zudem habe ich einen neuen alten Vater, der eine Unternehmung und bestimmt viele Beziehungen hat. Stell dir mal vor, Schatz, wir in einem Häuschen irgendwo in den Schären vor Stockholm, du segelst jeden Tag oder jeden zweiten oder dritten Tag aufs Festland, und unsere Kinder wachsen in unberührter Natur auf.» Sie ergriff Marcels Hand und hüpfte neben ihm.

Marcel hüpfte nicht. In seinem Hirn rotierte es. Selmas neue Lebenslust in Ehren, aber das war jetzt doch etwas viel auf einmal. Er sagte nichts. Er lächelte nur. Das Lächeln war zwar ein wenig schräg, aber er wollte Selmas Höhenflug nicht beenden.

Selma bemerkte, dass sie Marcel überforderte. Also schlenderte sie mit ihm den Chindlisteiweg weiter und hielt den Mund. Es ging bergab durch einen Wald. Dann kamen Selma und Marcel an einem schönen Appenzeller Bauernhof vorbei und erreichten kurz darauf eine Tafel mit dem Titel «Ritualort Rutschstein».

Selma stockte der Atem. Das also war dieser geheimnisvolle und mystische Ort. Hier sollen Frauen mit entblösstem Gesäss den Stein hinuntergerutscht sein, um ein Kind zu empfangen. Ein Kind mit der Seele eines Ahnen?

Marcel schaute Selma besorgt an: «Selma, geht es dir gut? Du bist plötzlich so blass.»

«Spürst du das auch?»

Ohne eine Antwort abzuwarten, rannte Selma einen schmalen Pfad hinauf und verschwand in den Büschen und Bäumen. Marcel ging weiter den breiten Pfad entlang und stand schliesslich vor dem Felsen mit den deutlichen Spuren einer Rutschrinne, einer Art Rutschbahn.

Selma tauchte oberhalb des Felsens wieder auf. Sie fotografierte. Zwei Stellen im Felsen fotografierte sie von ganz nah. Immer und immer wieder. Sie kniete sich sogar hin.

«Selma?», rief Marcel nach oben.

«Ich komme gleich», schrie Selma zurück, fotografierte weiter und strich danach mit der linken Hand über den Stein.

«Was ist?»

«Wahnsinn, Marcel, Wahnsinn!» Selma stand auf und rief Marcel entgegen: «Ich rutsche jetzt hinunter. Fängst du mich auf?»

Marcel breitete seine Arme aus und sagte laut: «Natürlich, Schatz!»

Selma legte ihre Kamera auf den Bauch, hockte sich oben auf den Felsen, rutschte mehr oder weniger auf dem Hosenboden die steile Rinne hinunter, bremste aber doch mit Händen und Füssen und liess sich schliesslich von Marcel auffangen.

«Jetzt bist du schwanger, Schatz», sagte Marcel lachend und drückte Selma fest an sich.

«Sieh mal», sagte Selma ganz aufgeregt, «was ich da oben entdeckt habe.» Sie löste sich aus Marcels Umarmung und hielt ihm das Display ihrer Kamera vor die Nase: «Eine Dreier- und eine Neunergruppe.»

«Aha», sagte Marcel nur. Hatte sie nicht gehört, was er gesagt hatte, als er sie aufgefangen hatte?

«Erinnerst du dich an diesen Felsklotz in Fabiennes Hütte?»

«Mitten in diesem Pflanzen- und Steinkreis, beleuchtet vom roten Engelsfenster? Diesen Klotz meinst du?»

«Genau. Waren in jenem Stein nicht exakt die gleichen Einkerbungen?»

«Das weiss ich nicht», entgegnete Marcel. «So genau habe ich den Stein nicht angesehen. Ich war mit Fabienne beschäftigt.»

«Warte kurz», sagte Selma und durchsuchte die gespeicherten Bilder. «Da! Guck dir das an, das sind die Fotos vom Felsbrocken in der Hütte.» Sie hielt ihm das Kameradisplay vor die Nase.

Marcel schaute sich die Aufnahmen ganz genau an und flüsterte: «Tatsächlich, einmal drei Einkerbungen, einmal neun.»

«Dann stehen wir hier vor dem Original, Fabienne hat eine Kopie anfertigen lassen. Von Hannes. Erinnerst du dich? Er hat doch etwas erzählt von einem Stein, den er bearbeiten musste.»

«Hm», machte Marcel. «Was mag das bedeuten?» Er nahm Selma an der Hand, führte sie zur Erklärungstafel und las vor: «‹Die Dreiergruppe könnte auf die Mondphasen hinweisen und die Neunergruppe auf die neun Monate Schwangerschaft.›»

«Drei Mondphasen?»

«Vollmond, Neumond, Halbmond.»

«Welche Symbolik!», staunte Selma und blickte zum Rutschstein.

«Hier steht weiter geschrieben: ‹Haben Frauen beim Rutschstein die Perioden des Monats, die Mondwenden am Horizont sowie die Mythologie des Mondes einbezogen?›»

Selma drückte Marcels Hand: «Wie du gesagt hast: Fabienne verbindet die moderne Wissenschaft mit den Riten, Symbolen und der Kraft der Natur.»

«Und was bedeutet das rote Fenster mit dem Engelsgesicht?», fragte Marcel.

«Das werden wir auch noch herausfinden.»

Hand in Hand schlenderten sie den Weg weiter. Nach einer Weile fragte Marcel: «Und? Wie fühlst du dich?»

«Grossartig!»

«Wie grossartig? Grossartig schwanger?»

Selma spürte einen dumpfen Schlag im Magen. Sie hatte es verbockt! In ihrer Euphorie mit den Einkerbungen hatte sie den eigentlichen Grund dieser Wanderung vergessen: Marcel auf dem Chindlisteiweg an das Thema Schwangerschaft und Familie heranzuführen. Und es hatte tatsächlich funktioniert. Aber sie war beim Rutschstein, nachdem Marcel sie aufgefangen hatte, nicht auf ihn eingegangen. Der magische Augenblick war vorbei, er war weg, er war verloren.

«Selma? Habe ich etwas Falsches gesagt?», fragte Marcel.

«Nein, alles gut.»

«Wirklich? Du bist plötzlich so anders.»

Selma brachte kein Wort mehr heraus. Sie ärgerte sich masslos. Sie versuchte zu lächeln. Aber es misslang ihr gründlich.

17

Aus dem muffigen Keller im Haus «Zem Syydebändel» am Basler Totentanz war eine schöne Altstadt-Galerie geworden. Die gewölbte Decke wurde von mehreren Spots beleuchtet, der Boden war mit Granitplatten neu bestückt worden, und die Bilderserie von Arvid Bengt an den Wänden kam hervorragend zur Geltung. Die 37 schwedischen Landschaftsbilder mit den Liebespaaren wirkten erhellend. Charlotte hatte auch eine Tafel aufgehängt, auf der der historische Totentanz mit den 37 Skeletten zu sehen war.

Charlotte verschränkte die Arme, kniff die Augen zusammen und war zufrieden. Arvid Bengt, ihre alte und neue Liebe, der Vater ihrer Tochter Selma, konnte kommen.

Sie stieg hinauf in ihre Wohnung im ersten Stock, braute sich einen Kaffee mit Zichorie, gab Milch dazu, nahm einen Schluck und schaute zum Küchenfenster hinaus auf den Rhein. Es regnete. Charlotte öffnete das Fenster. Ein Windstoss drang in die Wohnung und verwirbelte ihre Haare. Sie liess das Fenster offen, ging in die Stube, nahm das Smartphone und rief Arvid Bengt an.

«Charlotte», sagte Arvid Bengt erfreut. «Dich wollte ich auch gerade anrufen.»

«Ach ja? Schön.»

«Wir haben heute alle Verträge unterzeichnet», kam Arvid Bengt gleich zur Sache und umging so den Small Talk. «Mein Sohn Inger ist nun Besitzer unserer Unternehmungen. Und in der Glasmanufaktur hat der neue CEO bereits die Geschäfte übernommen. Nun bin ich bereit.»

«Und ich hoffe, auch befreit.»

«Absolut. Ich freue mich. In ein paar Tagen bin ich bei dir. Endlich.»

«Ich habe eine Überraschung für dich. Ich hoffe, du magst Überraschungen.»

«Nicht wirklich. Aber wenn sie von dir sind ...»

«Ich hätte es wissen sollen», sagte Charlotte. «Unsere Tochter Selma mag auch keine Überraschungen. Aber ich kann dich beruhigen. Es ist eine angenehme Überraschung.»

«In bin nicht im Geringsten aufgeregt.»

«Mon dieu, Arvid Bengt, es lässt dich einfach kalt. Du bist und bleibst der kühle Schwede, der sich mit Gefühlen schwertut.»

«Bin ich das?»

«Aber natürlich. Hättest du mir damals in jungen Jahren deine Gefühle gestanden, hätte ich dir meine Schwangerschaft nicht verheimlicht.»

«Alles wäre anders gekommen.»

«Vielleicht, wer weiss das schon. Aber es ist auch so alles gut gekommen.»

«Wie geht es Selma? Du hast bei unserem letzten Gespräch angedeutet, dass wir Grosseltern werden.»

«Deshalb rufe ich dich an.»

«Oh! Ist es so weit?»

«Ich weiss es nicht.»

«Was heisst das?»

«Ich bin zuversichtlich.»

«Und wie kommst du darauf?»

«Eine Mutter spürt, wenn das eigene Kind sich ein Kind wünscht. Ich wusste schon bei meiner Tochter Elin, dass sie schwanger werden würde, noch bevor sie es selbst wusste.»

«Oh.»

«Du, mein nordischer Eisklotz, hast sicher nichts gespürt, als dein Sohn Inger Vater wurde. Eigentlich erstaunlich. Denn als Maler kannst du durchaus Gefühle zum Ausdruck bringen. Malst du eigentlich noch?»

«Ich bin jetzt endlich Rentner. Nun werde ich wieder vermehrt malen können.»

«Das ist schön. Erst müsstest du aber deine handwerklichen Fähigkeiten unter Beweis stellen.»

«Charlotte! Ich bin nicht so der Handwerker.»

«Du bist doch Glasbläser. Und Segler!»

«Glasbläserei ist ein Kunsthandwerk. Und Segeln Sport.»

«Sport? Mit einem Kahn auf dem Wasser herumschippern? Mon dieu!»

«Komm mal mit. Wenn Sturm herrscht, wirst du sehen, dass das ein Sport ist.»

«Mach das mit deiner Tochter. Sie besucht am Bodensee gerade einen Segelkurs.»

«Das freut mich. Meinen Sohn Inger konnte ich nie dafür begeistern. Ich werde mit Selma über den Bodensee segeln.»

«Mein lieber Arvid Bengt, zuerst musst du noch eine alte

Wiege restaurieren.» Charlotte erklärte Arvid Bengt, was es mit der Wiege auf sich hatte, dass ihr verstorbener Ehemann für die Kinder Wiegen hatte anfertigen lassen.

«Das ist sehr schön. Wir restaurieren Selmas Wiege aber gemeinsam.»

Charlotte schluckte und schaute auf ihre gepflegten Fingernägel. Dann sagte sie: «Na ja, vielleicht täusche ich mich auch, was Selmas Schwangerschaft betrifft.»

18

Es war 22.42 Uhr als Selma die Nachricht erhielt. «Morgen. Kurz vor Mitternacht. Fabienne.»

«Na toll», sagte Selma. Sie war schon im Bett. Neben ihr lag Marcel und las in einem Segelbuch.

«Was ist denn?»

«Die Kräuterhexe erwartet mich morgen kurz vor Mitternacht.»

«Zu einem Ausflug auf dem Besen?»

«Mach dich ruhig lustig. Was liest du denn?»

Marcel schaute von seinem Buch auf und sagte: «Wusstest du, dass bei ‹Mensch über Bord› sofort eine Markierungsboje ins Wasser geworfen und ein Crewmitglied den Verunglückten stets im Auge behalten sollte?»

«Heisst das nicht ‹Mann über Bord›?»

«Gendergerecht, Schatz. Heute heisst es ‹Mensch über Bord›.»

Selmas Smartphone piepste und vibrierte. Jonas Haberer rief an. Selma nahm den Anruf entgegen: «Jonas, ich schlafe.»

«Selmeli, tust du nicht!»

«Was willst du?»

«Hast du auch eine Nachricht von Fabienne bekommen?»

«Ja.»

«Ich komme mit. Ich hole euch ab. 18 Uhr beim Hotel?»

«Bitte?» Selma war überhaupt nicht erfreut. «Warum willst du mitkommen?»

«Ich habe gesehen, dass es dort oben auf dem Hochhamm ein Restaurant gibt. Ist ganz in der Nähe der Kräuterhexe.»

«Ich weiss», murrte Selma. «Aber nochmals: Warum willst du mitkommen? Traust du mir diese Story nicht mehr zu? Tauge ich nichts mehr als Reporterin?»

«Selmeli, du bist die Beste. Aber vier Augen sehen mehr als zwei. Und wenn auch noch Marcel dabei ist, haben wir einen zusätzlichen Zeugen.»

«Brauchen wir Zeugen?»

«Man kann nie wissen.»

«Sag mal, Jonas: Wer ist eigentlich dein Informant? Von wem wusstest du, dass Fabienne verfolgt wird? Oder überwacht? Wer steckt dahinter?»

«Erzähl ich dir ein andermal. Aber ich weiss auch nicht viel. Also. Ich hole euch …»

«Nein, Jonas. Wer ist dein Informant?»

«Ich kann das jetzt nicht sagen. Ich hole euch ab, dann schlagen wir uns in dieser Bergbeiz die Bäuche voll und sind anschliessend für alle Schandtaten bereit. Ich freue mich, Selmeli!»

Weg war er.

«Wir gehen morgen mit Haberer ins Gasthaus Hochhamm essen und besuchen danach Fabienne.»

«Aha», kommentierte Marcel.

«Du bist doch dabei?»

«Wenn du es wünschst», sagte Marcel und legte das Buch beiseite.

«Ja, das wünsche ich mir. Ich bin mir nicht sicher, ob …»
Selma stockte.

«Ob du eine gute Reporterin bist?», mutmasste Marcel. «Oder ob du mit der etwas kuriosen Fabienne klarkommst?»

«Nein. Ob ich Haberer so lange aushalte.»

Das Märchenhotel in Rorschacherberg bebte, als würde der Leibhaftige eintreten. Klack – klack – klack. Haberer stampfte in seinen roten Cowboyboots durch die Lobby und rief immer wieder «Selmeli! Märssu!»

Mehrere Gäste drehten sich um und starrten den grossgewachsenen Kerl in Anzug, mit roten Schuhen und der gegelten Frisur an.

«Myysli, mein Myysli!», rief er jetzt und eilte auf Selma zu, die mit Rucksack und Bergschuhen erschien. Hinter ihr ging Marcel. Haberer schenkte ihm keine Beachtung, sondern umarmte Selma und drückte ihr drei Küsschen auf die Wangen. «Du siehst richtig erholt aus. Und du hast auch wieder etwas mehr auf den Rippen.»

«Hallo Jonas», sagte Marcel.

«Märssu, welche Freude!» Haberer umarmte und drückte auch ihn. «Du psychischer, seelischer und geistiger Felsen in der Brandung, Beschützer meiner lieben Selma.»

«Ein Festival der Freundlichkeit», kommentierte Marcel Haberers Phrasen trocken. «Was verschafft uns die Ehre?»

«Ach, es ist diese prickelnde Nervosität des Reporterlebens. Höchste Zeit, dass ich wieder einmal selbst eingreife. Und dann erst noch mit meiner herzallerliebsten Selma, der weltweit besten Reporterin.»

Wenig später sassen sie in Haberers «Panzer», dem in die Jahre gekommenen schweren Geländewagen, und fuhren auf die Autobahn Richtung St. Gallen. Marcel sass auf dem Beifahrersitz, Selma hinten im Fond. Sie hatte es so bestimmt. Haberers Fahrstil konnte sie kaum ertragen, er fuhr nicht nur zu schnell, sondern auch immer zu nahe auf.

Eine Unterhaltung konnte nicht zustande kommen. Denn aus den Lautsprechern dröhnte volkstümliche Musik.

Irgendwann wurde es Selma zu bunt. Sie beugte sich nach vorne und schrie: «Kannst du diese Musik ausmachen?!»

Haberer schaute kurz in den Rückspiegel, trat so stark auf die Bremse, dass alle in den Gurten hingen, fuhr auf den Pannenstreifen, hielt an, stellte die Musik leiser und sagte: «Selmeli, das ist Appenzeller Volksmusik.»

«Aha, schön», meinte Selma giftig.

«Myysli, das höre ich, seit ich in Bern losgefahren bin. Ich stimme mich auf diese Reportage ein. Appenzeller Streichmusik mit Kontrabass, Cello, Violinen, Hackbrett. Ich bin sicher, unsere Kräuterhexe hört sich das ebenfalls an. Diese Musik ist vielleicht sogar der Schlüssel zum ewigen Leben.»

«Fabienne hört überhaupt keine Musik. Die ist ...»

«Papperlapapp», unterbrach Haberer und beschleunigte den Wagen wieder. «Selmeli, lerne etwas vom journalistischen Grossmeister: Du verstehst die Menschen einer Region nur, wenn du ihre Musik hörst und verinnerlichst.»

Selma kniff Marcel in den Arm. Doch auch er schien keine passende Antwort auf Haberers philosophische These zu haben. Und, ganz ehrlich, dachte Selma, so verkehrt ist sie gar nicht.

Bei Abtwil verliess Haberer die Autobahn und vertraute nun auf das Navi. Er fuhr via Herisau und Waldstatt nach Urnäsch, bog dann rechts ab und raste die Strasse Richtung Schönaupass hinauf. Er verlangsamte, schielte aufs Navi, das aber offensichtlich nicht mehr up to date und hängengeblieben war.

«Es ist da oben», sagte Selma und deutete nach rechts.

Kurz darauf entdeckten sie ein Schild, das auf das Restaurant am Hochhamm hinwies. Ab hier gab es allerdings keine Strasse mehr, nur noch einen Feldweg. Und einen Parkplatz.

«Na toll», maulte Haberer, beachtete den Parkplatz nicht,

sondern bog rechts auf den Feldweg ein. Er missachtete sämtliche Verbotsschilder. Die Strasse wurde vom Feldweg zur Schotterpiste und schliesslich zu einem steilen und schmalen Bergweg. Haberer parkte seinen «Panzer» in der Wiese, zog die Handbremse an und fluchte: «Endstation. Furchtbar! Wir leben in einem Entwicklungsland. Eine Beiz ohne Zufahrtsstrasse.»

«Von Norden her gibt es eine kleine Strasse, aber nur für die Landwirtschaft.»

«Das sagst du erst jetzt?», wetterte Haberer.

«Von dieser Seite her ist der Fussmarsch kürzer. Zudem liegt Fabiennes Alp viel weiter vorne.» Selma zeigte Richtung Westen. «Du wolltest doch zuerst in die Beiz.»

«Ich will schliesslich nicht verdursten bei diesem knallharten und gefährlichen Einsatz», sagte Haberer und öffnete das Handschuhfach. Marcel sah, dass er etwas Klobiges herausnahm und es in den Anzug steckte. Dann stieg Haberer aus, wartete, bis Selma und Marcel ihre Rucksäcke gebuckelt hatten, schloss den Wagen und marschierte los.

«Willst du dich nicht umziehen?», fragte Selma. «Du trägst einen Anzug und Boots.»

«Na und? Wir treffen schliesslich eine Wissenschaftlerin. Zudem besitze ich keine anderen Kleider.»

Es ging steil bergauf. Obwohl die Sonne bereits untergegangen war, war es heiss. Haberer schwitzte und keuchte.

Auch Marcel geriet erneut schnell ausser Atem. Selma musste immer wieder auf die beiden warten.

«Schön, dass ihr kommt», sagte Theres, als die drei das Berggasthaus erreichten. «Wir feiern heute eine Alpstobete.» Sie zeigte auf die Musiker, die sich soeben bereit machten.

«Das klingt gut», keuchte Haberer. «Aber jetzt bringst du dem alten Mann erst einmal drei Bier und drei Schnaps.»

«Alpenbitter?»

«Ich bitte darum, schnell. Sonst falle ich tot um.»

Theres umarmte Selma und Marcel. Sie trug eine Tracht: einen olivgrünen Faltenrock mit Schürze, ein enges geschnürtes, schwarzes Oberteil mit einem verzierten Latz und einer weissen, kurzärmligen Bluse. Ihre Haare hatte sie hochgesteckt und mit einer rosafarbenen Schleife geschmückt.

Hannes kam aus der Stube und begrüsste Selma und Marcel ebenso herzlich. Er trug eine rote Weste mit Goldschmuck, ein weisses Hemd und dunkelbraune Hosen. An seinem rechten Ohr baumelte eine Ohreschuefe: eine kleine, goldene Kelle. Ein Schmuckstück als Symbol für die richtigen Kellen zum Abschöpfen des Rahms auf der Milch.

Auch Haberer umarmte Theres und Hannes. Aber nur hastig. Dann sagte er: «Ihr seht wirklich putzig aus. Aber jetzt bringt endlich dem alten Haberer die drei Bier und die drei Alpenbitter. Und meinen Gästen Wasser, Sirup oder Milch.» Er prustete drauflos. Alle anderen Leute auf der Terrasse schauten zu ihm. «Oder noch besser», sagte Haberer und versuchte sein Lachen zu unterdrücken: «Kräutertee. Genau, Kräutertee von der Kräuterhexe!»

Jonas war in seinem Element. Er trank, lachte und tanzte mit Theres und mit etlichen anderen Frauen. Einer jeder sagte er, wie wunderschön sie sei. Als er aber mit Selma zur lüpfigen Appenzeller Volksmusik tanzte, meinte er, dass sie die Allerschönste sei, er aber akzeptieren müsse, dass sie sich für Marcel entschieden habe. Er habe es mittlerweile sogar geschluckt, dass ihre Mutter Selmas vergessenen Vater Arvid Bengt wieder liebe und er deshalb wohl alleine und unglücklich sterbe. Daraufhin hatte er sich nochmals einen Alpenbitter genehmigt.

Selma und Marcel genossen die fröhliche Stimmung. Der Vollmond ging hinter dem Säntis auf und beleuchtete das Appenzellerland magisch.

Es war kurz nach 23 Uhr. Jonas Haberer wurde ernst und verlangte die Rechnung. Er bezahlte mit zwei Hunderternoten und sagte, dass der Rest Trinkgeld wäre.

«Wir haben zu tun», sagte er zu Selma. «Auf geht's!»

«Auf geht's», bestätigte Selma und schaute etwas besorgt zu Haberer: «Pass auf, Jonas! Deine Schuhe sind für den Abstieg nicht geeignet. Und der Alkohol ...»

«Papperlapapp, Selmeli», murrte Haberer. «Kümmere dich nicht um einen alten, einsamen Cowboy.» Mit grossen Schritten ging er voran, rutschte immer wieder im Gras aus, konnte sich aber jedes Mal auffangen. Allerdings waren seine Anzugshosen bald ruiniert. Der Dreck klebte unübersehbar daran.

Um 23.45 Uhr erreichten sie Fabiennes Hütte. Haberer ging zur Türe und klopfte. Ohne abzuwarten trat er ein. Selma und Marcel hörten, wie er lauthals Frau Doktor Fabienne Richemond begrüsste und sagte: «Heute schreibt der Chef! Wie bei den Landbeizen, die das Schild draussen an die Strasse stellen: ‹Hier kocht der Chef›.» Haberer lachte laut. Aber nur kurz. Dann sagte er: «Ach, das verstehen Sie nicht, Sie sind zu jung. Und Sie essen nichts, wenn man Sie so anschaut. Geht mir auch so, trinken ist besser. Also, haben Sie etwas Feines zu trinken?»

Die Türe fiel ins Schloss.

«Selmeli, kommst du?» Haberer war jetzt nur noch sehr leise zu hören. «Geile Show hier drinnen. Alles so schön rot, wie in einem Puff. Und riechen tut das! Jesusmariasanktjosef, die reinste Drogenhöhle.»

«Willst du wirklich da hinein?», fragte Marcel besorgt.

«Haberer!», rief Selma. «Wir wissen schon, was uns da drinnen erwartet. Erst möchte ich noch einige Fotos von draussen schiessen. Das Licht ist phänomenal. Es sieht so gespenstisch aus.»

«Passt zum Thema», sagte Marcel leise.

«Wie meinst du das?», fragte Selma, während sie ihre Kamera bereit machte.

«Falls Fabienne wirklich die Formel zum ewigen Leben findet, wäre das doch gespenstisch.»

«Da hast du recht», sagte Selma, war aber bereits nicht mehr auf das Gespräch konzentriert. Sie war nun ganz Fotografin, Künstlerin. Sie legte sich sogar ins Gras, in den Dreck, machte eine Langzeitbelichtung, mit der sie erreichte, dass der schwache Rauch, der aus dem Kamin emporstieg, zu einem markanten Teil des Bilds wurde, zu einer Linie, einem Weg von der Hütte in den Himmel.

Doch irgendetwas störte Selma. Sie hatte das Gefühl, am Himmel einen kleinen hellen Punkt zu erkennen, der sich bewegte. War das wieder eine Drohne, die im Mondschein glänzte? Sie zoomte hinauf, fand aber nichts. Vielleicht war es ein Flugzeug oder ein Satellit, sagte sich Selma und fotografierte weiter. Danach kontrollierte sie die Bilder auf dem kleinen Bildschirm, konnte aber keine Drohne erkennen, nicht einmal einen leuchtenden Punkt.

Selma konzentrierte sich auf das rote Fenster, das nun vollständig vom Mond beleuchtet wurde. Sie musste gleich in die Hütte, um die andere Seite dieses mysteriösen Fensters zu fotografieren.

Doch dann sah sie plötzlich durch den Sucher ihrer Kamera, dass ein Gegenlicht aufflackerte. Selma glaubte zuerst, dass sie das Feuer im Kamin erkennen könnte, doch die Flammen wurden immer heller, breiteten sich schnell aus.

«Selma!», schrie Marcel. «Es brennt!»

Selma drückte noch drei Mal auf den Auslöser, senkte danach die Kamera und starrte entsetzt auf das rote Fenster, das immer heller wurde. Das eingeritzte Engelsgesicht verzog sich zu einer hässlichen Fratze.

«Selma!», schrie Marcel erneut.

Dann barst das rote Fenster. Glassplitter flogen durch die Luft. Selma duckte sich. Sie spürte, dass sie von einigen Splittern getroffen wurde. Aber sie war nicht verletzt. Im Innern der Hütte sah sie die Flammen lodern und spürte Hitze. Sie wich zurück. Plötzlich sprang ihr Minouche, die schwarze Katze mit der weissen Schwanzspitze und dem weissen Fleck auf dem Kopf, durchs zerstörte Fenster entgegen. Selma erschrak fürchterlich und rannte zu Marcel.

Dieser stand zwei Meter vor der Haustüre und schrie: «Jonas! Fabienne! Raus! Feuer!»

Eine Explosion. Nicht heftig. Aber irgendetwas war hochgegangen.

Selma und Marcel wichen zurück. Schrien nun gemeinsam nach Jonas und Fabienne.

Eine zweite Explosion. Heftiger als die erste.

Selma und Marcel wichen weiter zurück.

Marcel zückte sein Handy und rief die Feuerwehr an: «Feuer in einer Alphütte bei …» Marcel suchte den Namen.

«Sönderli», schrie Selma. «Wir sind beim Sönderli. Westflanke des Hochhamms.»

«Sönderli heisst es hier», wiederholte Marcel. «Schnell. Zwei Personen befinden sich in der Hütte.»

Eine dritte Explosion. Eine schwere und laute. Selma und Marcel spürten den Luftdruck. Nun züngelten auch schon erste Flammen aus dem Dach.

«Was sollen wir tun?!», schrie Selma verzweifelt. «Verdammt! Kommt endlich heraus!» Dann wandte sie sich zu Marcel, packte ihn an den Schultern und schüttelte ihn. «Wir müssen etwas tun.»

Marcel ging Richtung Türe. «Es ist zu heiss!»

Selma rannte zum Brunnen, stieg hinein, machte sich ganz nass, schnappte wegen der Kälte nach Luft, spurtete zurück und näherte sich der Türe. Doch auch sie musste wegen der enormen Hitze aufgeben und zurücktreten.

«Nein!», schrie sie. Tränen rannen über ihr Gesicht.

Bissiger Rauch machte sich breit. Selma und Marcel konnten kaum atmen. Sie mussten sich noch weiter von der Hütte entfernen.

«Wann kommt endlich diese verdammte Feuerwehr?», sagte Selma verzweifelt. «Da drinnen verbrennen gerade zwei Menschen.»

Minouche miaute fürchterlich, sprang an Marcel hinauf und setzte sich auf seine Schulter.

19

Selmas Schwester sass an diesem Abend im Büro ihres Hauses in Riehen. Endlich hatte sie wieder einmal etwas Zeit, sich der Unsterblichkeits-Recherche zuzuwenden, wie sie es Selma versprochen hatte. Sven und Sören waren im Bett. Auch ihr Ehemann Eric hatte sich schlafen gelegt.

Im Internet hatte sie unzählige Artikel gelesen, hatte bereits viele Dinge über den aktuellen Forschungsstand erfahren. Als studierte Apothekerin konnte sie sogar den Ausführungen der Experten auf den Gebieten der Genetik und der Biochemie folgen. Zumindest einigermassen. Aber letztlich wurde die entscheidende Frage nie beantwortet: Ist ewiges Leben möglich?

Selma hatte ihr vor einigen Tagen am Telefon viel über die Kräuterhexe erzählt. «Die Kraft der Kräuter», murmelte Elin vor sich hin. «Na, dann wollen wir mal. Das habe ich doch alles einmal gelernt.» Sie ging zu ihrem Büchergestell, das deutlich grösser war als jenes von Eric. Eric, der in einer grossen Versicherungsgesellschaft arbeitete, hatte im Lauf der Zeit zwar auch viel Literatur über Juristerei und Versicherungsmanagement angesammelt, aber Elins Pharmabücher waren klar in der Mehrheit.

Sie zog einige Bücher grosser Kräuterheiler und Pflanzenkundlerinnen aus dem Regal, las unzählige Passagen und Kapitel und fand viele Pflanzen, denen grosse und teils auch magische Kräfte zugesprochen wurden. Immer wieder stiess sie auf das Zauber- und Hexenkraut Mandragora officinarum, die Alraune. Eine Pflanze mit fleischigen, schrumpeligen Blättern und rosaroten Kelchblättern. Ein wahres Allzweck-Wundermittel – allerdings auch hochgiftig.

Elin nahm ihr Smartphone und schrieb an Selma: «Liebe Schwester, ich hoffe, es geht dir gut. Und vor allem hoffe ich, dass deine Kräuterhexe nicht mit Mandragora experimentiert. Die Alraune ist eine ziemlich heimtückische Pflanze. Pass auf dich auf. Alles Liebe, Elin.»

Dann fügte sie noch eine Sprachnachricht hinzu: «Selma, liebe Schwester, ich hoffe bei dir ist alles okay und du geniesst deine Ferien. Melde dich doch. Nicht wegen der Kräuterhexe. Oder nicht nur. Ich glaube, unsere Mutter ist ganz aus dem Häuschen wegen Arvid Bengt. Wollen wir Mittsommer bei uns in Riehen oder bei unserer Mama in Basel feiern? Was meinst du? Hab dich lieb.»

Sie wollte sich schlafen legen. Doch sie war nicht müde, sondern angefixt. Sie erinnerte sich an ihre Studienzeit und spürte wieder diesen Wissensdurst und Forscherdrang. Es war eine gute Zeit gewesen. Sie seufzte und dachte an ihren Grossvater Hjalmar Hedlund, der als Forscher von Schweden nach Basel ausgewandert war. Er war es, der ihr dieses Gen vererbt hatte. Eine Karriere in der berühmten Basler Pharmabranche hätte ihr schon gefallen. Oder eine Laufbahn an der Uni. Oder die Übernahme einer Apotheke. Aber dann wurde sie Mama und hatte andere Interessen.

«Alles ist noch möglich», murmelte sie vor sich hin, während sie die Bücher in die Regale zurückstellte. «Alles ist möglich.» Sven und Sören waren alt genug, die Familienplanung war abgeschlossen, und ihr Mann Eric war modern und aufgeschlossen. Vielleicht könnte sie ihr Pensum in der Apotheke, in der sie arbeitete, erhöhen. Sie könnte aber auch an die Uni zurück, ein weiteres Studium aufnehmen, Eric könnte sein Pensum bei der Versicherung reduzieren, und da jetzt ihre Mutter mit ...

Sie stockte in ihren Gedankengängen. Ihre Mutter und Arvid Bengt! Wer hätte das gedacht? Sie war schliesslich diejenige gewesen, die das Geheimnis ihrer Mutter aufgedeckt hatte, die überhaupt ermöglicht hatte, dass Arvid Bengt eine Rolle in der Familie Legrand-Hedlund spielen konnte. Und sie war es auch, die so enttäuscht gewesen war, dass Selma und sie nur Halbschwestern waren. Aber jetzt? Jetzt freute sie sich für Charlotte. Sie freute sich sogar darüber, dass Arvid Bengt nach Basel zog. Er hatte einen äusserst positiven Einfluss auf Mama, fand Elin. Sie wirkte viel jünger, vifer und abenteuerlustiger. Sie zeigte in letzter Zeit auch mehr Interesse an Sven und Sören. Und Elin war überzeugt, dass dies noch mehr der Fall sein würde, wenn Arvid Bengt hier war. Sven und Sören würden einen zusätzlichen Grossvater bekommen und sicher viel Spass mit ihm haben.

Und sie könnte wieder an die Universität.

Sie stand auf und wollte endgültig zu Bett gehen. Da entdeckte sie zufällig im Regal ein Buch über den Tod. Ja, auch mit dem Tod hatte sie sich in ihrer Studienzeit beschäftigt. Sie erinnerte sich an die nächtelangen Diskussionen mit ihren Kommilitonen. Gibt es ein Leben nach dem Tod? Oder kommt nichts mehr, Ende, Aus? Wenn ewiges Leben möglich wäre, dachte jetzt Elin, würde dies ...

Elin griff zu ihrem Telefon und setzte eine weitere Sprachnachricht an Selma ab: «Hatte gerade einen Gedanken, liebe Schwester. Wenn es den Tod für die Menschen oder für einen Teil der Menschheit nicht mehr gibt, wenn er quasi heilbar beziehungsweise abgeschafft wird – was bedeutet das? Selma, stell dir mal ... Ach, vergiss es, sehr philosophisch. Es ist auch spät. Schlaf gut.»

20

Selma starrte auf die brennende Hütte. Fassungslos. Dann fischte sie ihr Telefon aus der Hose, sah, dass Elin ihr geschrieben hatte, wischte die Text- und die Sprachnachrichten aber weg und wollte erneut die Notrufnummer wählen. Sie wusste natürlich, dass es nichts brachte, die Feuerwehr ein zweites Mal zu alarmieren. Also liess sie es bleiben. Selma hatte einfach den Drang, irgendetwas zu tun.

Aber sie konnte nichts tun. Jonas Haberer und Fabienne Richemond würden verbrennen.

Plötzlich öffnete sich die Türe der Hütte und eine Gestalt kroch heraus. Die Person brannte.

Selma wollte hinrennen, doch die Hitze war enorm. Sie stoppte. Marcel leerte seinen Rucksack aus, spurtete zum Brunnen, füllte den Rucksack mit Wasser, schaufelte mit der rechten Hand etwas Wasser über seinen Kopf und lief zurück. Er näherte sich der brennenden Person, schüttete das Wasser aus dem Rucksack über sie und eilte zurück. Selma hyperventilierte, band schnell ihre Haare mit einem Haargummi, den sie am Handgelenk trug, zusammen, rannte nun ebenfalls zu dieser Person, sah, dass es Haberer war, packte ihn unter den Armen und zog ihn von der Hütte weg. Marcel kam mit der zweiten Ladung Wasser und schüttete diese erneut über Haberer.

Jonas Haberer röchelte.

«Jonas!», schrie ihn Selma an.

Doch Haberer reagierte nicht.

«Jonas!»

«Verdammtes Gesöff ... Lecker ... Hölle ...», stotterte Haberer, öffnete die Augen und rappelte sich etwas auf, stützte sich mit einer Hand am Boden ab.

Marcel hatte wieder Wasser geholt und flösste Haberer nun

mit den Händen, die er zu einer Schale formte, vorsichtig Wasser ein.

Haberer trank ein bisschen, spuckte einen Teil aber wieder aus.

«Trink», befahl Marcel. «Trink, Jonas!»

Haberer zuckte, schrie vor Schmerzen.

«Jonas, was ist passiert?», fragte Selma.

«Gesöff ... Hölle ... Explosion», wiederholte Haberer mit verzerrtem Gesicht und krächzender Stimme.

«Was für ein Gesöff?»

«Von Fabienne ... Wo ist sie?»

«Sie muss noch in der Hütte sein», antwortete Selma. «Wir können nichts tun. Wir können einfach nichts tun, verdammt nochmal.»

«Sie ist nicht ... in der Hütte», sagte Haberer. «Sie ist ... davon ... geflogen.»

«Was?»

«Davongeflogen ... Wie Hexen ...» Er verdrehte die Augen.

«Jonas!», schrie Selma. «Bleib bei uns. Marcel, gib ihm Wasser! Jonas, Jonas!»

Marcel versuchte es. Doch Jonas Haberer schluckte nicht mehr. Er sagte nichts mehr. Er sackte zusammen, sein Gesicht schlug auf den Boden auf. Regungslos blieb er liegen.

Kurz darauf war ein Motor zu hören. Selma und Marcel drehten sich um. Im Schein der Flammen sahen sie, wie Theres und Hannes mit dem Traktor heranfuhren. Sie trugen immer noch ihre Trachten. An den Traktor war ein Anhänger gekoppelt. Auf diesem standen mehrere Milchkannen. Leute rannten vom Berg herbei. Es waren die Gäste vom Restaurant Hochhamm. Sie packten jeweils zu zweit eine Milchkanne, trugen sie zur Hütte, schütteten den Inhalt ins Feuer und rannten zurück. Die Kannen waren mit Wasser gefüllt.

Theres kümmerte sich um Selma, Marcel und Jonas: «Die

Feuerwehr ist unterwegs. Sie wird gleich da sein. Ein Helikopter ist ebenfalls gestartet. Seid ihr verletzt?»

«Jonas sagt nichts mehr», sagte Selma nur. «Ist er tot? Ist Jonas tot?»

«Leute, alle aus der Gefahrenzone!», schrie Hannes. «Das bringt nichts mehr. Alle zurück. Sofort!» Er kam zu Theres und sagte: «Bleib du hier, ich bringe Selma und Marcel in Sicherheit. Seid ihr verletzt?»

«Nein, ich denke nicht», sagte Marcel.

«Trotzdem, ihr müsst ins Spital. Kommt mit. Theres kümmert sich um Jonas.»

«Er ist tot», stammelte Selma. Sie war jetzt überzeugt, dass Jonas das Feuer nicht überlebt hatte. «Er hat mich so oft aus der Scheisse geholt. Und jetzt habe ich total versagt. Er ist tot, er ist tot.»

Hannes ging mit Selma und Marcel einige Meter, entdeckte dann Selmas Rucksack mit der Fotoausrüstung, packte diesen und ging weiter. Dann rief er eine Frau, übergab ihr den Rucksack und sagte: «Warte mit ihnen auf die Sanitäter. Ich weise meine Kollegen von der Feuerwehr ein. Und den Helikopter. Alles klar?»

«Alles klar», quittierte die Frau und führte Selma und Marcel noch weiter von der brennenden Hütte weg. «Hier seid ihr sicher», sagte sie schliesslich.

Selma und Marcel setzten sich erschöpft ins feuchte Gras. Die Frau, die eben noch mit ihnen als Gast auf der Terrasse des «Hochhamms» sass, gab ihnen aus einer Flasche zu trinken.

«Hannes kümmert sich um alles», sagte die Frau. «Er ist bei der freiwilligen Feuerwehr.»

«Jonas ist tot», wiederholte Selma und brach in Tränen aus.

Marcel legte seinen Arm um Selma und drückte sie an sich.

«Jonas ist tot», murmelte Selma nur noch.

Kurz darauf brausten mehrere geländegängige Fahrzeuge heran, die den Weg von der westlichen Seite des Schönaupasses genommen und damit eine holprige und schmale Zufahrt zur Hütte oberhalb vom Sönderli hatten. Menschen in Feuerwehruniformen sprangen heraus. Ein Löschhelikopter mit hellen Scheinwerfern tauchte am Himmel auf, schüttete über der Hütte Wasser aus und flog wieder weg. Ein zweiter Hubschrauber näherte sich. Der Pilot des Rettungshelikopters, suchte einen sicheren Platz zum Landen.

Selma und Marcel wurden von Sanitätern untersucht, die mit einem allradangetriebenen Krankenwagen gekommen waren. Einer der Sanitäter funkte: «Zwei Personen transportieren wir mit dem Auto. Die Heli-Crew kann sich auf weitere Verletzte konzentrieren.»

Selma und Marcel wurden zum Sanitätsauto geführt. Kaum waren sie eingestiegen, fuhr der Wagen los. Selma blickte zur brennenden Hütte, dann zum Hubschrauber, der nun in sicherer Entfernung landete, und sagte: «Jonas ist tot.»

21

Jonas Haberer, der Kotzbrocken, war nicht tot.

«Durst», sagte er leise. «Durst.»

Pflegefachfrau Lucie flösste ihm etwas Wasser ein.

«Was ist das?», fragte Haberer und würgte.

«Wasser.»

«Wasser? Jesusmariasanktjosef. Ich kann kein Wasser trinken.»

«Und warum nicht?»

«Ich vertrage es nicht. Seit ich keine Muttermilch mehr bekomme, trinke ich nur Bier.»

Lucie musste grinsen: «Wasser ist das Lebenselixier.»

«Papperlapapp», krächzte Haberer und trank das Wasser. «Wo bin ich hier eigentlich? Sicher nicht im Himmel, oder?»

«Nein, im Kantonsspital St. Gallen.»

«Aha. Warum?»

«Sie haben Verbrennungen erlitten. Deshalb diese dicken Bandagen. Die Ärzte besprechen gerade, ob wir Sie in eine Spezialklinik verlegen werden.»

«Papperlapapp», murrte Haberer erneut. «Krieg ich hier mal etwas Ordentliches zu saufen? Oder muss ich dafür in die Spezialklinik?»

Lucie lachte laut heraus. «Also scherzen können Sie noch. Das ist ein gutes Zeichen.»

Haberer schaute die junge Frau kritisch an: «Ich scherze nicht. Ich habe genügend Wasser getrunken. Ich hätte jetzt gerne ein Bier. Ein grosses. Oder besser, bringen Sie gleich zwei oder drei.»

«Ich kann Ihnen ein Bier bringen. Fragt sich nur, wie Sie es trinken wollen.»

Haberer sah auf seine Hände. Beide steckten in dicken Verbänden. «Sie müssen es mir einflössen», sagte Haberer.

«Sie sind im Spital, Herr Haberer. Wir flössen unseren Patienten kein Bier ein.»

In diesem Moment betrat eine Ärztin das Krankenzimmer. Sie hatte ihre Haare streng nach hinten gekämmt und zu einem Schwänzchen zusammengebunden und stellte sich vor. Allerdings verstand Haberer den Namen nicht, er klang ihm zu fremd.

«Wie geht es Ihnen?», fragte die Ärztin.

«Ich habe Durst.»

«Lucie gibt Ihnen Wasser.»

«Ich will kein Wasser», maulte Haberer.

Lucie grinste. Und meinte dann: «Herr Haberer möchte ein Bier.»

«Da müssen Sie sich noch etwas gedulden, Herr Haberer», sagte die Ärztin streng. «Aber ich habe gute Nachrichten.»

«Bin gespannt», meinte Haberer. «Welche Nachricht kann besser sein, als jene, dass ich ein Bier bekommen könnte?»

«Sie leben noch.»

«Ich bin begeistert.»

Jetzt konnte selbst die Ärztin ein Lachen nicht mehr unterdrücken. Aber sie fasste sich schnell und sagte: «Sie haben wirklich Glück gehabt. Und Sie hatten zwei Schutzengel. Dem netten Paar, das sie aus den Flammen geholt hat, verdanken Sie Ihr Leben.»

«Selmeli und Märssu, nicht wahr?»

Die Ärztin schaute irritiert zur Pflegefachfrau. Diese bestätigte: «Ja, Selma und Marcel, die beiden waren auch bei uns über Nacht. Zur Beobachtung. Sie sind aber unverletzt.»

«Also, Herr Haberer, Sie haben Verbrennungen erlitten», erklärte die Ärztin. «Am Rücken, am Kopf, an den Händen und Füssen.»

«Kopf? Haare weg?»

«Ja. Sie tragen einen Turban aus Verbänden.»

«Die Füsse auch verbrannt?»

«Gewisse Stellen sind arg betroffen.»

«Dann sind meine ... geliebten Boots ebenfalls ...?», fragte Haberer zögerlich.

«Teilweise verbrannt. Und wir mussten sie aufschneiden, damit wir Ihre Füsse retten konnten.»

«Aufschneiden? Das heisst, meine roten Boots sind kaputt?»

«Ja.»

«Ich werde Sie verklagen!»

Wieder konnte die Ärztin ein Lachen nicht unterbinden. «Tun Sie das, Herr Haberer. Oder möchten Sie doch lieber ein Bier?»

«Vergessen Sie die Boots. Ein Bier wäre grossartig. Ich glaube, Sie sind ein Engel.»

«Übertreiben Sie nicht. Sie bekommen Ihr Bier. Irgendwann. Ausserdem können Sie hierbleiben und müssen nicht in eine Spezialklinik verlegt werden. Ihre Heilung wird einige Wochen dauern.»

Es klopfte und Selma kam ins Zimmer. Sie stürmte auf Haberer zu und wollte ihn umarmen. Die Ärztin hinderte sie daran: «Herr Haberer hat Verbrennungen erlitten. Sind Sie …?»

«Seine Freundin.»

«Dann lassen wir Sie mal alleine», sagte die Ärztin und verliess mit der Pflegerin das Zimmer.

«Selmeli, dass ich das noch erleben darf», sagte Haberer. «Du nennst dich meine Freundin.»

«Wir sind doch Freunde, oder? Ich bin so froh, dass du lebst. Ich dachte, du seist tot.»

«Das hätte gut sein können. Aber du hast mich gerettet. Du und Märssu.» Er hielt einen Moment inne. Dann sagte er: «Jetzt muss ich wohl dankbar sein.»

«Lass gut sein. Du hast mich auch schon gerettet. Ach, was sage ich, du hast die ganze Welt gerettet. Mehrfach.»

«Ich weiss, Selmeli.» Er wollte lachen, aber es kam nur ein Gekrächze aus seiner Kehle. «Selma, ich danke dir. Ich wäre beinahe verreckt.»

Marcel kam herein. Und Hannes.

«Sie haben dich gerettet», sagte Selma und zeigte auf die beiden Männer.

«Märssu, mein lieber Freund. Komm einmal nach Bern, dann nehmen wir einen in der Ping-Pong-Bar und lassen die Weiber tanzen.»

«Immer noch der gleiche, was?», sagte Marcel.

«Du erinnerst dich an Hannes?», fragte Selma Jonas. «Er ist der Wirt vom ‹Hochhamm› und bei der freiwilligen Feuerwehr. Er hat den ganzen Einsatz koordiniert. Seiner Freundin Theres gehört die abgebrannte Hütte.»

«An seine Freundin kann ich mich besser erinnern», sagte Haberer. «Aber danke auch dir. Bist ein echter Kerl. Hast einen gut. Leider muss man in diesem miesen Lokal hier um jeden Tropfen Bier richtiggehend betteln.»

Hannes trat ans Bett von Jonas und sagte: «Die Hütte ist komplett abgebrannt. Es ist eine Untersuchung eingeleitet worden. Wegen der Brandursache. Du wirst dazu befragt werden.»

«Ich werde nicht viel sagen können. Vielleicht weiss Fabienne mehr. Also Frau Doktor Fabienne Richemond, die Kräuterhexe.» Er schaute zu Selma: «Wird eine geile Story, was?»

«Frau Richemond, also Fabienne, ist leider ...», sagte Hannes leise.

«Tot», brachte Selma den Satz zu Ende.

«Also, das ...»

«Wir konnten wirklich nichts mehr für sie tun», unterbrach ihn Selma erneut ganz aufgeregt. «Die Hütte brannte lichterloh, Jonas, glaube mir. Wir versuchten es noch, aber wir hatten keine Chance. Wir wussten, dass Fabienne noch drin war, aber wir konnten sie nicht retten, wir wären selbst in den Flammen umgekommen.» Selma begann zu weinen und rief: «Sie ist tot, Fabienne ist tot.»

«Selmeli», sagte Haberer, «was ist denn los? Warum bist du so hysterisch?»

«Begreifst du es nicht? Fabienne ist verbrannt.»

«Sie ist doch nicht verbrannt. Sie ist davongeflogen.»

«Den Quatsch hast du schon erzählt, nachdem wir dich aus dem Feuer gezogen haben. Du hattest irgendetwas getrunken und halluziniert.»

«Fabienne gab mir von ihrem Zaubertrank. Er war heiss und etwas gewöhnungsbedürftig. Daran kann ich mich noch genau erinnern. Ich nahm noch eine zweite Tasse ...»

«Tasse? Du hast das Zeugs tassenweise getrunken?»

«Ja, also nein, nur zwei Tässchen. Es war gigantisch. Wie gesagt, man musste sich etwas daran gewöhnen, aber dann, oh heilige Mutter Maria im Himmel, diese Explosion im Hals. Phänomenal!»

«Hat Fabienne auch davon getrunken?»

«Ja. Allerdings weniger. Aber dann, Selmeli, es ist kaum zu glauben, dann ist diese Kräuterhexe davongeschwebt.»

«Ja, ja, Jonas. Mit dem Besen, der hinter der Türe ihres Labors stand?»

«Also, das weiss ich nicht so ...»

«Jonas, lass jetzt diesen Quatsch», unterbrach ihn Selma.

«Das ist kein Quatsch, Selma. Das ist wahr. Und das ist unsere verdammte Geschichte. Fabienne hat den Trunk für das ewige Leben gefunden. Selmeli, wir werden reich. Ich hoffe, du hast alles fotografiert. Nun machen wir noch ein Interview mit ihr, und dann verkaufen wir die Geschichte weltweit. Ist das nicht fantastisch? Ich sehe schon die Schlagzeilen: ‹Forscherin entdeckt die Formel zum ewigen Leben›. Autorenzeile: ‹Eine Reportage von Jonas Haberer und Selma Legrand-Hedlund›. Sorry, Selmeli, das habt ihr Frauen nun von diesem Gendermist. Das H kommt im Alphabet vor dem L, deshalb werde ich geschlechtsneutral vor dir genannt.»

«Jonas, dass du überhaupt an so etwas denken kannst», sagte Selma empört. «Fabienne ist tot, sie ist verdammt nochmal tot, begreif das endlich.»

Es herrschte einen Moment Stille.

Dann sagte Hannes: «Ich möchte mich nicht einmischen, aber ...»

Alle schauten gespannt zu Hannes.

«Na ja, ich wollte eigentlich sagen, dass wir nicht wissen, was mit Fabienne passiert ist. Mit dem Besen ist sie zumindest nicht weggeflogen, wir haben in der Brandruine verkohlte Überreste davon gefunden. Aber eine Leiche ...», er zögerte einen Augenblick und schüttelte ganz leicht den Kopf: «Nein, da war keine Leiche.»

22

Marcel machte sich grosse Sorgen um Selma. Schon wieder war auf einer Reportage ein Drama passiert. Wie würde sie darauf reagieren? Würde sie ihre Freude am Leben und an ihrem Beruf erneut verlieren, wie damals nach dem tödlichen Unfall am Piz Bernina? Wie konnte er das verhindern?

Immerhin war niemand tot, sagte sich Marcel. Jonas hatte überlebt. Fabienne auch. Hoffentlich. Denn Fabienne war verschwunden. Nur: Wie und wann hatte sie die Hütte verlassen? Dass sie davongeschwebt war, wie Haberer behauptete, glaubte Marcel nicht. Sie war geflüchtet. Und zwar so, dass er und Selma dies nicht mitbekommen hatten. Aber wann war sie geflüchtet? Vor oder nach den Explosionen? Oder war sie brennend aus dem Haus gerannt und dann irgendwo in der Umgebung verendet? Laut Hannes war die Suche noch im Gang.

Nach der Nacht im Spital und dem Gespräch mit Haberer und Hannes waren sie in ihr Hotel zurückgekehrt. Sie hatten kurz darüber geredet, die Ostschweiz zu verlassen und nach Hause zu reisen. Doch Selma hatte gemeint, dass sie gerne noch einige Tage bleiben würde. Das hatte Marcel zuversichtlich gestimmt.

Jetzt war Selma unter der Dusche. Marcel lag auf dem Bett und starrte das Dornröschenbild an der Wand an. Er hoffte, dass Selma nicht wie Dornröschen in einen tiefen Schlaf verfallen und das Leben verpassen würde. «Dämliche Symbolik», sagte er zu sich selbst und musste lachen. Dann wurde er schläfrig und döste ein.

Er wurde durch einen Kuss geweckt. Durch einen sehr innigen Kuss. Er schaute in Selmas grosse braune Augen und sagte: «Wird bei Dornröschen nicht die Prinzessin wachgeküsst?»

«Doch, aber bei uns ist es halt umgekehrt, mein Prinz.»

«Und wann heiraten wir nun?»

«Bald, mein Schatz, bald», sagte Selma und küsste Marcel erneut und noch inniger als zuvor. Sie schlüpfte aus ihrem Bademantel und knöpfte Marcels Hemd auf.

«Ich sollte dringendst unter die Dusche, liebe …»

«Nichts da», hauchte Selma und deckte ihren Liebsten mit Küssen ein. «Dein männlicher Duft wirkt gerade sehr erregend.» Sie riss Marcel die Kleider vom Leib und liebte ihn stürmisch.

Sie bestellten Kräuterrisotto mit Pilzen und einen edlen Rotwein aus Bordeaux.

Marcel hob das Glas und sagte: «Auf dich, Prinzessin. Und auf Weinexperte Dominic-Michel, der zwar nicht dein leiblicher Vater, aber trotzdem immer dein Vater war. Und auf seine französischen Vorfahren.»

«Monsieur Dominic Michel Legrand sieur de Bordeaux», sagte Selma amüsiert. «Ich vermisse ihn. Wir müssen unbedingt einmal nach Bordeaux reisen und all die Châteaus besuchen.»

«Natürlich. Und nach Schweden, in die Heimat deines zweiten Vaters, müssen wir auch endlich einmal fahren.»

«Wir haben sehr viel vor, mein Schatz», sagte Selma und lächelte. Dann schwenkte sie das Rotweinglas sachte, hielt es an ihre Nase, schloss die Augen, nahm einen Schluck und sagte schliesslich: «Verhaltenes Bouquet, aber sehr tiefgründig im Gaumen, reife und runde Tannine. Wunderbar.»

«Oh, là, là», staunte Marcel. «Madame Selma, die Weinkennerin? Das wusste ich gar nicht.»

«Gelernt ist gelernt», sagte Selma, lehnte sich zu Marcel und flüsterte ihm zu: «Mein Vater, also Dominic-Michel, gab mir schon mit Vierzehn den Wein zum Kosten.»

Als der Risotto serviert wurde, konnte sich Selma kaum zurückhalten und ass sehr schnell.

Marcel schaute ihr zu. Nein, er musste sich keine Sorgen machen. Selma hatte Freude am Essen, am Wein, sie lachte und sie hatte ihn so leidenschaftlich geliebt wie schon lange nicht mehr.

«Übrigens haben wir morgen wieder unseren Segelunterricht», verkündete Selma zwischen zwei Bissen. «Am Nachmittag fahren wir nach Urnäsch. Das Appenzeller Brauchtumsmuseum müssen wir unbedingt besuchen. Oder wird es dir zu viel? Vor allem das Silvesterchlausen interessiert mich. Du weisst schon, diese Chläuse, die mit diesen wundervollen Kopfbedeckungen mit Szenen aus dem bäuerlichen Leben von Haus zu Haus ziehen und jodeln oder jauchzen oder zauren, wie man im Appenzellerland sagt. Das würde ich übrigens auch gerne einmal live erleben. Aber jetzt haben wir halt Sommer, nicht Silvester.»

«Dieser Brauch findet nicht nur an Silvester statt, Schatz. Sondern auch am 13. Januar, dem Jahreswechsel nach dem julianischen Kalender, der dem heutigen gregorianischen Kalender und der Astronomie hinterherhinkt.»

«Danke für den Hinweis, mein liebster Klugscheisser. Vielleicht erleben wir diesen Brauch einmal hautnah zusammen mit unseren Kindern. Aber gut, jetzt besuchen wir das Museum.» Selma schob sich eine weitere Gabel Risotto in den Mund und strahlte Marcel an.

Dieser war verwirrt. Den Hinweis auf die Kinder hatte er sehr wohl wahrgenommen, war aber nicht in der Lage, darauf zu reagieren.

«Was ist, Schatz?», fragte Selma. «Hast du keinen Appetit?»

«Doch, sehr, also, ich staune gerade über deine Energie.»

«Ich eigentlich auch», sagte Selma. «Aber weisst du, diese Gegend beflügelt mich. Und ich bin sicher, dies hat auch Fabienne gespürt. Sie ist auf der Suche nach dem ewigen Leben nicht zufällig im Appenzellerland gelandet. Und ich weiss, dass sie lebt. Ich spüre es.»

«Wo sie wohl ist? Was ist passiert? Warum kam es zu diesen Explosionen? War es ein Anschlag? Vielleicht sogar ein Anschlag auf dich und Haberer?»

«Und auf dich», sagte Selma.

«Würde Big Pharma tatsächlich zu solchen Mitteln greifen?»

«Wenn es um richtig grosse Geschäfte geht, kann ich mir das schon vorstellen. Trotzdem glaube ich nicht an einen Mordanschlag. Obwohl ...» Selma zögerte.

«Selma?»

«Ich habe kurz vor der Explosion am Himmel einen leuchtenden Punkt entdeckt, also, ich glaube, etwas gesehen zu haben, aber als ich genau hingeschaut habe, war es wieder weg.»

«Wieder diese Drohne, die du schon ...»

«Ja, aber, ich weiss nicht, es kann auch etwas anderes gewesen sein. Ich glaube nicht, dass jemand im Auftrag der Pharma einen Anschlag verübt hat. Big Pharma ist schliesslich an der Zauberformel zum ewigen Leben interessiert. Da nützt eine tote Fabienne nichts. Die beobachten sie höchstens. Nein, nein, es war ein Unfall. Wer weiss, welche Zaubersäfte Fabienne zusammengebraut hat. Meine Schwester Elin hat recherchiert und mir geschrieben, dass die Alraune, diese Mandragora, ein ziemlich giftiges Kraut ist und man es nur mit äusserster Vorsicht anwenden soll. Es kann Halluzinationen auslösen, wie wir es bei Haberer erlebt haben. Und ich denke auch, dass dieses rote Fenster etwas mit dem Brand zu tun hat.»

«Das rote Fenster mit dem geschliffenen Engelsgesicht?»

«Mit geschliffenem Glas kann man Feuer entfachen, das solltest du eigentlich wissen, mein lieber Klugscheisser. Der Mond schien durch das Fenster, eine verdorrte Pflanze fing Feuer und irgendein Trunk explodierte schliesslich.»

«Also ein Unfall?»

«Könnte sein. Wir müssen mehr über dieses Fensters herausfinden.»

«Wir?»

«Wir. Du bist jetzt voll dabei.»

«Okay.»

«Aber vielleicht war es doch ein Mordanschlag auf Fabienne. Schliesslich forscht sie an einem Projekt, das die Menschheit verändern wird. Und mit dem sehr viel Geld zu verdienen ist. Zudem wird sie laut Haberer von irgendwelchen Leuten gesucht.»

«Unheimlich», flüsterte Marcel.

Plötzlich legte Selma Messer und Gabel auf den Teller, lehnte sich zurück und hielt sich den Bauch. «Ich kann nicht mehr. Es war wirklich ausgezeichnet.»

«Selma», sagte Marcel und legte sein Besteck ebenfalls auf den Teller, «bleibst du also an der Story dran?»

«Ich weiss nicht. Ohne Fabienne wird es schwierig. Ich kenne aber jemanden, der sicher an der Story dranbleiben wird.»

«Jonas.»

«Genau. Und bei ihm würde mich interessieren, wer sein geheimnisvoller Informant ist. Wer hat ihm den Tipp für diese Geschichte gegeben?»

«Du wirst es herausfinden, Schatz.»

«Okay, Schatz. Aber erst nach dem Dessert.»

Marcel schluckte.

23

Arvid Bengt kam mit dem Bus und ohne Gepäck. Und vor allem: ziemlich unerwartet.

Charlottes Herz klopfte wild, als er geklingelt und sie zum Fenster hinausgeschaut hatte. Da stand nun also jener Mann vor ihrem Haus «Zem Syydebändel» am Basler Totentanz, mit dem sie ein Kind gezeugt und danach jahrzehntelang keinen Kontakt mehr hatte. Der Mann, den sie erst vor einigen Monaten neu kennengelernt hatte und mit dem sie nun den Rest ihres Lebens verbringen wollte.

Sie schloss hastig das Fenster, drehte sich um und musste erst einmal durchatmen. Dann ging sie ins Bad, kontrollierte ihr Make-up und ihre Frisur. Sie nahm den Kamm und richtete ihren Pony. Anschliessend zupfte sie mit ihren Fingern rechts und links und oben und hinten, seufzte, kämmte sich noch einmal, bis sie einigermassen zufrieden war.

Als sie im grossen Spiegel im Schlafzimmer ihre Kleidung prüfen wollte, bemerkte sie, dass Selmas Wiege davorstand. Sie bugsierte sie zur Seite, strich ihre weisse Bluse und ihre schwarze, enge Jeans glatt und kniff die Augen zusammen. Auch mit ihrem Outfit war sie, abgesehen von den Schuhen, zufrieden. Sie ging zum Schuhschrank und nahm die halbhohen blauen Pumps hervor, schlüpfte hinein und prüfte sich erneut.

Nun ging sie endlich die Treppe hinunter und öffnete Arvid Bengt die Türe: «Mon dieu, Arvid Bengt, du bist schon da? Warum hast du dich nicht angemeldet? Ich hätte dich doch …»

«Liebste Charlotte, ich wollte dich überraschen», sagte Arvid Bengt ruhig.

«Das ist dir in der Tat gelungen.»

«Du magst doch Überraschungen genauso …»

«… wenig wie du und unsere Tochter Selma», ergänzte Charlotte und umarmte Arvid Bengt. «Diese aber schon.»

Der grosse Schwede drückte Charlotte an sich und flüsterte: «Endlich.»

«Wo hast du dein Gepäck?», fragte Charlotte nach der Begrüssung.

«Kein Gepäck», antwortete Arvid Bengt. «Für einen Neuanfang braucht man kein Gepäck.»

«Wie philosophisch, mein Lieber», sagte Charlotte etwas schnippisch. «Gepäck ist Ballast. Wie auch immer. Komm erst einmal herein und trink einen Kaffee mit mir.»

Das schwedische Kaffeetrinken, die Fika, dauerte drei Stunden. Charlotte fühlte sich wie ein Teenager beim ersten Rendez-vous. Arvid Bengt erzählte wenig. Aber selbst von diesem Wenigen bekam Charlotte nicht viel mit, weil sie einfach viel zu nervös war. Schliesslich zeigte sie Arvid Bengt die Wohnung.

Der kurze Rundgang endete im Schlafzimmer.

Arvid Bengt begutachtete aber nicht das Bett, sondern die Wiege: «Eine sehr schöne Arbeit», sagte er. «Eine wunderschöne Wiege aus Eiche. Wir müssen sie etwas restaurieren. Im wievielten Monat ist Selma?»

«Das weiss ich nicht», sagte Charlotte und lächelte etwas verlegen. «Vielleicht ist alles nur Fehlalarm. Oder Wunschdenken.»

«Wir restaurieren sie trotzdem», meinte Arvid Bengt und fügte mit einem scharfen Unterton an: «Gemeinsam.»

«Machen wir jetzt alles gemeinsam?», fragte Charlotte.

«Nein, natürlich nicht. Aber vieles, meine Liebe.»

«Du hast überhaupt nichts dabei?», fragte Charlotte und wechselte damit das Thema. «Keine Zahnbürste? Und auch kein Pyjama?»

«Nichts», antwortete Arvid Bengt. «Eine Zahnbürste brauche ich wirklich. Aber ein Pyjama? Als wir uns vor vielen Jahren in Schweden begegnet sind, brauchte ich auch kein Pyjama.»

«Wir sind aber nicht in Schweden», meinte Charlotte schmunzelnd. «Und wir sind auch nicht mehr so jung. Bei meinem Besuch vor einigen Wochen bei dir in Schweden trugen wir sehr ... ach, komm, wir gehen jetzt einfach einkaufen.»

Arvid Bengt war mit Begeisterung dabei. Er kaufte in diversen Geschäften drei Pyjamas, fünfzehn Unterhosen, ebenso viele Paar Socken, fünf Anzüge, acht Freizeit- und Sporthosen und etliche Hemden und Shirts. Er liess sich alles nach Hause liefern und bezahlte mit seiner Kreditkarte.

Charlottes Mund wurde immer trockener. Sie konnte nicht glauben, wie locker Arvid Bengt Geld ausgab. Ihr Dauerlächeln konnte sie kaum unterdrücken. Schliesslich kaufte Arvid Bengt noch einen Blumenstrauss für Charlotte und wollte sie danach zu einem Glas Champagner einladen.

«Nun bin ich an der Reihe», sagte Charlotte und führte Arvid Bengt in die Confiserie Seeberger an der Schifflände. Sie prosteten sich zu, nippten am Getränk und hielten ununterbrochen Händchen. Was dem Servicepersonal und dem alten und jungen Seeberger keineswegs entging. Charlotte stellte den Seebergers Arvid Bengt Ivarsson vor.

«Hocherfreut», sagten beide Seebergers und schüttelten Arvid Bengt die Hand.

«Damit keine Gerüchte entstehen, ihr Lieben», sagte Charlotte. «Schliesslich kennen wir uns schon sehr lange. Herr Ivarsson ist meine neue und alte Liebe.»

Vater und Sohn Seeberger gratulierten und deckten Charlotte und Arvid Bengt mit allerlei Konfekt und Gebäck ein.

Als sie nach Hause kamen, trafen sie auf Lea. Selmas Freundin begrüsste Arvid Bengt wie einen alten Bekannten. Danach gab es einen langen Small Talk. Doch schliesslich sagte Charlotte scharf: «Lea, ich weiss, dass du Selmas beste Freundin bist. Aber du sagt kein Wort zu ihr, dass Arvid Bengt hier ist. Es soll eine Überraschung sein.»

«Selma mag keine Überraschungen», wandte Lea ein.

«Ich weiss», sagte Charlotte. «Haben wir uns trotzdem verstanden?»

«Natürlich», antwortete Lea hastig und eilte in ihre Wohnung im zweiten Stock.

«Und du, mein Lieber», sagte Charlotte zu Arvid Bengt, «kommst nun mit mir. Ich habe auch noch eine Überraschung für dich.»

«Ich mag aber keine Über ...»

Charlotte nahm ihn an der Hand und führte ihn in den Keller.

Arvid Bengt schnappte nach Luft, als er seine Liebestanz-Bilder in der Galerie sah. «Charlotte ... Charlotte ...», stammelte er.

«Mon dieu, brauchst du einen Arzt? Du bist ganz bleich.»

«Nein, ich muss mich nur setzen. Ich bin überwältigt.»

«Arvid Bengt, du hast recht, wir brauchen Stühle. Setz dich auf die Treppe.»

«Und ich brauche einen Kuss.»

«Einen Kuss?»

Charlotte küsste ihn. Ja, er war der Mann, mit dem sie den Rest ihres Lebens verbringen wollte.

24

Selma fand nichts heraus. Aber sie kümmerte sich auch nicht wirklich darum. Sie recherchierte halbherzig im Internet. Sie rief niemanden an, nahm niemanden in die Zange. Ohne Fabienne erschien ihr der Aufwand sinnlos. Ohne Fabienne würde es keine Story geben.

Marcel war beunruhigt. Was war los mit Selma? Sie strahlte einerseits eine unbändige Lebensfreude aus, andererseits schien sie der Job rund um Fabienne nun doch nicht mehr zu interessieren.

Zusammen brachten sie den Segelkurs zu Ende und bestanden die Prüfung. Marcel mit Bravour, Selma nur knapp. Sie hatte in den letzten Tagen erkennen müssen, dass sie diese Prüfung etwas auf die leichter Schulter genommen hatte. Aber Marcel unterstützte sie, schliesslich reichte es doch noch.

Dabei liebte Selma das Segeln. Sie liebte es vor allem, wenn es viel Wind hatte und sie mit ihrem Boot schnell übers Wasser gleiten konnten. Das Steuer überliess sie dabei gerne Marcel. Sie fühlte sich auf dem Vorschiff wohler, setzte als Vorschoter das Vorsegel, die Fock und den Spinnaker und lehnte gerne im Trapez aus dem Boot hinaus, damit sie noch härter am Wind segeln konnten.

Selma und Marcel besuchten in diesen Tagen auch Jonas im Spital. Dieser fragte immer, ob Fabienne aufgetaucht sei. Selma musste jedes Mal verneinen. Jonas fluchte und befahl Selma, dass sie unbedingt Fabienne finden müsse, damit sie das Interview machen könnten. Selma fragte Jonas noch mehrmals, ob er wirklich gesehen habe, dass sie davongeschwebt sei. Haberer blieb dabei.

Zudem wollte Selma endlich wissen, wer Haberers Informant war und von wem Fabienne gesucht oder verfolgt oder beobachtet werde. Haberer meinte nur, dass sie wegen des Brandes jetzt definitiv auch von der Polizei gesucht werde. Mehr wollte er nicht verraten.

Schliesslich fuhren Selma und Marcel am Tag vor ihrer Heimreise nach Urnäsch und besuchten das Brauchtumsmuseum. Neben der Appenzeller Volksmusik und dem Silvesterchlausen interessierte sich Selma vor allem für das Bloch: ein grosser Baumstamm, auf dem ein Schmied sitzt. Sie fand den Brauch der Holzarbeiter, die das Bloch durch die Dörfer ziehen, faszinierend und meinte zu Marcel, dass sie diese Appenzeller Tradition ebenfalls einmal live erleben möchte.

Später wanderten sie zum Restaurant Hochhamm. Selma stellte erfreut fest, dass Marcel ihrem forschen Tempo folgen konnte und weder über Atemnot noch Schwindel klagte. «Heute bist du fit!», sagte sie zu ihm.

«Ja, ich bin fit», sagte auch Marcel. «Ich habe mich wohl an die Höhe gewöhnt.»

Als sie jedoch oben ankamen, musste sich Marcel sofort an einen Tisch auf der gut besuchten Sonnenterrasse setzen. Es war ihm schwindlig. Selma machte sich Sorgen. Marcel winkte ab und behauptete, zu wenig getrunken zu haben. Hannes, der Wirt und Feuerwehrmann, brachte sofort Wasser und Tee. Marcel trank und verkündete: «Alles wieder gut.»

Später führte Hannes Selma und Marcel von der Terrasse einige Meter den Hang hinunter, sodass seine anderen Gäste nichts vom Gespräch mitbekamen. Dann erklärte er, dass es schwierig sei, die Brandursache zu ermitteln: «Im Kamin loderte offenbar ein Feuer, man fand Anzündpaste, aber auch mehrere Fläschchen mit Ethanol, wie er zur Herstellung von Medikamenten oder in chemischen Laboratorien verwendet wird.»

«Das wundert mich nicht», sagte Selma. «Schliesslich hat die Kräuterhexe, also Fabienne, mit allerlei Essenzen, Wässerchen und Medikamenten herumexperimentiert. Sie hat sich ein richtiges Labor eingerichtet.»

«Ja, das haben die Experten auch bemerkt. Und sich natürlich gewundert. Theres und ich haben uns auch gewundert. Fabienne sprach von Homeoffice, als sie die Hütte gemietet hat, nicht von Homelabor.»

«Also ein Unfall? Oder Brandstiftung?»

«Schwer zu sagen», meinte Hannes. «Das konnte nicht eruiert werden. Dass Fabienne allerdings verschwunden ist, macht sie natürlich verdächtig.»

«Aber warum hätte Fabienne die Hütte abfackeln sollen?

Schliesslich verbrannten nicht nur ihr Computer, sondern auch alle Essenzen und Kräuter, oder?»

«Genau. Intakt blieb nur der Felsbrocken mit den mysteriösen Einkerbungen», erklärte Hannes weiter. «Er war zwar mit Asche bedeckt, aber ich konnte ihn reinigen.»

«Tatsache ist und bleibt», sagte Selma, «dass Fabienne Richemond verschwunden ist. Gab es Spuren, die darauf hindeuten, dass sonst jemand das Feuer gelegt haben könnte? Jemand externes?»

«Äh, nein. Aber wie meinst du das?»

«Ach nichts, nur so.» Selma dachte an Fabiennes mögliche Verfolger, vermied es aber, dies zu erwähnen.

«Was ist eigentlich mit der Katze passiert?», fragte Marcel plötzlich.

Hannes schaute ihn erstaunt an: «Welche Katze?»

«Fabiennes Hexenkatze Minouche», erklärte Selma. «Beim Brand sprang sie durch das rote Fenster, dann war sie eine Zeit lang bei uns, kraxelte Marcel auf die Schulter, aber dann … dann eilten wir Jonas zu Hilfe und haben die Katze nicht mehr gesehen.»

«Wir haben nirgends eine Katze gesichtet. Aber das haben Katzen so an sich. Plötzlich sind sie weg. Unsere ist schon seit Wochen verschwunden. Nicht zum ersten Mal.»

Selma überlegte, ob die Hexenkatze mit Fabienne zusammen verschwunden war. Sie dachte sogar kurz daran, dass sie beim Brand absichtlich von Minouche angesprungen worden war, um sie abzulenken. Damit Fabienne flüchten konnte. Aber Selma verwarf den Gedanken sofort wieder, er kam ihr zu verrückt vor.

Marcel fragte Hannes: «Wollt ihr die Hütte wieder aufbauen?»

«Wir wissen es nicht. Sie ist vor elf Jahren schon einmal abgebrannt. Theres meint, dass die Geister diese Hütte nicht wollen …»

Selma schluckte. Dann murmelte sie: «Es war halt doch eine Hexenküche.»

Bei der Verabschiedung boten Selma und Marcel Hannes und Theres ihre Hilfe an. In welcher Form auch immer. Danach stiegen sie direkt Richtung Schönaupass ab und gelangten zur Wiese, auf der Haberers Wagen stand. Jonas hatte sie gebeten, den schweren Geländewagen mit nach Basel zu nehmen, da er noch längere Zeit im Spital bleiben musste.

Marcel fuhr. Mit jedem Kilometer grinste er breiter. Bis Selma meinte, dass er es sich abschminken könne, jemals einen solchen Panzer zu besitzen.

«Wir fahren Bus und Zug», meinte Selma. «Eine solche Dreckschleuder werden wir uns nicht anschaffen.»

«Ist aber recht praktisch, Liebste», versuchte Marcel sie zu überzeugen. «Gerade für eine Familie. Gibt es sicher auch als Elektrofahr ...»

«Vergiss es, Schatz.»

Selma öffnete das Handschuhfach und wühlte in alten Karten, allerlei Papieren, Duftbäumchen und viel Dreck.

«Suchst du etwas?», fragte Marcel.

«Ja, Haberers Pistole.»

«Haberers was?» Marcel zuckte zusammen. Das Auto machte einen kleinen Schwenker.

«Ich suche Haberers Pistole.»

«Der irre Typ besitzt eine Pistole?» Marcel war fassungslos.

«Ja, ganz legal. Er ist Sportschütze.»

«Und warum weisst du das?»

«Weil er sie mir gezeigt hat, damals bei meinem Abenteuer in Engelberg. Er sagte zu mir, dass er die Wilderer, die hinter den Wölfen her waren, erledigt hätte, falls er auf sie gestossen wäre. Dabei zeigte er mir die Pistole im Handschuhfach.»

«Und, ist die Pistole da?»

«Nein.»

«Dann ...»

«Dann hat er sie wohl mitgenommen.»

«Ich glaube, ich erinnere mich sogar», sagte Marcel. «Als wir ausgestiegen sind, um zum Restaurant Hochhamm aufzusteigen, nahm er etwas aus dem Handschuhfach. Aiaiai, wenn ich gewusst hätte ...»

«Marcel, er ist wirklich Sportschütze», versuchte ihn Selma zu beruhigen.

«Gemeingefährlich», murrte Marcel.

Als sie Basel kurz vor Mitternacht erreichten, meinte Selma, dass sie die Nacht alleine verbringen wolle. Schliesslich müsse er morgen früh wieder zur Arbeit, und sie würde ...

«Schatz, kein Problem», unterbrach Marcel. «Allein sein tut mir auch wieder einmal ganz gut. Ich werde in Haberers fetter Karre schlafen und davon träumen, sie würde mir gehören.»

Selma lachte, stieg am Totentanz aus und packte ihre Sachen. Dann sagte sie: «Ich liebe dich, Marcel. Ich liebe dich so sehr. Danke für alles.»

Röhrend fuhr Marcel davon. Selma murmelte: «Mein liebster Klugscheisser ist auch nur ein Mann.» Dann betrat sie das Haus «Zem Syydebändel.»

Selma schloss die Türe hinter sich und blieb stehen.

Etwas war anders als sonst.

Es roch anders.

Sie schnupperte. Der Duft war bissig. Und sie kannte ihn bestens, denn vor wenigen Tagen hatte sie selbst so gerochen: nach Rauch.

Sie erschrak: Brannte es etwa im Haus? Sie öffnete die Kellertüre, schielte in die Dunkelheit, sah aber keinen Rauch. Von unten stank es auch nicht nach Rauch, eher nach frischer Farbe. Das wunderte sie, normalerweise müffelte es im Keller. Aber darum kümmerte sie sich jetzt nicht, sondern stieg langsam die

Treppe hinauf, schnupperte immer wieder, konnte aber keine Veränderung feststellen. Der Gestank war nicht besonders stark, aber er war da.

Als sie den zweiten Stock erreichte, öffnete Lea ihre Wohnungstüre.

«Selma, Süsse», sagte Lea leise. «Da bist du ja endlich. Komm herein.»

«Ich wollte dich nicht aufwecken. Es riecht so seltsam ...»

«Ich erkläre es dir, komm erst mal in meine Stube.»

«Okay. Ich bringe nur kurz meine Sachen nach oben.»

«Nein, Selma, komm jetzt.»

Lea zog ihre Freundin zu sich in die Wohnung. Sämtliche Fenster standen sperrangelweit offen. Warme Luft wehte durch die Wohnung.

«Ich musste lüften», sagte Lea und schloss nun die Fenster.

«Hat es gebrannt?», fragte Selma.

«Nein. Aber ... gut, dass du endlich da bist.»

«Excusé, ich dachte nicht, dass es so spät wird. Was ist denn passiert?»

«Ich habe dir eine Nachricht geschickt, aber die hast du wohl nicht gesehen. Ich habe auch versucht, dich anzurufen.»

«Ich habe mein Handy irgendwo in der Tasche ...» Selma nestelte in ihrem Rucksack herum.

«Sorry, Selma, ich wusste nicht, was ich machen sollte», erzählte Lea aufgeregt. «Sie stand vor der Haustüre und hat die ganze Zeit bei dir geklingelt, was ich natürlich gehört habe. Deine Mutter hat auch schon zum Fenster hinausgeschaut, da liess ich sie halt eintreten. Sonst hätte es wohl deine Mutter getan, aber die hat doch jetzt wirklich andere Dinge im Kopf. Und deshalb ...»

«Wie? Meine Mutter? Was ist denn mit ihr los?»

«Nichts. Also doch, aber etwas Schönes. Das siehst du dann morgen. Es ist eine Überraschung.»

«Noch eine?»

«Ja, ach, Selma! Die Frau kam zu mir und hat gesagt, es sei ein Notfall, und sie müsse unbedingt mit dir sprechen. Das sei mit dir abgemacht. Sie würde auf dich warten.»

«Wer? Wer ist sie?»

«Weiss ich nicht. Sie hat mir keinen Namen genannt. Sie sprach sowieso nicht viel. Sie sah fürchterlich aus. Ihre Kleider hatten Brandlöcher und stanken fürchterlich. Ihre Haare waren angesengt.»

«Fabienne», sagte Selma plötzlich. «Doktor Fabienne Richemond, die Kräuterhexe.»

«Ja, so sieht sie auch aus. Sie hat einen langen rotbraunen Zopf. Aber der ist halb verbrannt. Ich hätte ihn am liebsten abgeschnitten. Ich habe sie unter die Dusche geschickt und ihre Kleider in einem Müllsack entsorgt.»

«Und wo ist sie jetzt?»

«In meinem Bett.»

«Was?»

Doktor Fabienne Richemond lag tatsächlich in Leas Bett. Selma öffnete vorsichtig die Schlafzimmertüre. Fabienne schaute sie mit ihren grossen Augen nur kurz und verängstigt an. Ihre Haare waren zerzaust, standen in alle Richtungen.

«Fabienne», sagte Selma, «was ist los?»

Fabienne schwieg.

Selma fragte sie auf Französisch. Doch Fabienne schwieg.

«Fabienne», sagte Selma nun sehr bestimmt. «Entweder redest du jetzt oder ich rufe die Polizei. Du wirst nämlich gesucht. Von wem auch immer. Mittlerweile aber tatsächlich auch von der Polizei.»

«Ich ...» Fabienne stockte.

«Ja?»

Fabienne stieg aus dem Bett. Sie trug ein Shirt von Lea, das vorne mit einer roten Rose und «Love» in geschwungener

Schrift bedruckt war. Fabienne streckte zögerlich ihre Hand nach Selma aus.

Selma ergriff sie und hatte das Gefühl, dass Fabienne noch knochiger geworden war. «Also, was ist los, Fabienne?»

«Ich brauche deine Hilfe.»

25

Selma entschuldigte sich bei ihrer Freundin und führte Fabienne in ihre Wohnung.

«Ich brauche zuerst einmal einen Kaffee», meinte Selma und ging in die Küche. Sie hantierte an ihrer Filterkaffeemaschine herum und sagte entnervt: «Du weisst schon, dass ich die Polizei rufen sollte, oder? Die Hütte beim Sönderli ist komplett abgebrannt. Und Jonas Haberer liegt mit Verbrennungen im Spital. Er wäre beinahe gestorben! Keine Ahnung, womit du experimentiert hast. Jedenfalls ist etwas gehörig schiefgelaufen. Wir dachten alle, du seist ums Leben gekommen. Aber offensichtlich hast du dich rechtzeitig aus dem Staub machen können. Und bist einfach abgehauen. War das ein Anschlag von den Leuten, die hinter dir her sind? Oder hast du die Hütte selbst abgefackelt, um Spuren und Daten zu vernichten?»

Der Kaffee tröpfelte langsam aus dem Filter in die Kanne. Fabienne stand am Fenster, schaute hinunter auf den Rhein und sagte kein Wort.

«Warum bist du hier, Fabienne? Warum bist du nicht in deiner Wohnung? Du wohnst doch in Basel. Bist du auf der Flucht? Wegen des Brandes? Oder warum sonst? Sind irgendwelche Schurken im Auftrag einer Pharmafirma hinter dir her? Wirst du bedroht?»

Fabienne fragte plötzlich leise: «Magst du den Rhein?»

«Bitte?»

«Magst du den Rhein?»

Selma war mit der Situation je länger je mehr überfordert. Sie wünschte sich, Marcel wäre hier. Vielleicht würde er besser mit Fabienne umgehen können. Die Wissenschaftlerin schien völlig verwirrt zu sein. Traumatisiert vielleicht. Selma überlegte, ob sie Marcel anrufen sollte. Aber er hatte am nächsten Tag Frühdienst auf einem Bus der Basler Verkehrs-Betriebe. Deshalb rief sie ihn nicht an. Zudem wollte sie ihn nicht schon wieder mit ihren Problemen belasten, er hatte genug für sie getan in letzter Zeit.

«Pass auf, Fabienne», sagte Selma und goss sich Kaffee in eine Tasse. «Ich weiss nicht, was deine Frage soll. Aber ja, ich mag den Rhein.»

«Schwimmst du auch im Rhein?»

«Ja, gerne sogar.»

«Kommst du mit mir schwimmen?»

«Das können wir gerne einmal machen, Fabienne. Aber jetzt sollten wir zuerst diese etwas schwierige Situation ...»

Fabienne drehte sich zu Selma und fragte: «Kommst du jetzt mit mir schwimmen?»

«Jetzt?»

«Ja. Bitte.»

«Es ist mitten in der Nacht.»

«Dann ist es am schönsten.»

«Ich war noch nie nachts im Rhein und habe auch nicht vor, es zu tun», meinte Selma genervt. «Deshalb: Nein, danke, Fabienne. Erzähl du mir jetzt, was los ist und wie ich dir helfen soll.»

«Im Wasser fühle ich mich geborgen», sagte Fabienne, öffnete das Fenster und schaute auf den Rhein hinunter.

«Excusé, Fabienne, ich hatte einen langen Tag, bin müde und möchte jetzt diesen Hokuspokus beenden. Notfalls rufe ich die ...»

Fabienne wandte sich schlagartig wieder Selma zu und sagte: «Bitte, nicht. Komm mit mir in den Rhein. Danach erzähle ich dir alles.»

Selma öffnete eine Packung der lang haltbaren Milch, die sie im Kühlschrank hatte, goss einen grossen Schluck in den Kaffee und trank. Danach stellte sie die Tasse in den Schüttstein und ging ins Schlafzimmer. Sie nahm ihren roten Bikini aus der Schublade. Anschliessend kramte sie in ihrem Rucksack und holte den hellblauen Bikini hervor, den sie bei ihren Segeltörns auf dem Bodensee getragen hatte. Sie ging in die Küche zurück und gab Fabienne den roten.

«Danke», sagte Fabienne und lächelte leicht.

«Du bist verrückt», sagte Selma. «Und ich wahrscheinlich auch.»

Wenige Minuten später waren sie unten am St. Johanns-Rheinweg. Sie kamen an der Anlegestelle der Klingental-Fähre und am grossen Feuerlöschboot vorbei.

Fabienne eilte voraus. Der rote Bikini hing schlaff an ihrem mageren Körper. Sie ging eine Treppe hinunter zum Ufer, stürzte sich in den Rhein, tauchte kurz ab und blickte dann zu Selma. Diese deponierte die beiden grossen Badetücher und stieg nun ebenfalls ins Wasser, aber sehr langsam, denn es war kalt. Sie staunte, wie Fabienne einfach hineingesprungen war.

Da Fabienne von der Strömung schnell abgetrieben wurde, liess sich nun auch Selma ins Wasser gleiten, schnappte nach Luft, schwamm mit voller Kraft, bis sie sich an die Kälte gewöhnt hatte, und erreichte bald darauf Fabienne, die flussaufwärts crawlte und auf Selma wartete. Dann liessen sich die beiden Frauen treiben.

«Ich weiss nicht, wie man sich im Rhein geborgen fühlen kann», sagte Selma.

«Du bist ein Teil des Flusses. Er behütet dich.»

«Das kann ich nicht nachvollziehen», entgegnete Selma und

schwamm Richtung Ufer. «Wir müssen raus.» Sie schaute hinter sich. Fabienne nickte und schwamm ihr hinterher.

Selma erblickte eine Ausstiegsstelle kurz vor der Johanniterbrücke, peilte sie an und konnte das Geländer problemlos erreichen. Sie stieg die Treppe hinauf, schüttelte ihre Haare und sagte: «Erfrischend war es, aber es reicht jetzt.»

Sie drehte sich um, dachte Fabienne sei hinter ihr.

Aber Fabienne war nicht da.

Sie war nicht mehr zu sehen.

26

Was war passiert? Fabienne schien doch eine gute Schwimmerin zu sein. Sie fühlte sich im Wasser, im Fluss geborgen. Wo war sie?

Selma kniff die Augen zusammen und suchte den Rhein ab. Aber sie sah Fabienne nirgends. Sie bekam Angst.

«Fabienne!?», rief sie.

Nichts.

Selma stürzte sich wieder in den Rhein und tauchte unter. Sie öffnete die Augen, konnte überhaupt nichts erkennen, tauchte wieder auf und wurde sich bewusst, dass die Idee, nach Fabienne zu tauchen, sinnlos war. Wenn Fabienne ertrunken wäre, wäre sie jetzt bereits viel weiter den Rhein hinuntergetrieben worden.

Sie musste Alarm schlagen. Ihr Smartphone war in ihrer Wohnung. Also schreien. Sie musste schreien, um die Anwohner zu wecken, die dann Hilfe holen könnten.

«Fabienne!», schrie sie jetzt. «Fabienne!»

Es passierte nichts.

Selma stieg aus dem Wasser und fröstelte. Kurz darauf schlotterte sie am ganzen Leib. Sie klapperte mit den Zähnen.

Tränen schossen ihr in die Augen. Schwarze Gedanken machten sich breit: Fabienne ist ertrunken. Und sie war schuld, schliesslich kannte sie im Gegensatz zu Fabienne die Tücken und die Gefahren des Rheins! Verdammt, wie hatte sie sich nur auf eine solch blödsinnige und gefährliche Idee einlassen können? Nachtschwimmen in einem reissenden Strom! Sie geriet in Panik.

Sie riss sich zusammen. Langsam ging sie das Ufer flussabwärts und starrte auf den Rhein. Vielleicht konnte sich Fabienne irgendwo festhalten.

«Fabienne!»

Vielleicht an einem Brückenpfeiler der Johanniterbrücke.

Nichts.

Vielleicht weiter unten beim Rheinbad St. Johann.

Auch nichts.

Verdammt! «Fabienne!», schrie Selma aus Leibeskräften.

«Selma!»

Selma drehte sich um und sah plötzlich eine knochige Gestalt auf sie zurennen. Fabienne! Der rote Bikini hing wegen der Nässe noch schlaffer an Fabiennes Körper.

«Selma. Ich bin da!»

«Verdammt, woher kommst du?»

«Aus dem Rhein.»

«Echt? Was soll dieser Mist? Fabienne!» Selma kauerte sich hin, atmete tief durch. Sie spürte, wie Fabienne ihren knochigen Arm um sie legte.

«Ich bin nur getaucht», sagte Fabienne.

«Getaucht?»

«Ganz schön tief hier. Gesehen habe ich nichts, aber am Grund bin ich auf ein Fahrrad gestossen, nehme ich an, es hatte jedenfalls Räder.»

«Toll», schluchzte Selma. «Ganz toll. Ich bin fast durchgedreht.»

«Das tut mir leid», meinte Fabienne und drückte Selma an sich. «Ich wollte dich nicht erschrecken. Ich bin eine geübte Taucherin.»

Die beiden Frauen gingen am Ufer flussaufwärts, schnappten sich beim Feuerwehrboot die Badetücher und eilten dann in Selmas Wohnung. Selma gab Fabienne ihren kuscheligen Bademantel, sie selbst schlüpfte in einen Schlafanzug mit vielen Blümchen, den sie fast nie trug. Danach setzten sie sich in der Küche an den Tisch. Der Kaffee in der Filtermaschine war noch warm und schmeckte besser als je zuvor.

Fabienne umklammerte ihre Tasse mit beiden Händen und sagte: «Ich bin in Lorient aufgewachsen. Das liegt im Süden der Bretagne, am Atlantik.» Selma fiel wie bei ihrer ersten Begegnung Fabiennes eigenartiger Blickkontakt auf: Sie schaute Selma jeweils nur kurz in die Augen, dann blickte sie leicht nach unten auf Selmas Mund oder Kinn. «Meine Mutter stammt aus Paris», erzählte Fabienne weiter. «Sie ist Archäologin. Erforscht die mysteriösen Steinreihen von Carnac. Obwohl sie davon ausgehen muss, dass sie niemals herausfinden wird, warum Menschen vor prähistorischer Zeit solche Felsblöcke in die Gegend gestellt haben. Es bleibt ein Rätsel.»

Selma staunte, dass Fabienne plötzlich so offen erzählte, dass sie überhaupt redete. «Und dein Vater?», fragte Selma.

«Er war Segel- und Tauchlehrer in der Bucht von Quiberon.»

«Oh, ich habe soeben meinen Segelschein gemacht.»

«Gratuliere», sagte Fabienne und stellte die Tasse auf den Tisch. «Mein Vater hat mir das Segeln und das Tauchen beigebracht. Er war sehr wichtig für mich.»

«War?»

«Er war ein Abenteurer. Wollte die Welt umsegeln. Alleine. Er kam nicht weit. Nach vier Tagen auf dem Atlantik geriet er in einem Sturm in Seenot. Sein Boot wurde auseinandergerissen. Man fand einige Teile. Mein Vater blieb verschollen.»

«Das tut mir leid.» War Fabienne auch eine Abenteurerin?, überlegte Selma. Einfach auf eine etwas andere Art?

«Seither fühle ich mich im Wasser geborgen. Ich werde eins. Mein Vater ist dann bei mir.»

Sie schwiegen eine Weile.

Dann fragte Selma: «Suchst du deshalb nach dem ewigen Leben? Immerhin gibt es im Meer diese unsterbliche Qualle, die Turritopsis dohrnii.» Selma war erfreut, dass ihr nicht nur der Name sofort eingefallen war, sondern dass sie ihn auch richtig aussprechen konnte. «Abgekürzt Turido, der Name eurer Forschergruppe.»

«Nein. Mein Bruder wurde Tauchlehrer. Ich habe diesbezüglich viel von ihm profitiert. Ich studierte Medizin und wurde Wissenschaftlerin, wie meine Mutter. Die Steinreihen von Carnac haben mich immer fasziniert. Und als ich mich auf die Suche nach der Ursache der Alterung begeben habe, wurde mir klar, dass ich die moderne Wissenschaft mit den Erkenntnissen unserer Vorfahren, mit ihren Mythen und Riten, kombinieren muss. Und vor allem mit den Kräften der Natur und des Kosmos.»

«Deshalb diese Hütte im Appenzellerland, oder?»

«Ja. Die Kraft der Natur, die Kraft des Lebens ist dort ganz stark zu spüren.»

«Das stimmt. Ich habe sie auch gespürt», pflichtete Selma Fabienne bei. «Sehr intensiv sogar.»

Die Frauen schwiegen einige Augenblicke. Dann fragte Selma: «Was ist in der Hütte passiert? Warum bist du abgehauen? Hast du den Brand absichtlich gelegt? Wolltest du Jonas umbringen? Uns alle? Oder war es ein Anschlag? Von wem? Hast du bemerkt, dass eine Drohne über der Hütte kreist?»

«Nein!», sagte Fabienne empört. «Nein! Ich habe keine Drohne bemerkt. Und ich weiss nicht, was passiert ist. Es gab eine Explosion, alles brannte. Dann lag ich im Wald und bin in Panik davongerannt.»

«Es war also ein Unfall?»

«Ich weiss es nicht.» Nach einer kurzen Pause ergänzte Fabienne leise: «Vielleicht waren es auch sie.»

«Bitte?», fragte Selma irritiert. «Von wem sprichst du? Ich habe niemanden gesehen dort oben. Wer sind sie? Von wem wirst du verfolgt?»

Fabienne schwieg. Und obwohl Selma mehrmals nachhakte, sagte Fabienne kein Wort mehr.

«Ich muss ins Bett», sagte Selma schliesslich etwas genervt und stand auf. Sie drehte sich zu Fabienne und sagte: «Minouche, die Hexenkatze, hast du sie nochmals gesehen?»

Fabienne schlug beide Hände vors Gesicht und weinte. Sie zitterte.

Selma sagte oder fragte nichts mehr. Sie war sich sicher, dass Fabienne eine einsame Frau war. Minouche war wohl das einzige Lebewesen, dass in den letzten Wochen Zugang zu ihr hatte.

Und jetzt vielleicht sie. Ein bisschen wenigstens.

Selma führte Fabienne ins Schlafzimmer und zeigte ihr das grosse Bett. Fabienne stieg zitternd hinein und zog sich die Decke über den Kopf.

Selma ging zurück in die Küche. Sie schaute zum Fenster hinaus. Ein Polizeiwagen fuhr langsam auf dem St. Johanns-Rheinweg vorbei. Hatte vielleicht doch jemand in der Nachbarschaft ihre Schreie nach Fabienne gehört und die Polizei gerufen? Nein, das konnte nicht sein. Das war zu lange her. Die Polizei fuhr wahrscheinlich Streife.

Selma löschte das Licht, ging in die Wohnstube und schaute auch hier durchs Fenster. Die Blätter der grossen Bäume im kleinen Park am Totentanz bewegten sich kaum. Selma glaubte einen kurzen Moment, in einem der Bäume ein funkelndes Augenpaar entdeckt zu haben. Sass dort auf einem Ast etwa eine schwarze Katze? Selma schaute ganz genau, konnte aber nichts erkennen. Sie vermutete, dass sie sich das nur eingebildet hatte, weil sie gerade über Minouche gesprochen hatten.

Selma öffnete das Fenster, schaute nach links den Blumenrain hinunter Richtung Schifflände. Alles war ruhig. Dann schaute sie nach rechts den Tramschienen entlang Richtung St. Johanns-Vorstadt. Sie entdeckte einen dunklen Kastenwagen, der in einer Entfernung von rund fünfzig Metern auf dem Trottoir stand.

Nein, das konnte kein Anwohner sein. Auch kein Besucher. Zudem kannte sie diese Art Kastenwagen. Es war ein Fahrzeug der Polizei.

Selma schloss das Fenster und huschte ins Schafzimmer: «Fabienne, die Polizei ...»

Fabienne schlief. Auf ihrer Brust lag Selmas Plüschäffchen.

27

Selma lag neben Fabienne im grossen Bett und konnte lange nicht einschlafen. Sie war zu aufgedreht. Sie hatte zu viele Gedanken im Kopf. Sie drehten sich um Fabienne, um ihre Geschichte, um diesen Krimi, einfach um all das, womit sich Selma nicht beschäftigen wollte. Nein, genau diese Art von Geschichten wollte sie nicht mehr machen. Das hatte sie Jonas Haberer schon mehrfach mitgeteilt. Trotzdem hatte sie sich hineinziehen lassen.

Am liebsten hätte sie Jonas sofort angerufen. Aber sie liess es bleiben. Schliesslich war es mitten in der Nacht.

Fabienne atmete ruhig und regelmässig. Irgendwann schlief auch Selma ein, schreckte aber schon bald wieder auf. Fabienne lag unverändert neben ihr. Selma stand auf, ging ins Wohnzimmer, öffnete das Fenster und schaute hinaus. Es regnete leicht. Der graue Kastenwagen stand nicht mehr da. Selma atmete auf.

Wenigstens das. Selma hatte wirklich befürchtet, dass ihr Haus observiert würde.

Es war 2.42 Uhr. Sie legte sich wieder hin, wälzte sich hin und her, döste und war plötzlich wieder hellwach. Die Uhr auf ihrem Smartphone zeigte jetzt 3.21 Uhr. Marcel müsste bald zur Arbeit gehen.

Selma stand wieder auf und schaute im Wohnzimmer erneut zum Fenster hinaus. Alles ruhig. Kein Kastenwagen, keine Polizei. Es regnete noch immer.

Selma ging in die Küche, öffnete das Fenster. Ein kalter Luftzug schwappte ihr entgegen. Das tat gut. Dann schaute sie hinunter auf den Rhein und den St. Johanns-Rheinweg. Und erstarrte: Bei der Anlegestelle des Feuerwehrboots stand tatsächlich wieder dieser dunkle Kastenwagen. Selma schaute ganz genau. Sie glaubte, durch die Windschutzscheibe des Wagens zwei Uniformierte zu erkennen.

Sie schloss das Fenster und setzte sich an den Küchentisch. Sie versuchte sich einzureden, dass das alles nur Zufall und Routine sei und nichts mit ihr oder Fabienne zu tun hätte.

Um 3.53 Uhr ging sie ins Bett und konnte tatsächlich einschlafen.

Als sie das nächste Mal aufwachte, war es hell. Die Uhr auf dem Smartphone zeigte 8.12 Uhr. Selma fühlte sich wie gerädert, hatte leichtes Kopfweh. Sie blickte neben sich und sah, dass sich Fabienne gedreht hatte, aber immer noch tief und fest schlief. Selma stand auf und ging in die Küche, setzte Kaffee auf und schaute zum Fenster hinaus. Es regnete nicht mehr. Und auch der Kastenwagen war nicht mehr da. Jogger liefen dem Rhein entlang, Menschen führten ihre Hunde aus, Fussgänger marschierten mit Taschen und Rucksäcken zur Arbeit. Selma ging in die Stube und blickte auf den Totentanz. Auch hier herrschte emsiges Treiben. Trams und Busse fuhren vorbei. Aber kein einziges Polizeiauto war zu sehen. Selma war erleichtert.

Sie ging in die Küche zurück und trank einen Kaffee. Dann rief sie Marcel an. Vielleicht hatte er bereits Pause.

«Guten Morgen, Liebste», sagte Marcel freudig. «Hast du gut geschlafen?»

«Schatz, nein», flüsterte Selma.

«Selma? Schatz? Ich höre dich fast nicht. Geht es dir gut?»

«Ich kann nicht so laut sprechen.»

«Was ist denn los?», fragte Marcel besorgt.

«Fabienne ist hier.»

«Bitte? Fabienne?»

«Und ich glaube, mein Haus wird überwacht.»

«Wie überwacht?»

«Polizei.»

«Polizei. Echt jetzt?»

«Kannst du nach deinem Dienst vorbeikommen?»

«Klar. Soll ich jetzt gleich kommen? Brauchst du Hilfe?»

«Nein, komm einfach später. Okay?»

«Okay. Mach ich. Wird etwa halb drei.»

«Das ist gut.»

«Pass auf dich auf, Liebste.»

«Pass auf dich auf, Schatz. Ich vermisse dich.»

Gott sei Dank gab es Marcel! Selma trank ihren Kaffee aus, schüttelte ihre Haare und ging ins Bad. Sie spritzte sich Wasser ins Gesicht, wusch sich mit einem Lappen, kämmte sich und trug ihr Make-up auf. Im Schafzimmer holte sie sich ihre Kleider und sah, dass Fabienne immer noch schlief und das Plüschäffchen auf den Boden gefallen war. Sie hob es auf und legte es zu Fabienne. Diese bewegte sich, ergriff das Äffchen, drückte es an sich und schlief weiter. Selma rührte das sehr. Wer war diese Frau, wer war Fabienne Richemond? War sie wirklich eine Kräuterhexe? Eine Brandstifterin? Und wen hatte Fabienne gestern gemeint, als sie angedeutet hatte, der Brand könnte von jemandem gelegt worden sein? Tatsächlich Schergen einer ominösen Pharmafirma, die Fabienne das Rezept zur Unsterblichkeit abluchsen wollte?

Selma verliess ihre Wohnung, schloss die Türe doppelt ab – etwas, das sie sonst nie machte – und rutschte auf den Handläufen ins Parterre hinunter. Mit schnellen und langen Schritten marschierte sie an die Schifflände zur Confiserie Seeberger und kaufte vier Croissants, vier Schoggiweggli, sechs Brioche und zwei Birchermüesli.

«Bonjour Selma», sagte der junge Seeberger. «Welche Ehre.»

«Nicht so förmlich, lieber Daniel. Wir kennen uns schliesslich schon aus dem Sandkasten.»

«Kennen? Du warst meine erste Liebe. Trinkst du einen Kaffee? Einen Latte Macchiato? Ist natürlich offeriert.»

«Sehr lieb gemeint, aber ich habe keine Zeit.»

«Ach komm, Selma. Ich trinke einen Espresso mit.»

Warum eigentlich nicht, dachte Selma, andere Gedanken würden ihr guttun.

Selma setzte sich. Eine Angestellte brachte den Latte Macchiato und die Tüte mit den Einkäufen. Selma löffelte den Milchschaum weg und nahm einen Schluck.

Daniel Seeberger setzte sich zu Selma und nippte an seinem Espresso. «Viel zu tun?», fragte Daniel. «Immer unterwegs?»

«Kann nicht klagen», antwortete Selma und liess sich auf den Small Talk ein. «Wie geht es der Familie?»

«Wunderbar. Die Kleinen sind bald nicht mehr klein. Die Zeit rast. Du hast viel eingekauft, vielen Dank, das weiss ich sehr zu schätzen. Euer Besuch wird unser Gebäck hoffentlich mögen.»

«Unser Besuch?», fragte Selma erstaunt. Wie konnte Daniel Seeberger wissen, dass Fabienne bei ihr war?

«Deine Mutter war gestern bei uns.»

«Aha, meine Mama.»

«Ja. Sie war in äusserst charmanter Begleitung.»

Selma war erleichtert. Denn wenn etwas nicht auf Fabienne zutraf, dann war es die Bezeichnung charmant. «Meine Mutter mit charmanter Begleitung», sinnierte Selma. «Aha.»

«Sehr charmant sogar. Ein echter Gentleman.»

«Ein Gentleman?»

«Ich freue mich so für deine Mama. Nach dem frühen Tod deines Vaters hat sie sich endlich wieder verliebt. In die alte Liebe! Wie romantisch. Herr Ivarsson ist ein sehr netter und kultivierter Mensch.»

«Moment mal, Daniel. Du willst mir sagen, dass Arvid Bengt hier ist?»

«Herr Ivarsson heisst mit Vornamen Arvid Bengt?»

Selma trank ihren Latte Macchiato aus, tupfte sich mit der Serviette den Mund ab und sagte: «Ja. Arvid Bengt ist tatsächlich eine alte Liebe meiner Mama.»

«Ein sehr netter Mann. Das mag ich deiner lieben Frau Mama von ganzem Herzen gönnen. Er hat wie du so ein bezauberndes Grübchen in der Wange, wenn er lacht.»

«Wie ich, aha.»

«Wie du. Welch schöner Zufall.»

«Kein Zufall, mein Lieber. Arvid Bengt Ivarsson ist mein Vater. Also mein leiblicher Vater.»

«Um Gottes Willen», sagte Daniel Seeberger, hielt sich die Hände vor den Mund, neigte sich zu Selma und sagte leise: «Excusé, ich wollte auf keinen Fall indiskret sein.»

«Alles gut, Daniel. Das muss aber nicht gleich die ganze Stadt wissen, oder?»

«Nein. Ich werde schweigen.»

«Das musst du nicht. Es ist kein Geheimnis mehr. Aber gleich jedem und jeder musst du es nicht erzählen. Und ja, Arvid Bengt ist wirklich sehr nett. Allerdings hatte ich keine Ahnung, dass er schon in Basel ist.»

«Oh, ich hätte lieber nichts gesagt. Vielleicht sollte es eine Überraschung sein.»

«Ich mag keine Überraschungen. Aber derzeit fliegen mir die Überraschungen nur so um die Ohren.»

Selma liess Daniel Seeberger etwas verdattert zurück und eilte nach Hause. Sie betrat Leas Coiffeursalon. Ihre beste Freundin war zwar gerade mit einem Kunden beschäftigt, trotzdem kam sie zu Selma.

Die beiden Frauen umarmten sich.

Selma präsentierte die Tüte mit den Backwaren und sagte: «Nimm etwas für dich. Es hat genug.»

«Wie lieb von dir, Süsse», sagte Lea und nahm ein Croissant heraus. «Du bist die Beste.»

«Sag mal, Lea, wusstest du, dass mein Vater hier ist?», fragte Selma zerknirscht.

«Süsse, ich darf ...», begann Lea.

«Natürlich, meine Mutter. Sie hat dir einen Maulkorb verpasst.»

«Selma, was soll ich denn tun?»

«Gar nichts. Excusé, ist wirklich nicht deine Baustelle. Ich werde mir meine Mutter vorknöpfen.»

«Sie meint es doch nur gut.»

«Lea, ich lasse dich mal. Du hast schliesslich Kundschaft.»

Lea schaute zu ihrem Kunden, dann wieder zu Selma, lächelte und strahlte und flüsterte: «Einen sehr netten Kunden.» Sie zwinkerte Selma zu.

«Ach, ja?»

Lea zog Selma hinter die Theke mit der Kasse: «Neuer Kunde», sagte Lea immer noch flüsternd. «Stand heute Morgen plötzlich da. Ein sehr netter Mann. Gutaussehend. Hat etwas dünnes Haar. Aber er ist Fasnächtler wie wir. Und er trägt keinen Ehering. Zum Glück hatte ich einen Termin frei.»

«Aha», sagte Selma ebenfalls flüsternd und versuchte unauffällig auf den so netten Herrn zu schielen. Dieser bemerkte das und nickte freundlich.

«Komm, Süsse», sagte Lea, legte das Croissant neben die Kasse und nahm Selma am Arm. «Ich stelle euch vor, denn ich habe ihm schon von dir erzählt.»

«Aha», sagte Selma nochmals und liess sich von Lea zum Friseurstuhl führen.

«Darf ich dir vorstellen», sagte Lea und schaute zu ihrem Kunden. «Das ist Selma. Selma Legrand-Hedlund, meine beste Freundin.» Lea wandte sich zu Selma: «Selma, das ist Olivier, Olivier …»

Olivier stand auf, lächelte und sagte: «Olivier Kaltbrunner. Es ist mir ein Vergnügen, obwohl ich Sie kaum sehe.»

Lea kicherte, nahm die Brille vom Tablar beim grossen Spiegel und reichte sie Olivier. Dieser setzte sie sich auf, lächelte noch breiter und reichte Selma die Hand: «Jetzt sehe ich Sie besser, Selma. Ich bin Olivier. Es ist mir wirklich ein Vergnügen.»

Selma schüttelte wortlos Oliviers Hand. Ihre Gedanken rotierten. Diesen Namen hatte sie schon einmal gehört. Olivier. Olivier Kaltbrunner. Aber Selma kam nicht drauf.

«So, so», machte Olivier. «Lea hat mir erzählt, dass Sie ebenfalls Fasnächtlerin sind. Ich bin in einer Guggemusik.»

«Schön. Dann sehen wir uns an der Fasnacht.»

«Hm, hm. So, so. Es wäre noch schöner, wenn wir uns vorher wieder sehen würden», sagte Olivier. «Ich glaube, ich werde Stammkunde bei Lea. Sie macht ihre Arbeit ganz fantastisch.»

«Das wissen Sie schon? Sie haben noch gar nicht gesehen, wie Ihre Frisur am Ende aussehen wird.»

«So, so. Ja, stimmt eigentlich. Aber Lea ist eine so kreative Persönlichkeit, da bin ich äusserst zuversichtlich.»

«Das können Sie sein, Herr Kaltbrunner.»

«Goppeloni», sagte er auf Baseldeutsch. «Olivier. Nennen Sie mich Olivier.»

«Ich bin Selma.» Sie strich mit ihren Händen nervös durch ihre Haare und sagte verlegen: «Na dann, ich lasse euch mal.»

«Es hat mich sehr gefreut, Madame Selma Legrand-Hedlund», sagte Olivier und lächelte.

Selma war über die förmliche Verabschiedung erstaunt und überlegte angestrengt, woher sie den Namen Olivier Kaltbrunner kannte.

Lea ging mit Selma zur Türe. «Ist er nicht nett?»

«Sehr nett, wirklich», sagte Selma. «Über die goldgerahmte Brille reden wir ein anderes Mal. Bist du schockverliebt?»

«Selma!», sagte Lea entgeistert. «Wie kommst du denn darauf?»

«Ich sehe es dir an. Und ich kenne dich, Süsse. Aber ja, er ist sehr nett.»

«Und er arbeitet beim Staat.»

«Aha. Das weisst du auch schon?»

«Man muss doch seine Pappenheimer abchecken, oder?»

«Da hast du allerdings recht. Staat ist gut. Sicheres Einkommen und so.»

Die beiden Frauen lachten. Dann sagte Selma: «Hei, wir sehen uns.»

«Selma», sagte Lea und hielt ihre Freundin am Arm. «Dein Vater ist wirklich da. Aber ich darf nichts ausplaudern.»

«Ich weiss. Alles gut. Kümmere dich jetzt um Olivier.»

Selma ging die Treppe hinauf.

Zwischen der zweiten und dritten Etage fiel es ihr ein: Olivier Kaltbrunner war ein Kumpel von Jonas Haberer. Ja, Haberer hatte erzählt, wie er einmal mit einem Polizisten oder Kommissär aus Basel die Welt gerettet hatte, als Terroristen einen Anschlag mit Giftgas geplant hatten. Dieser war es auch, der Haberer geholfen hatte, Selmas Rettung in Engelberg zu organisieren, als der Schneesturm tobte und die Zufahrt geschlossen war. Wie nannte ihn Haberer immer? Den Goppeloni-Kommissär? Ja, Goppeloni hatte er auch jetzt bei Lea gesagt.

War seine Anwesenheit in Leas Coiffeursalon im Haus «Zem Syydebändel» Zufall?

«Nein», sagte Selma laut, als sie die Türe ihrer Wohnung aufschloss. «Das ist kein Zufall!»

28

Als Selma ihre Wohnung betrat, sah sie, dass die Schlafzimmertüre offenstand. Das Bett war gemacht, und ihr Plüschäffchen lag auf dem Kopfkissen. Selma ging in die Küche.

Fabienne stand am Fenster und schaute hinaus. Sie trug ihre Haare offen. Sie waren gekämmt. Die vom Brand angesengten Strähnen waren deutlich zu erkennen. Fabienne trug ein blaues Hemd und eine weisse Hose. Beide Teile waren ihr deutlich zu gross. Fabienne drehte sich um und sagte: «Bonjour, Selma, ich habe mir erlaubt, in deinem Kleiderschrank nach etwas Passendem zu suchen.»

Selma musterte Fabienne und sagte: «Ein bisschen zu gross, aber hübsch. Nur deine Haare müssen wir von Lea schneiden lassen. Du hast Lea bereits kennengelernt. Sie ist meine beste Freundin und Coiffeuse. Allerdings müssen wir noch ein bisschen warten. Ein Polizist …» Selma betonte das Wort «Polizist» und hielt inne. Fabienne verzog keine Miene. Deshalb fuhr Selma fort: «Ein Polizist oder Kommissär lässt sich soeben frisieren.» Da Fabienne noch immer nicht reagierte, präsentierte Selma den Papiersack mit dem Gebäck aus der Confiserie Seeberger: «Frühstück? Ich habe Hunger. Du sicher auch.»

Selma legte alle Köstlichkeiten auf einen grossen Teller und setzte frischen Kaffee auf.

«Ich hoffe, ich muss nicht zu viel von meinen Haaren abschneiden», sagte Fabienne, setzte sich an den Tisch und nippte an ihrem Kaffee.

«Keine Sorge», antwortete Selma. «Lea ist eine Künstlerin und äusserst sensibel.» Sie fuhr sich kurz durch ihre Mähne. «Und schwierige Kundschaft ist sie sich gewohnt.»

«Danke für alles, Selma», sagte Fabienne und lächelte.

Selma setzte sich ebenfalls, nahm eine Brioche und biss herzhaft hinein. «Mmh!», sagte sie. «In Frankreich sind sie nicht besser.»

Fabienne lächelte erneut und biss nun ebenfalls in eine Brioche.

Eigentlich ist Fabienne eine schöne Frau, dachte Selma. Wenn sie gepflegt wäre und noch etwas Gewicht zulegen würde, wäre sie sogar eine sehr schöne Frau.

«Du hast die Augen geschminkt», stellte Selma fest.

«Ich habe mir erlaubt, nicht nur Kleider von dir auszuleihen, sondern auch dein Make-up zu benutzen. Meine Augenringe waren schrecklich.»

«Du hast wie eine Hexe ausgesehen.»

Fabienne lächelte nun etwas länger. Selma begann, diese Frau tatsächlich zu mögen.

Nachdem sie die Brioches gegessen hatten, fragte Selma: «Warum bist du nicht in deiner Wohnung? Warum bist du nach dem Brand abgehauen?»

«Ich floh nach Hause, nach Basel. Aber meine Wohnung war verwüstet. Sie haben wohl gehofft, irgendetwas zu finden.»

«Sie? Wer sind sie?»

«Unsere Konkurrenten. Oder die Polizei.»

«Die Polizei dringt nicht ohne gravierenden Grund in eine Wohnung ein.»

«Ich weiss es nicht.»

«Ach, Fabienne. Ich habe dir doch gesagt, dass die Polizei hinter dir her ist. Aber warum? Nur wegen des Brandes wohl kaum. Die Polizei weiss längst, dass du hier bist. Wenn die Polizisten dich nur wegen des Brandes suchen, dann würden sie an meiner Wohnungstüre klingeln und dich befragen. Aber sie haben einen anderen Plan. Also, worum geht es?»

Fabienne nahm ein Croissant.

«Fabienne, worum geht es?», fragte Selma erneut.

Doch Fabienne kaute an ihrem Croissant und trank Kaffee. «Das Gebäck ist wirklich sehr gut.»

«Fabienne, meine Geduld geht zu Ende», sagte Selma nun genervt. «Warum ist die Polizei hinter dir her? Und wer sonst noch?»

«Sie glauben, dass ich Daten gestohlen habe», sagte Fabienne plötzlich.

«Die Daten der unsterblichen Quallen? Die Formel für das ewige Leben?»

«Nein. Soweit sind wir noch nicht. Aber ...» Fabienne stockte.

«Aber?», hakte Selma nach.

«Man kann den Alterungsprozess massiv verlangsamen und damit das Leben um viele Jahre verlängern. Ist das nicht grossartig?»

«Ich weiss nicht, ob ich das grossartig finden soll», sagte Selma. «Ich kann mir aber vorstellen, dass in diesem Fall ein ziemlich grosses Geschäft winkt. Hast du früher für die Pharmabranche gearbeitet? Bis du deshalb nach Basel gezogen? Und jetzt hast du dich mit ihr angelegt?»

«Ich wurde tatsächlich als Forscherin angestellt, bekam eine schöne Wohnung und viele Annehmlichkeiten offeriert. Ich arbeitete mit Forschern auf der ganzen Welt zusammen, aus den USA, aus China, Indien. Wir waren nahe dran, aber wir schafften den Durchbruch nicht, weil wir viel zu weit weg vom Leben forschten, zu weit weg von der Natur. Wir waren überzeugt, dass wir einen grossen Schritt zurückmachen und viel stärker die natürlichen Kräfte miteinbeziehen müssten. Die Geschäftsleitung betrachtete dies allerdings als unwissenschaftlich und lehnte es ab.»

«Ein bisschen Hokuspokus ist es schon», sagte Selma.

«Nein, überhaupt nicht. Es ist der einzige Weg. Die Natur zeigt ihn uns. Die Natur zeigt uns, was möglich ist und was nicht.»

«Lass mich raten, Fabienne: Du hast die Daten geklaut, gekündigt und dich mit deinem Team selbstständig gemacht, dein Labor in Basel mit einer Alphütte im Appenzellerland getauscht.»

«Nicht freiwillig.»

«Nicht freiwillig? Wie soll ich das verstehen?»

«Das Projekt wurde vor einigen Monaten gestoppt. Zu teuer, zu wenig erfolgversprechend. Ich und die anderen wurden zuerst freigestellt, dann entlassen. Unsere ganze Forschergruppe hatte keinen Zugang mehr zu unseren Daten. Wir bekamen Hausverbot. Ich musste sogar meine grosse Wohnung verlassen und bin in ein kleines Appartement beim Schützenmattpark gezogen.»

«Und warum interessiert sich die Polizei für dich? Ausser wegen des Brandes?»

«In einer Vorstudie haben die anderen Forscher und ich einige Monate nach unserer Entlassung erste Resultate unserer Arbeit veröffentlicht. Alles noch sehr vage. Aber dann war die Hölle los. Meine alte Firma wollte mich zurück, bot mir viel Geld, ich lehnte ab. Dann wurde es krass: Die Bosse unterstellten mir, dass ich Daten gestohlen hätte. Und sie haben mich angezeigt.»

«Hast du Daten geklaut?»

«Nein», sagte Fabienne unwirsch. «Wie sollte ich? Beim Austritt wurde ich regelrecht durchleuchtet. Aber ich habe einen Kopf, ein Gehirn! Das können sie mir nicht amputieren.»

«Du hast die Formeln und Daten deiner Forschung im Kopf?», fragte Selma ungläubig.

«Nicht alle. Aber viele.»

«Bist du ein Genie?»

«Nein.»

«Und in welchen Labors arbeitet ihr, wenn nicht gerade im Appenzellerland?»

«Meine Kollegen arbeiten mit verschiedenen Universitäten auf der ganzen Welt zusammen. Mehrere Pharmaunternehmen und andere Firmen haben uns viel Geld angeboten. Unanständig viel Geld.»

«Abgelehnt?»

«Wir wollen unabhängig sein.»

«Seid ihr das? Ihr arbeitet mit Hochschulen zusammen, die von Staaten und Mäzenen abhängig sind ...»

«Forschung ist teuer. Irgendwo muss das Geld herkommen. Aber ich kann dir versichern: Man lässt uns machen.» Sie machte eine kurze Pause und ergänzte dann: «Also fast.»

«Fast?»

«Eine Pharmafirma übte ziemlich Druck auf die chinesischen Kolleginnen und Kollegen aus. Sie sollten Ergebnisse vorweisen.» Fabienne erstarrte. Hauchte dann: «Merde!»

«Was ist los?», fragte Selma.

«Nichts.»

«Nichts?»

«Nur ein Gedanke.»

«Ich höre!»

«Die Triaden, die chinesische Mafia ... hoffentlich ist sie nicht hinter uns her!»

«Oh, Gott! Du legst dich mit der chinesischen Mafia an?»

«Gut möglich, die soll auch in Europa aktiv sein, namentlich in Frankreich.»

«Was ist mit euren chinesischen Forschern passiert?»

«Sie konnten das Land verlassen, sind jetzt in den USA.»

«Ihr experimentiert in einem ziemlich explosiven Umfeld», stellte Selma trocken fest. «Im wahrsten Sinne des Wortes.»

«Dabei wollen wir das alles gar nicht», erklärte Fabienne. «Unsere Forschung soll später für alle zugänglich sein, nicht für eine einzelne Firma. Wir wollen der Menschheit dienen.»

«Oh, ein hehres Ziel.»

«Ich bin doch einfach eine leidenschaftliche Forscherin, nichts weiter. So wie du eine leidenschaftliche Reporterin bist.»

«Du hast dich über mich erkundigt?»

«Natürlich. Über dich ist im Internet viel zu erfahren. Über deinen Chef Jonas Aberer ein bisschen weniger.» Sie sprach den Namen Haberer wiederum französisch aus.

«Ich war schon leidenschaftlicher», sagte Selma, spürte jetzt aber, dass sie von Fabiennes Geschichte wieder angestachelt wurde.

Selma goss nochmals Kaffee in die Tassen und fragte: «Und was soll ich bei all dem? Warum wolltest du, dass ich eine Reportage über dich mache?»

«Das war nicht geplant. Aber wir hatten plötzlich drei grosse Probleme.»

«Wir? Du und deine Forschergruppe? Turido, Turritopsis dohrnii, die Gruppe mit dem Namen der unsterblichen Qualle?»

«Ja.» Fabienne stand auf und schaute wieder zum Fenster hinaus. Sie sinnierte: «Es war sehr schön letzte Nacht im Rhein.»

«Fabienne, was für grosse Probleme hattet ihr?», insistierte Selma.

Die Forscherin drehte sich um, nahm eine Haarsträhne in die Hand und begutachtete die angesengten Spitzen.

«Fabienne!»

«Wir wurden mehrfach gehackt. Die Polizei wollte mich

ständig befragen. Und dann meldete sich plötzlich dieser Aberer.»

«Haberer», korrigierte Selma Fabienne. «Mit einem H. Haberer».

«Er wusste verdammt viel. Keine Ahnung woher.»

«Haberer wusste viel? Das ist ja interessant. Davon hat er mir nichts erzählt. Er hat mich einfach zu dir geschickt. Ich sollte eine schöne Reportage über eine Kräuterhexe im Appenzellerland machen.» Selma stand auf, drehte an ihren Silberringen. Sie fühlte sich von Jonas Haberer betrogen. Einmal mehr. Nein, es war definitiv kein Zufall, dass sie soeben in Leas Salon Olivier Kaltbrunner getroffen hatte, den Goppeloni-Kumpel Haberers. Sie würde Haberer nach dem Gespräch mit Fabienne zur Rede stellen.

«Wir dachten», fuhr Fabienne fort, «dass wir diesen Aberer und dich miteinbeziehen. Dass ihr darüber berichtet und die ganze Welt von unserer Arbeit erfährt. Dann wären diese Kriminellen nicht mehr hinter uns her. Und die Polizei auch nicht.»

«Ein bisschen naiv, oder?»

«Vielleicht. Aber jetzt haben wir ja einen Profi im Team.»

«Aha. Wen?»

«Dich, Selma. Ich muss nur noch ein einziges Experiment durchführen. Und wenn dieses gelingt, haben wir die Formel gefunden. Hoffe ich zumindest. Dann kannst du die Reportage veröffentlichen. Und wir veröffentlichen die Studien. Dann ist alles offengelegt. So haben die Pharmaunternehmen alle die gleichen Voraussetzungen zur Entwicklung ihrer Superpillen. Und wir werden nicht mehr gejagt.»

«Und was für ein Experiment soll das sein?»

Fabienne seufzte: «Wenn ich das wüsste. Weisst du es?»

«Excusé, Fabienne», sagte Selma unwirsch. «Wieso sollte ich das wissen? Aber es interessiert mich auch nicht. Mach das mit Aberer.» Das Aberer sprach sie sehr schnippisch aus.

Fabienne streckte ihre Hand nach Selma aus und sagte: «Ich vertraue dir. Und ich brauche deine Hilfe. Sie sind wirklich hinter mir her.»

«Fabienne ... nein, ich kann das nicht. Ich will das nicht.»

«Endgültig?»

Selma nahm Fabiennes knochige Hand, drückte sie ganz leicht und sagte: «Ja, endgültig.»

Fabienne entzog sich Selma, wischte eine Träne ab und sagte: «Darf ich diese Kleider behalten?»

Selma schaute sie verwirrt an: «Ja, aber ...»

«Danke für alles.» Fabienne verliess die Küche und ging ins Schlafzimmer. Selma folgte ihr. Fabienne stand am Bett und nahm Selmas Plüschäffchen in den Arm. Sie weinte. Dann legte sie das Äffchen wieder aufs Kopfkissen und ging an Selma vorbei zur Wohnungstüre. Sie öffnete sie, trat ins Treppenhaus und schloss die Türe hinter sich.

Selma blieb wie angewurzelt stehen. Auch sie hatte nun Tränen in den Augen. Sie hörte, wie Fabienne langsam die Treppe hinunterstieg.

Selma ging ins Schlafzimmer, sah zu ihrem Äffchen. Es lachte sie an. Dann machte Selma rechtsumkehrt, riss die Türe auf und rief: «Fabienne! Komm zurück.»

Fabienne drehte sich.

«Komm zurück», wiederholte Selma. «Ich helfe dir.»

29

Selma stand vor der Wohnungstüre ihrer Mutter im ersten Stock und trat nervös von einem Bein aufs andere. In der linken Hand hielt sie den Papiersack mit den restlichen Croissants, Brioches und Schoggiweggli. Mit der rechten Hand fuhr sie sich immer wieder durch die Haare.

Selma hatte Fabienne eine klare Ansprache auf Französisch gehalten: Sie durfte vorübergehend bei ihr unterkommen. Sie konnte auch ihren Computer benutzen, um weiterzuarbeiten. Falls Selma allerdings herausfinden sollte, dass Fabienne irgendetwas Illegales tun würde, getan hatte oder plante, würde sie sofort die Polizei verständigen.

Damit war Fabienne einverstanden gewesen.

Und sie würde Jonas Haberer informieren, hatte Selma gesagt.

Auch das war für Fabienne in Ordnung.

Fabienne musste wirklich in grosser Not sein. Selma wollte Haberer oder Aberer gleich anrufen, entschied sich aber dagegen. Zuerst wollte sie ein anderes Problem lösen, ein privates. Charlotte! Wie konnte sie nur? Arvid Bengt einladen ohne sie zu informieren.

Nun stand sie also vor der Wohnungstüre ihrer Mutter und zitterte vor Aufregung. Aber sie fasste sich ein Herz und klingelte.

«Selma», meinte Charlotte, als sie die Türe einen Spalt breit öffnete. «Du bist hier?» Ihr Pony war etwas zerzaust, was untypisch war und Selma sofort auffiel. Und sie trug kein Make-up, was eigentlich nie vorkam.

«Dass ich zurück aus dem Appenzellerland bin, weisst du bestimmt», antwortete Selma. «Allerdings scheinst du dich nicht über meinen Besuch zu freuen.»

«Also, weisst du, das ist ...»

«Machen wir Fika?», unterbrach Selma und machte einen Schritt nach vorne. «Unsere berühmte schwedische Kaffeepause?»

«Gerne, aber vielleicht ...»

«Ich habe auch genug Gebäck dabei. Für uns drei.»

«Drei?»

«Mama! Willst du mich nicht endlich hereinbitten?»

«Selmeli», sagte Charlotte weinerlich und öffnete langsam die Türe. «Das sollte eigentlich eine Überraschung werden.»

Selma stiess die Türe ganz auf, trat ein, erblickte Arvid Bengt auf dem abgewetzten Biedermeiersofa und sagte freudestrahlend: «Endlich bist du da! Ich freue mich so für dich und Mama.» Arvid Bengt stand auf, Selma ging auf ihn zu und umarmte ihn herzlich.

Arvid Bengt drückte seine Tochter fest an sich. Charlotte stand verlegen daneben. Sie nahm Selma die Papiertüte ab und sagte: «Ich bin dann mal in der Küche.» Doch bevor sie in die Küche ging, schloss sie die Schlafzimmertüre. Selma sah gerade noch, dass das Bett nicht gemacht war und dass hinter dem Bett ein neues Holzmöbel mit geschwungenen Formen stand. Was es ist, konnte sie nicht erkennen. Selma wunderte sich über das nicht gemachte Bett. Offensichtlich war es noch nicht lange her, dass Charlotte und Arvid Bengt aufgestanden waren.

Nach der Umarmung standen der hünenhafte Schwede und seine Tochter einander gegenüber und schauten sich an.

«Wollen wir uns setzen?», schlug Selma hastig vor.

«Ja, natürlich, entschuldige, ich bin noch nicht ganz angekommen. Ich fühle mich hier immer noch als Besucher.»

Selma und ihr Vater setzten sich und sprachen über Arvid Bengts Reise, über seinen Sohn, seine beiden Enkel und über seine Firmen. Charlotte verliess mehrmals die Küche. Zuerst verschwand sie im Bad und kam nach längerer Zeit perfekt frisiert und dezent geschminkt wieder heraus. Danach betrat sie die Stube, um eine Schale zu holen. Beim dritten Mal ging sie ins Schlafzimmer und machte das Bett. Beim vierten Mal brachte sie endlich den Kaffee.

Selma stand auf und holte in der Küche die Tassen, die Teller und die Schale mit dem Gebäck. «Fika», sagte sie. «Nur wir drei, Mama, Papa und ich, eure Tochter.»

«Wie schön», sagte Charlotte. «Eigentlich wollten wir dich

überraschen.» Sie runzelte die Stirn und fragte: «Wer hat uns verraten? Doch nicht etwa Lea?»

«Es war Seeberger junior.»

«Diese Plaudertasche.»

«Mama, du bist eine nicht ganz unbekannte Persönlichkeit in Basel. Und wenn Madame Legrand-Hedlund nach so vielen Jahren endlich mal wieder mit einem Mann, noch dazu mit einem so attraktiven, an ihrer Seite auftaucht – tja, dann fällt das auf.»

Charlotte lächelte verlegen. Arvid Bengt grinste. Sein Grübchen in der rechten Wange, das er Selma vererbt hatte, stach markant hervor.

Die drei tranken Kaffee und assen Schoggiweggli. «Was habt ihr für Pläne?», fragte Selma.

«Erst möchte Arvid Bengt die Stadt kennenlernen, seine neue Heimat.»

«Meine zweite Heimat, Charlotte. Du erinnerst dich, was wir abgemacht haben?»

«Natürlich, mein Lieber», sagte Charlotte und legte ihre Hand auf Arvid Bengts Knie. «Wir pendeln zwischen der Schweiz und Schweden.»

«Mit dem Zug», ergänzte Arvid Bengt.

«Oh, wie vernünftig», lobte Selma.

«Ich mag nicht mehr fliegen», sagte Charlotte. «Zudem haben wir beide genügend Zeit.»

Arvid Bengt streichelte Charlottes Hand. Selma war gerührt.

«Und dann möchten wir das Mittsommerfest feiern. Mit der ganzen Familie.»

«Das ist schön», sagte Selma. «Aber wo?»

«Vielleicht bei deiner Schwester in Riehen. Oder wir fahren in die Berge. Was meinst du?»

«Eine schöne Idee.»

«Das würde mich sehr glücklich machen», sagte Arvid

Bengt. «In den Bergen ist die Mittsommernacht sicher sehr beeindruckend.»

Charlotte schaute zu Arvid Bengt: «Das wird sie. Unser Selmeli hat sicher eine Idee.»

«Ja», sagte Selma überrascht. «Ja, klar, ich werde mir etwas einfallen lassen.»

Charlotte und Arvid Bengt konnten ihre Verliebtheit nicht verbergen und strahlten Selma einfach an.

«Übrigens möchte ich mich bei dir entschuldigen, Papa», sagte Selma. «Ich habe dich seit den Tagen im Engadin kein einziges Mal besucht. Ich habe nicht einmal meine Mutter nach Schweden begleitet.»

«Das verstehe ich doch. Die Zeit nach dem Drama auf dem Piz Bernina war schwer. Ich wünschte, ich und wir hätten mehr für dich tun können.»

«Mir geht es wieder ganz wundervoll. Ich war mit meinem Liebsten am Bodensee und im Appenzellerland. Wir haben sogar Segeln gelernt.»

«Oh, das freut mich. Ihr werdet mir sicher davonsegeln.»

«Nein, das denke ich nicht. Aber wir könnten wirklich einmal zusammen aufs Schiff.»

«Ich möchte sowieso gerne an den Bodensee. Die Insel Mainau soll sehr schön sein. Die Blumeninsel. Schliesslich gehört sie auch ein wenig mir.»

Charlotte räusperte sich laut und sah Arvid Bengt vorwurfsvoll an.

«Ich möchte mich korrigieren», meinte Arvid Bengt. «Die Insel ist eng verbunden mit dem schwedischen Königshaus, das ich mit meinen Steuern unterstütze.»

«Das machen wir, Papa», sagte Selma begeistert. «Wir werden segeln, die Blumeninsel und das Appenzellerland besuchen. Dort könnten wir auch zusammen malen, was wir uns schon im Engadin vorgenommen haben.»

«Malen ist ein gutes Stichwort», sagte nun Charlotte. «Wir haben noch eine Überraschung für dich.»

«Mama, ich mag keine ...»

«... Überraschungen, ich weiss. Aber diese wird dich sehr freuen.»

Charlotte führte Selma und Arvid Bengt in den Keller. Jetzt sah Selma sofort, warum sie gestern keinen muffigen Duft, sondern frische Farbe gerochen hatte: Der Keller war kein düsteres Loch mehr, sondern eine Galerie. Und Arvid Bengts Bilderreihe «Liebestanz» kam ganz wunderbar zur Geltung.

«Wir werden auch deine Bilder ausstellen, Selma», erklärte Charlotte. «Sofern du wieder einmal malst.»

«Das werde ich, Mama», sagte Selma und konnte sich an den Bildern ihres Vaters kaum sattsehen. «Die Galerie ist toll gemacht, der Keller ist jetzt ein richtiges Bijou.»

«Und das hat dir Lea auch nicht verraten?»

«Nein.»

«Mon dieu, ich muss schon sagen, Lea ist eine tolle Freundin.»

Selma schaute sich weiter um und sagte dann: «Was hast du eigentlich mit all den Sachen gemacht, die hier unten gelagert waren?»

Charlotte machte eine eindeutige Bewegung.

«Bitte? Alles weggeworfen? Ich hatte doch noch viele Fasnachtskostüme. Und meine Wiege! Mama, du hast meine Wiege auf den Müll geschmissen? Das kannst du nicht machen! Die hat mein Vater, also mein Stiefvater Dominic-Michel, für mich anfertigen lassen. Wie jene für Elin. Elin benutzte die Wiege für ihre beiden Söhne. Und meine Wiege hast du ...»

«Elin bekam ihre Wiege erst, als sie schwanger war.»

«Bitte? Mama?» Selma war jetzt richtig sauer. «Wer gibt dir das Recht, meine Wiege wegzuwerfen, zu verkaufen oder zu verschenken? Niemand, Mama, niemand.»

«Mon dieu, wie kannst du dich nur so über ein Stück Holz aufregen?», sagte Charlotte und tat so, als wäre sie empört.

«Aufregen? Das ist nur der Vorname. Ich bin wütend! Nur weil ich noch nicht schwanger geworden bin, gibst du meine Wiege weg?»

«Also, ich weiss nicht, Selmeli, du hast noch nie von Familie gesprochen.»

«Habe ich nicht? Aha. Dann weisst du also, dass ich niemals eine Familie haben werde. Was erlaubst du dir eigentlich?»

«Selmeli, übertreibst du jetzt nicht ein bisschen?», fragte Charlotte und lächelte Arvid Bengt an. «Du und schwanger? Ach, Liebes, diese Hoffnung hätte ich fast schon aufgegeben.»

«Hätte?»

«Na ja, ich bin deine Mama ...»

«Was meinst du damit?»

«Ich denke, oder besser, ich spüre, dass dich dieser Gedanke beschäftigt.»

«Ach so. Du spürst das plötzlich. Und deshalb wirfst du meine Wiege ...» Selma hielt inne, schaute ihre Eltern kritisch an. Beide lächelten verschmitzt. Dann schlug sich Selma mit der Hand an die Stirn: «Ich dumme Nuss», sagte sie. «Ihr veräppelt mich, oder?»

«Komm her», sagte Charlotte und umarmte ihre Tochter. «Du weisst, wie sehr ich mich freuen würde. Deine Wiege steht oben in unserem Schlafzimmer.»

«Ach, das geschwungene Holzmöbel hinter deinem Bett?»

«Du hast es gesehen?»

«Ja, aber nur kurz, und ich wusste nicht, was es ist.»

«Es ist deine Wiege. Arvid Bengt wird sie restaurieren.»

«Zusammen mit Charlotte», ergänzte Arvid Bengt.

«Genau», murmelte Charlotte.

Selma löste sich von ihrer Mutter und schaute zu Boden.

«Was ist, Selmeli?»

«Im Appenzellerland spürte ich diese Kraft, empfand eine riesige Lebenslust, war mir sicher, dass ich Mutter werden will. Aber jetzt herrscht wieder ein Durcheinander, diese Reportage, an der ich arbeite, fordert mich gerade sehr.»

«Was sagt denn Marcel dazu?», fragte Charlotte. «Er freut sich sicher.»

Selma wandte sich von ihrer Mutter ab und betrachtete das Bild eines Liebestanzes ihres Vaters: «Weisst du, Mama», sagte Selma. «Er ist nicht ganz so sensibel für dieses Thema.»

«Wie meinst du das, Liebes?»

Selma schaute zu ihrer Mutter. «Na ja, ich habe gehofft, dass er selbst draufkommt. Und das ist er auch, dort beim Chindlistei im Appenzellerland, aber dann habe ich nicht darauf reagiert, weil ich gerade in einem anderen Film war. Und nun ist das Thema irgendwie nicht mehr präsent, es gab auch keine Gelegenheit mehr dazu. Ach Mama, es ist kompliziert.»

«Kompliziert?», fragte Charlotte und beantwortete ihre Frage gleich selbst: «Ich wüsste nicht, was an diesem Thema kompliziert sein könnte.»

«Mensch, Mama», sagte Selma störrisch. «Es geht nicht immer so leicht wie bei dir.» Sie schaute kurz zu Arvid Bengt. «Also bei euch. Eine schöne Nacht und hoppla, schon war ich gezeugt.»

«Liebes, das kannst du jetzt nicht vergleichen. Arvid Bengt und ich waren einfach ...» Charlotte überlegte einen Moment, suchte nach der richtigen Formulierung.

«Wir waren sehr leidenschaftlich», sagte Arvid Bengt. «Frisch verliebt, jung und sehr naiv.»

Selma schaute die beiden kritisch an. Dann sagte sie: «Wollt ihr mir mitteilen, dass Marcel und ich nicht leidenschaftlich und verliebt sind?»

«Natürlich nicht», antwortete Charlotte schnell. «Aber nicht so jung und naiv wie wir es waren.» Sie umarmte ihre Tochter und sagte: «Marcel weiss von nichts? Ahnt nichts?»

«Nicht wirklich.»

«Soll ich mit ihm reden?»

«Mon dieu, Mama, bloss nicht!»

Genau in diesem Moment rief Marcel von oben: «Selma, Schatz? Bist du da unten?»

30

Charlotte nahm Marcel sofort in Beschlag. Er musste den reno-vierten Keller und die neue Galerie mit Arvid Bengts Bildern bestaunen. Danach lud sie ihn zu einem Kaffee ein. Schliesslich habe er gearbeitet und müsse nun Kraft tanken. Selma verab-schiedete sich und eilte in den dritten Stock. Als sie die Woh-nung betrat, fand sie Fabienne an ihrem Computer. Sie studier-te irgendwelche Zahlenreihen und Formeln.

«Da drin steckt also der Sinn des Lebens?», fragte Selma.

«Nein. Der Sinn des Lebens steckt in der Seele. Oder in der Psyche. Hier drin steckt nur die Kraft des Lebens. Und das Ge-heimnis, wie wir das Leben verlängern können.»

«Die Unsterblichkeit?»

«Vielleicht.»

«Vielleicht, aha.» Selma fasste Fabienne an den Schultern, die genauso knochig waren wie Fabiennes Hände. «Pass auf, Fabienne, ich möchte, dass du …»

Fabienne starrte weiter konzentriert auf den Bildschirm.

«Fabienne», sagte Selma jetzt resolut. «Darf ich dich kurz um deine Aufmerksamkeit bitten?»

Fabienne schaute gedankenverloren zu Selma: «Klar.»

«Marcel ist hier. Ich werde mit ihm sprechen. Ich werde auch mit Jonas Haberer sprechen. Dann schauen wir weiter. Ist das okay für dich?»

«Ich denke schon.»

«Und da jetzt mein Vater hier ist, werden wir das Mittsommerfest feiern. Mein Vater ist Schwede. Das ist für uns Schweden ein sehr wichtiges Fest. Wo wir feiern, ist allerdings noch unklar. Vielleicht bei meiner Schwester. Ich denke aber, dass wir aufs Land fahren werden. Das heisst, dass ich nicht da sein werde.»

«Mittsommer», sagte Fabienne leise.

«Genau. Mittsommer. Ich werde dir in dieser Zeit nicht helfen können. Ich bezweifle sowieso, dass ich dir helfen kann. Aber zu Mittsommer kann ich es wirklich nicht. Will ich auch nicht. Denn ich habe ein Leben. Mein Leben. Und das muss nicht unendlich sein. Ich denke also, dass du dir schleunigst einen Plan zurechtlegen solltest. Wenn dir tatsächlich die Pharmaindustrie, die chinesische Mafia und die Polizei auf den Fersen sind, dann bitte ohne mich. Ich bin raus.»

«Mittsommer», sinnierte Fabienne.

«Ja, Mittsommer, Sommersonnenwende.»

«Das ist es!» Fabienne drehte sich um und schaute Selma an.

«Das ist was?» Selma sah ein Leuchten in Fabiennes Augen. Das hatte sie noch nie gesehen bei ihr. Obwohl ihre Augenhöhlen immer noch dunkel waren, strahlte Fabienne.

«Das ist vielleicht der letzte Baustein. Ich brauche den Tau der Mittsommernacht.»

«Wegen der heilenden Wirkung?»

«Genau.»

«Du scheinst dich in der schwedischen Mythologie gut auszukennen. Tatsächlich gibt es, oder besser gesagt, gab es diese Legende: Der Tau der Mittsommernacht heilt. Es sollen sich Menschen sogar nackt im Gras gewälzt haben.»

«Ich weiss.» Fabienne drehte sich wieder zum Computer und recherchierte im Internet.

«Was suchst du?»

«Es gibt im Appenzellerland diesen Kraftort, diesen Sandsteinfelsen mit den Einkerbungen.»

«Den du dir von Theres und Hannes hast nachmachen lassen?»

«Genau.»

«Dieser Felsklotz ist so ziemlich das Einzige, was die Flammen nicht zerstört haben.»

«Ich muss zu diesem Kraftort, wo der Originalfelsen ist. Ich muss zu dieser magischen Wiese und in der Mittsommernacht den Tau einsammeln.»

«Du meinst diese magische Wiese beim Chindlistei bei Heiden? Dort, wo sich Hexen versammelt haben sollen?»

«Ja. Beim Schindlistein.»

«Schindlistein?» Selma musste laut lachen. «Excusé», sagte sie, als sie sich beruhigt hatte. «Dein französischer Akzent ist süss. Dann geh du mit Aberer nach Eiden zum Schindlistein.» Wieder musste sie lachen. «Excusé, wirklich nicht böse gemeint.»

Fabienne drehte sich erneut zu Selma und ergriff ihre Hände: «Kein Problem, Selma. Ich muss zu diesem Krr ... Ksch ... Kschindlistein.» Sie stand auf und umarmte Selma.

Selma war irritiert. Was war denn jetzt los? Die Kräuterhexe umarmte sie gerade. Selma schlang nun ebenfalls ihre Arme um sie, traute sich aber nicht, Fabienne zu drücken, da sie Angst hatte, ihr weh zu tun.

Fabienne löste sich aus der Umarmung, schaute Selma kurz in die Augen und sagte: «Es wäre schön, wenn du mich begleiten würdest.»

«Mensch, Fabienne, du glaubst doch diesen Hokuspokus nicht wirklich, oder?»

«Ich glaube nicht. Wissenschaftlerinnen glauben nicht. Wissenschaftlerinnen wissen etwas oder sie wissen es nicht. Ich weiss es. Mir fehlt nur der Beweis.»

«Wie nahe bist du wirklich an diesem geheimnisvollen Elixier, das die Unsterblichkeit ermöglichen soll?», fragte Selma mit ernster Miene.

«Willst du nun einen Vortrag über Biogerontologie, Epigenetik und noch einige andere Fachgebiete hören?»

«Sicher hochspannend. Würde ich es begreifen können?»

«In der Biogerontologie geht es um die Ursachen des Alterns», sagte Fabienne. «In der Epigenetik geht es, sehr vereinfacht gesagt, um die Vererbung erworbener Eigenschaften, die …»

«Lass gut sein», winkte Selma ab.

Fabienne lächelte. «Ich und meine Gruppe sind kurz davor, das Rätsel der Unsterblichkeit zu lösen. Aber erst, seit wir die Kraft der natürlichen Essenzen in unsere Forschung miteinbezogen haben. Und seit ich im Appenzellerland war, in dieser mystischen Gegend.»

«Was versprecht ihr euch davon? Ewiges Leben? Einen Haufen Geld? Berühmtheit?»

«Wissen.»

«Wissen?»

«Selma, ich bin Forscherin geworden, weil ich wissen will. Meine Mutter hat ihr Leben damit verbracht, das Rätsel der Steinreihen von Carnac in der Bretagne zu lösen. Sie hat vieles herausgefunden. Und am Ende doch nichts. Es ist immer noch ein Rätsel.»

«Ich weiss, dass ich nichts weiss.»

«Ach, ein geflügeltes Wort aus der Antike. Aber wir wissen heute mehr denn je. Wir können mit den modernen Methoden viel mehr erreichen. Selma, das ist faszinierend.»

«Ich bin keine Forscherin. Ich kann diese Euphorie verstehen, aber nicht fühlen.»

«Begleite mich an Mittsommer zu dieser Wiese. Dann wirst du es erleben.»

«Du gibst nicht auf, was? Du glaubst wirklich daran? Du glaubst sogar, der Menschheit etwas Gutes zu tun.»

«Ja», sagte Fabienne entschlossen. «Daran glaube ich.»

«Obwohl milliardenschwere Pharmaunternehmen hinter dir her sind?»

«Wer mehr weiss, wurde schon immer verfolgt.»

«Kann es nicht sein», sagte Selma und tippte an die Stirn, «dass du einfach falsch liegst? Einen Schaden hast? Nicht richtig tickst? Verrückt bist?»

«Verrückt?»

«Na ja, excusé, deine Experimente in der Hütte, dein Abtauchen im Rhein, dein ganzes Verhalten, ich weiss nicht, normal ist das nicht.»

«Du hältst mich für verrückt? Dann warte mal ab. Und begleite mich zu dieser magischen Wiese.»

Selma war hin- und hergerissen. So sehr sie Fabienne verstehen wollte, so sehr sperrte sich ihr Verstand. Selma ging auf und ab. Dann sagte sie: «Okay, beantworte mir zwei Fragen. Die erste: Warum ist die Hütte explodiert?»

«Das weiss ich nicht.»

«Du hast auch keine Vermutung?»

«Doch.»

«Und die wäre?»

«Entweder wollte mich jemand töten oder ...»

«Oder?»

«Oder es war ein Unfall. Gebündeltes Licht kann durchaus Feuer entfachen. Vielleicht fiel das gebündelte Licht der roten Fensterscheibe auf ein verdorrtes Blatt einer Pflanze, es entstand ein Glimmen, ein kleines Feuer, und schliesslich sprang ein Funke in eine offen herumstehende Lösung mit Alkohol über. Ich hatte reichlich Alkohol in der Hütte für all meine Essenzen.»

Selma fiel auf, dass Fabienne ihr wieder nur immer ganz kurz in die Augen schaute und danach den Blick nach unten richtete. «Was für einen Trunk hast du Jonas Haberer verabreicht?», fragte sie. «Er sah dich davonschweben.»

«Er trank eine Mischung aus Alraune und Lichtwurz, der

chinesischen Yamwurzel, ergänzt mit einigen weiteren Zutaten. Er war recht angetan von der Mixtur und sagte, dass er spüre, ewig zu leben.»

«Da war wohl eine Menge Alkohol drin?»

«Ja, das auch.»

«Okay, das erklärt einiges. Er hat halluziniert. Nun zur zweiten Frage.»

«Das waren doch schon zwei.»

«Dann halt eine dritte Frage: Warum dieses rote Fenster mit dem Engelsgesicht?»

«Du stellst vielleicht Fragen», antwortete Fabienne, setzte sich und sah in den Computer.

Selma lehnte sich mit der Hüfte neben dem Computer am Tischrand ab und verschränkte die Arme. «Also, was hat es mit diesem roten Fenster auf sich?»

«Es ist einfach schön», antwortete Fabienne und starrte weiter auf den Bildschirm.

Selma schaute Fabienne so lange an, bis sie sie ebenfalls ansah. Dann sagte Selma: «Ich kann mir nicht vorstellen, dass du dir in einer Alphütte ein Fenster einbaust, nur weil es schön ist. Das passt nicht zu dir. Also?»

«Du gibst nicht auf, was?»

«So wie du auch nicht.»

«Ja, ich habe das Fenster anfertigen lassen und dann eingebaut. Das Fenster ist mit Metallen versetzt. Damit wird nicht nur ein spezieller Farbton erzeugt, sondern es werden eine therapeutische Wirkung und viele Prozesse ausgelöst. Du hast wohl noch nie von der Metallfarblichttherapie gehört.»

«Doch», sagte Selma. «Also von Lichttherapie.»

«Es geht aber um Metallfarblichttherapie. Dabei werden Gläser mit Metalloxiden gefärbt. Wenn das Licht durch die Gläser scheint, wirken die Farben und Metalle intensiv auf den Betrachter oder die Betrachterin. Damit können bestimmte Stimmungen geschaffen werden, anregende oder beruhigende beispielsweise. Du als Baslerin solltest die berühmtesten Metallfarblichtfenster eigentlich kennen.»

Selma zog die Augenbrauen hoch.

«Hast du tatsächlich noch nie das Goetheanum in Dornach besucht?»

«Doch. Als Kind.»

«Hast du diese fantastischen Glasfenster gesehen?»

«Ich erinnere mich nicht. Aber dann hat das etwas mit Rudolf Steiners Anthroposophie zu tun?»

«Genau.»

«Da habe ich eine weitere Bildungslücke. Langsam kommst du mir vor wie mein Freund Marcel. Du bist auch so eine Klugscheisserin wie er. Neben euch komme ich mir dumm vor.»

«Was für ein Blödsinn», sagte Fabienne und kniff Selma in den Arm.

«Sag mal, gehört die schwarze Katze auch zu deinem Experiment?»

«Minouche ...», sinnierte Fabienne traurig. «Wo sie wohl ist?»

«Irgendwo vor einem Mausloch im Appenzellerland», sagte Selma energisch. «Wenn wir dort sind, wird sie uns finden.»

«Nein, das wird sie ...» Fabienne stockte.

«Oh doch, Katzen sind schlau. Und Minouche ist schliesslich eine Hexenkatze.»

Fabienne rieb sich die Augen und sagte: «Das heisst also, dass du mich in der Mittsommernacht zu dieser Zauberwiese begleitest?»

«Falls ich dich begleite», sagte Selma und hob den Zeigefinger, «dann mit meiner ganzen Familie.»

31

Selma rutschte im Treppenhaus auf dem Handlauf in den zweiten Stock. Sie öffnete die Türe, hörte ihre Mutter reden und blieb stehen, ohne sich zu zeigen oder bemerkbar zu machen.

«Das ist schnell gemacht», sagte Charlotte.

«Da irrst du dich, das ist nicht schnell gemacht.» Das war Arvid Bengts sonore Stimme. «Aber wir machen es ja zusammen.»

«Mon dieu, ich bin Kunsthistorikerin, nicht Restauratorin.»

«Das bin ich auch nicht.»

«Aber du bist vom Fach, schliesslich kennst du dich mit Holz aus. Immerhin hattest du einige Firmen, die Holz verarbeiteten.»

«Charlotte, wir machen es trotzdem zusammen.»

Über was sprachen die beiden, fragte sich Selma. Über das alte Biedermeiersofa? Oder über ihre Wiege?

«Wäre es nicht passender, wenn der künftige Va ... also, wenn Marcel dir dabei helfen würde?», sagte Charlotte.

«Ich bin nicht so der Handwerker.» Das war nun Marcels Stimme.

«Es wäre auch mehr ein symbolischer Akt, du weisst schon, mein Lieber», meinte Charlotte.

«Ehrlich gesagt, ich bin mir nicht sicher, ob ich weiss, was du meinst.»

«Ach Kinder!», rief Charlotte und klatschte in die Hände. «Ihr macht es nur unnötig kompliziert. Arvid Bengt und du macht das. Ihr seid doch richtige Männer. Stramme Wikinger, oder nicht?» Charlotte lachte spitz.

Selma schloss die Türe ganz leise. Dann klingelte sie, öffnete die Türe und trat ein.

«Selmeli», rief ihre Mutter. «Gerade haben sich Arvid

Bengt und Marcel anerboten, deine Wiege zu restaurieren. Ich hoffe, sie schaffen es noch vor ...»

«Mama!», unterbrach Selma. «Darf ich euch vielleicht meinen Marcel entführen?» Das «meinen» betonte sie deutlich.

«Natürlich, Liebes», sagte Charlotte. «Ihr habt sicher viel zu besprechen.»

«Das haben wir», sagte Selma, verliess zusammen mit Marcel die Wohnung und das Haus und ging mit ihm zum Totentanz. Im kleinen Park erzählte sie ihm die Geschichte von Fabienne, vom Bad im Rhein, vom Schreckmoment, als Fabienne untergetaucht war und schliesslich auch von der Anwesenheit der Polizei. Sie sagte ihm auch, dass ein gewisser Kommissär Olivier Kaltbrunner in Leas Salon aufgetaucht war, was garantiert kein Zufall gewesen sei, und sie vermute, dass dieser Kommissär Haberers Kumpel war, der Goppeloni-Kommissär, mit dem er immer wieder prahlte. Tatsächlich würde dieser Ermittler auch immer wieder Goppeloni sagen. Zudem erwähnte Selma, dass Lea mit ihm flirtete.

Marcel sass auf der Bank bei der Haltestelle und winkte seinen Kollegen und Kolleginnen zu, wenn sie mit den Bussen am Totentanz vorbeifuhren.

Da er sich nicht zu Selmas Geschichte äusserte, sagte Selma etwas provokativ: «Was meinst du dazu? Kann ich Fabienne trauen? Oder lügt sie?»

Marcel stand auf und schlenderte zur Bronzestatue, einer liegenden Figur mit zwei Gesichtern im kleinen Park am Totentanz. «Dieses Kunstwerk ist von Otto Charles Bänninger, einem Schweizer Bildhauer und Bronzeplastiker. Es heisst Janus.»

«Sag mal, Marcel, hörst du mir überhaupt zu?», fragte Selma entrüstet. «Deine Klugscheisserei ist nun ...»

«Sorry, Schatz», unterbrach Marcel. «Ich habe mich gefragt, ob Fabienne eine janusköpfige Person ist, eine Person mit zwei Gesichtern.»

«Meine Güte», sagte Selma. «Du bist wirklich ein Klugscheisser. Aber nein, nach dem letzten Gespräch denke ich nicht, dass Fabienne janusköpfig ist. Dazu ist sie viel zu fixiert auf ihre Forschung, sie ist regelrecht getrieben.»

«Dann sollten wir ihr glauben und sie unterstützen.»

«Schön. Dann feiern wir Mittsommer alle zusammen im Appenzellerland beim Chindlistei.»

«Alle zusammen?»

«Du und ich und die ganze Familie und Fabienne. Sie will den magischen Tau für ihre Experimente einsammeln.»

«Beim Chindlistei?»

«Genau. An diesem wunderbaren Kraftort. Auf der Hexenwiese.»

«An dem du schwanger geworden bist?», fragte Marcel etwas süffisant.

«Nein, das wäre weiter unten passiert bei der Rutsche, wenn es denn passiert wäre.»

«Ist es nicht passiert?»

Selma registrierte sofort, dass Marcel diese Frage noch süffisanter gestellt hatte. Machte er sich etwa lustig über sie? Trotzig meinte sie: «Stand heute: nein.»

«Und was soll dann die Sache mit der Wiege?»

«Die Wiege hat meine Mutter im Keller gefunden und, ach, ich weiss nicht, warum sie jetzt so eine Sache daraus macht.»

«Charlotte hat gewisse Andeutungen …»

«Hat sie?», unterbrach Selma.

«Schatz, was ist los? Sollte ich irgendetwas wissen?»

Selma verschränkte die Arme und schaute auf die Janusstatue. Noch trotziger als zuvor sagte sie: «Nein, ich wüsste nicht was. Alles gut.»

«Na dann», sagte Marcel und ging Richtung Haus «Zem Syydebändel».

Selma folgte ihm ein Stück bis zur Strasse, blieb dann aber stehen, nahm ihre Hände vors Gesicht und schüttelte den Kopf: Nein, so sollte es nicht sein! Nein, nein, nein. Sie hatte es sich so erhofft und auch daran geglaubt, dass ihr Wunsch nach einem Kind auch Marcels Wunsch werden würde. Dass es keine Diskussion geben würde, dass es einfach klar wäre, ohne Worte, dass es ein Zeichen ihrer tiefen Verbundenheit, ihres Zusammenseins wäre. Dass es einfach passieren und sie sich beide freuen würden. Aber jetzt war es zu spät dafür. Nun wurde es ein Thema. Nun müsste sie mit Marcel darüber sprechen. Diese dämliche Wiege!, schimpfte Selma, war sich aber bewusst, dass sie damals beim Chindlisteiweg bei der Rutsche, als Marcel sie auf eine Schwangerschaft angesprochen hatte, nicht reagiert und die Chance verspielt hatte. Sie ärgerte sich zum wiederholten Mal über sich selbst.

Und verdrückte eine Träne.

Es war zu spät. Sie hatte es verpasst. Sie beide hatten es verpasst. Und ihre Mutter hatte einmal mehr dazwischengefunkt. Die Romantik war weg. Wenn sie jetzt mit Marcel darüber sprechen würde, dann würde der Entscheid, eine Familie zu gründen, mit positiven und negativen Aspekten beleuchtet und abgewogen.

Dabei hatte sie es sich ganz anders gewünscht. Einfach so, einfach natürlich.

«Selma?», rief Marcel, der nun vor der Haustüre stand, über die Strasse. «Kommst du?»

«Gleich. Ich muss noch telefonieren», rief sie ihm zu und ging zurück zur kleinen Parkanlage am Totentanz.

Es war bereits Abend und wirklich höchste Zeit, Jonas Haberer anzurufen. Sie war in der richtigen Stimmung dazu. Genervt, geladen, gestresst.

«Selmeli, jeder Tag ohne dich ist ein verlorener Tag», säuselte Jonas ins Telefon. «Ich habe tolle News.»

«Ich habe noch tollere», sagte Selma und lehnte sich an einem Baum an.

«Die Kräuterhexe ist bei dir aufgetaucht?»

«Und nicht nur sie.»

«Wow! Hat sie ein paar Kolleginnen und noch einige Zauberer mitgebracht?»

«In etwa, ja. Aber fang du an: Wie lauten deine tollen News?»

«Morgen kann ich das Spital verlassen. Ist das nicht toll?»

«Sehr toll», sagte Selma trocken.

«Das heisst, ich brauche mein Auto.»

«Das steht in Basel, und Marcel hütet es wie seinen Augapfel.»

«Er wird bei seinen Chauffeuren-Kumpels mächtig angeben damit.»

«Ja, das befürchte ich auch. Er ist halt auch nur ein Mann.»

«Oha! Höre ich da einen etwas angesäuerten Unterton heraus?»

«Richtig.»

«Selmeli, Kleines, wir Männer sind einfache Wesen. Autos, Bier, Frauen.»

«In dieser Reihenfolge?»

«Kann ich den letzten Satz zurücknehmen?»

«Nein.»

«Selmeli, beruhige dich. Du solltest dich mit dem Gedanken anfreunden, dir ein eigenes grosses Familienauto anzuschaffen. Ist wirklich praktisch. Es gibt auch ganz ordentliche ...» Haberer lachte laut heraus, fasste sich dann aber und brachte den Satz zu Ende: «... Elektromobile.»

«Ha! Das soll dann besser sein? Selbst wenn, unser Klima wird dadurch nicht gerettet.»

«Jesusmariasanktjosef, wie bist du denn drauf? Ich dachte immer, ich hätte Probleme. Aber wenn ich dir so zuhöre ... Selmeli, was ist los, warum bist du so schräg drauf?»

«Weil ich mich betrogen fühle.»

«Da kann ich nun wirklich nicht der Grund dafür sein. Denn ich liege seit Tagen in diesem vermaledeiten Spital.»

«Und ob! Natürlich hast du mich betrogen. Goppeloni!»

«Goppeloni?»

«Goppeloni», wiederholte Selma.

«Kleines, also Madame Selma Legrand-Hedlund, dieser typische Basler Ausdruck des Erstaunens», sagte Haberer nun in gespielter Höflichkeitsform, «benutzt du nie. Du gehörst schliesslich zu den besseren Kreisen und verabscheust die ordinäre Sprache der Unterschicht. Was willst du andeuten?»

«Dein Goppeloni-Kumpel rückt mir auf die Pelle.»

«Olivier Kaltbrunner, Kommissär Zufall?», fragte Haberer erstaunt.

«Genau. Ziemlich dreist. Liess sich von Lea frisieren und flirtete mit ihr.»

«Na und? Er hat es auch nötig. Der arme Kerl ist geschieden und braucht eine Frau.»

«Und deshalb sucht er sich Lea aus? Er benutzt sie doch nur, um mich auszuspionieren.»

«Wie meinst du das?», fragte Haberer nun hörbar gereizt.

Selma erzählte ihm die ganze Geschichte von Fabiennes Flucht, den Polizeiautos und Olivier Kaltbrunners seltsamen Auftritt bei Lea. «Was sagst du dazu?»

«Was soll ich dazu sagen? Wenn die Kräuterhexe die Pharmabrüder tatsächlich betrogen hat, wundert es mich nicht, dass alle hinter ihr her sind. Aber weisst du was, Selmeli, zum Glück ist sie bei dir. So bist du nah dran und erlebst diese Story hautnah.» Haberer räusperte sich laut. Dann sagte er: «Warum passiert mir nie so etwas? Himmel, Selma, das Glück, das du mal wieder hast. Das ist richtige Reporter-Action. Lass die Hexe bloss nicht davonfliegen. Und wenn, dann flieg mit. Mach alles, was sie sagt.»

«Sie will ein letztes Experiment starten. In der Mittsommernacht.»

«Wo?»

«Haberer, was soll das?» Sie ging absichtlich nicht auf Haberers Frage ein, denn sie war überzeugt, dass Haberer mit dem Kommissär in Kontakt stand.

«Selmeli, ich kann dir das mit dem Goppeloni-Oli erklären», säuselte Haberer. «Aber nicht am Telefon. Man weiss ja nie.»

«Was weiss man ...» Selma schluckte und sagte dann sehr aufgebracht: «Werden wir abgehört? Du glaubst, dass wir abgehört werden?»

«Da die Polizei bei dir herumschleicht, ist es nicht ausgeschlossen.»

Selma schluckte nochmals und begann im kleinen Totentanzpark auf und ab zu gehen. Sie schaute um sich. Im Park waren keine Personen. Aber es standen welche an der Tramhaltestelle vor dem Haus «Zem Syydebändel», und zwei Männer sassen bei der Predigerkirche und tranken Bier. Waren das vielleicht verdeckte Ermittler? Sie schaute auch nach oben, ob eine Drohne herumflog. Aber sie sah nichts.

«Jetzt pass gut auf, Jonas Haberer», sagte Selma resolut, aber nicht ganz so laut, wie sie es gerne getan hätte, vielleicht hörte irgendwo irgendjemand mit: «Wenn es nur die kleinste Möglichkeit gibt, dass jemand mein Telefon abhört, dann, excusé für den Ausdruck, dann kotzt mich das an. Du weisst genau, dass ich solche Storys nicht mehr mache. Ich habe es immer wieder gesagt. Ich habe Fabienne nur bei mir aufgenommen, weil sie mir leidgetan hat. Aber ich bereue es bereits. Ich sollte mich nicht mehr um solche Sachen kümmern. Und ich sollte mich vor allem nicht mehr mit dir abgeben. Aufträge hin oder her. Aber diese Geschichte stank von Anfang an zum Himmel. Keine Ahnung, von wem du den Tipp zur dieser ach so famosen Geschichte bekommen hast. Da steckte doch eine Absicht dahinter. Und du kennst sie vermutlich. Ich könnte mir sogar vorstellen, dass dein Goppeloni-Kommissär dich darauf angesetzt hat, weil es vielleicht zu wenig Gründe gab, offiziell eine Ermittlung gegen Frau Doktor Fabienne Richemond zu lancieren. Also hat er dich mit der Story angefixt und du anschliessend mich. Und wir machen nun die Drecksarbeit. In der absolut vagen Hoffnung, dass wir mit dieser Story etwas Geld verdienen können. Aber ich sage dir, Jonas Haberer, das ist das allerletzte Mal. Ich habe genug von diesem Mist. Du wirst sehen, die Kräuterhexe wird sich im besten Fall als Quacksalberin herausstellen, im schlechteren Fall als Datendiebin und Angeberin und was weiss ich noch alles.»

Selma musste durchatmen.

«Bist du jetzt fertig?», fragte Jonas ruhig und gähnte laut.

«Nein. Doch: Mit dir bin ich fertig.»

«Der Goppeloni-Oli hat mir tatsächlich den Tipp gegeben», sagte Jonas kleinlaut. «Er wollte selbst ins Appenzellerland, wurde aber zurückgepfiffen, weil die Kantone Appenzell Innerrhoden und Ausserrhoden nicht sein Territorium sind, und weil die Vorwürfe gegen Fabienne nicht so schwerwiegend sind. Aber die Story ist doch verdammt gut, vor allem wenn Fabienne dieses Unsterblichkeits-Elixier findet. Jetzt ist die Sache etwas ausser Kontrolle geraten. Deshalb sind die Bullen ein bisschen verstärkter bei dir am Totentanz präsent. Es ist sicher bloss zu eurem Schutz.»

«Weil die Triade hinter uns her ist, die chinesische Mafia.»

«Allmächtiger! Bekomme ich deshalb jedes zweite Bier in der Ping-Pong-Bar in meinem geliebten Berner Mattequartier gratis ausgeschenkt?»

Selma erzählte von Fabiennes Verdacht, dass die chinesische Mafia im Auftrag einer Pharmafirma hinter ihr her sein könnte und endete mit den Worten: «Und ich stecke mittendrin.»

Haberer räusperte sich. «Was hast du gesagt?»

«Ich habe gesagt, dass ich mittendrin stecke.»

«Na ja, ich glaube, das könnte tatsächlich …»

«Es ist so, du Kotzbrocken», unterbrach Selma. «Du hast mich da reingeritten.»

«Das ist doch fantastisch, Selmeli! Weisst du, was das für eine weltweit einzigartige Schlagzeile gibt? Selmeli!»

«Du spinnst, du hast einen Knall.»

«Papperlapapp», schrie Jonas plötzlich ins Telefon: «Und falls jemand dieses Gespräch abhört: Ihr könnt mich mal! Selmeli und ich werden diese Story rocken.»

Selma nahm das Telefon vom Ohr.

«Selma, was ist nun mit meinem Auto, meinem geliebten Panzer?» Haberer klang jetzt äusserst freundlich. «Du bringst ihn mir, oder? Du holst mich hier raus? Du rettest mich doch, oder?»

Selma legte das Smartphone auf ihre flache Hand, hielt es vor ihren Mund und ging mit schnellen Schritten zu ihrem Haus: «Vergiss es. Ich bringe dir das Auto vor der Mittsommernacht. Mach dir doch ein paar schöne Tage in der Ostschweiz. Hinter dir ist schliesslich niemand her, ich habe alle an der Backe!»

«Selmeli …»

«Noch was: Wo ist eigentlich deine Pistole?»

«Meine Pistole?»

«Aus deinem Panzer!»

«Ja, also, das ist … etwas peinlich.»

«Aha.»

«Selmeli, ich bin Sportschütze. Schiessclub ‹Schiess mich tot›. Das weisst du doch.» Er räusperte sich. «Die Ermittler, die mich wegen des Brandes befragt haben, haben etwas, wie soll ich sagen, irritiert reagiert. Aber jetzt ist alles wieder gut. Die Waffe trage ich selbstverständlich auf Mann. Nur zur Sicherheit. Echte Reporter leben gefährlich. Ich würde dir auch empfehlen, eine …»

«Toll. Aber wie gesagt: Hinter dir ist niemand her. Bei mir steppt der Bär. Wirklich ganz, ganz toll!»

Selma unterbrach wütend die Verbindung und öffnete die Haustüre.

32

Selma hörte, dass Marcel und Fabienne eine angeregte Diskussion führten. Es war eine sehr wissenschaftliche Diskussion, denn beide sprachen immer wieder von Studien, Forschungsergebnissen und neusten Publikationen.

Die beiden sassen in der Küche und bemerkten nicht, dass Selma im Türrahmen stand.

«Da haben sich offensichtlich zwei Klugscheisser gefunden», sagte Selma laut und deutlich. Marcel und Fabienne verstummten und sahen Selma erschrocken an.

«Liebste, du bist hier?», sagte Marcel etwas verlegen. «War dein Telefonat erfolgreich? Es hat ziemlich lange gedauert.»

«Männer sind manchmal schwer von Begriff», antwortete Selma spitz.

Marcel schaute sie mit grossen Augen an.

«Ja, du auch.»

«Ich?»

«Du.» Sie drückte ihm einen Kuss auf die Wange und lächelte.

«Dann war das Gespräch also trotz der Begriffsstutzigkeit deines Gesprächspartners erfolgreich?»

«Es war so erfolgreich, wie es mit Jonas Haberer sein kann», antwortete Selma. Sie stützte ihren Kopf in einer theatralischen Denkerpose auf die Hand und schaute zur Decke: «Doch, es war recht erfolgreich. Ich weiss jetzt einiges mehr. Ich glaube kaum, dass eure Diskussion erfolgreicher ist.» Nun blickte sie zu Marcel: «Übrigens, Liebster: Haberer will sein Auto zurück.»

«Das ist schade», sagte Marcel traurig. «Es ist wirklich ein äusserst praktisches …»

«Vergiss es, Schatz», unterbrach Selma. «Es ist eine Dreckschleuder.»

«Es gibt solche Wagen aber auch als E-Autos.»

«Ich sag's doch: Männer sind schwer von Begriff.» Sie zwinkerte ihm zu. «Ich würde die Karre am liebsten verschrotten. Aber gut. Ich habe Jonas gesagt, dass wir sie zur Mittsommernacht in die Ostschweiz fahren werden.»

«Dann kommt ihr tatsächlich mit?», fragte Fabienne erfreut. Sie lächelte sogar.

«Ja. Wir werden alle mitkommen. Ich, Marcel, meine Mutter, mein Vater, meine Schwester. Lea kommt sicher auch mit. Und die Polizei auch. Plus die Schergen der Pharmalobby. Habe ich jemanden vergessen? Ach ja, die Typen von der chinesischen Mafia. Das wird richtig putzig.»

Fabienne sah Selma mit grossen Augen an.

Marcel sagte: «Schatz, alles in Ordnung mit dir?»

«Alles bestens», antwortete Selma. «Gibt sicher eine tolle Sause.»

«Wie bist du denn drauf?», fragte Marcel trocken.

«Das hat mich vor wenigen Minuten schon Haberer gefragt. Ich bin ganz normal drauf. Ich strebe weder nach der ultimativen Knallerstory noch will ich die Pille der Unsterblichkeit erfinden.»

Marcel stand auf und sagte: «Übertreib nicht, Selma. Wir haben gerade darüber diskutiert, dass die Unsterblichkeit des Menschen möglicherweise immer ein Wunsch bleiben wird. Obwohl Fabienne und ihre Kolleginnen und Kollegen nahe dran sind. Allerdings gehen Studien davon aus, dass man vielleicht 150 Jahre alt werden kann.»

«Bis Fabienne ihr Hexenelixier auf den Markt bringt», warf Selma schnippisch ein.

«Es gibt auch noch einen moralisch-psychologischen Aspekt», sprach Marcel weiter und liess sich von Selmas Laune nicht beeindrucken. «Was nützt es uns, wenn wir beispielsweise 150 Jahre alt werden, aber gleichzeitig gebrechlich und unglücklich sind?»

«Stimmt, mein Liebster, bevor man sich das Zeugs einschmeisst, sollte man wissen, ob man nicht mit 75 gaga wird.»

«Selma, echt jetzt!», sagte Marcel mittlerweile genervt, sprach aber trotzdem weiter: «Fabiennes Ansatz, das Leben auf physisch und psychisch gesunder Grundlage verlängern zu können, ist bemerkenswert. Deshalb halte ich ihre Forschung der Genetik im Zusammenhang mit natürlichen Wirkstoffen äusserst erfolgsversprechend. Auch der Einbezug der Natur und des Kosmos.»

«Turritopsis dohrnii, die unsterbliche Qualle», entgegnete Selma. «Der Name ist Programm. Wir Menschen unterscheiden uns wirklich nicht gross von Quallen. Vor allem, wenn man euch Wissenschaftlern zuhört. Ich weiss ja nicht, was diese unsterblichen Quallen den lieben langen Tag machen, aber bestimmt nicht so dummes Zeugs erforschen.»

«Selma, Schatz ...» Marcel wollte seine Freundin in den Arm nehmen.

Doch Selma wich zurück und sagte: «Lass mal. Ich brauche gerade etwas Abstand. Zu wissenschaftlich. Zu verrückt.» Selma drehte sich um und ging zur Wohnungstüre.

«Was hast du vor?», fragte Marcel.

«Ich gehe hinunter zu Lea. Einfach Hallo sagen. Sie fragen, wie ihr Tag war. Über nicht so wissenschaftlichen Quatsch reden, von dem ich nichts verstehe. Einfach plaudern. Wie normale Menschen es machen. Oder wie Quallen. Keine Ahnung, vielleicht quatschen Quallen auch einfach so miteinander. Wie war dein Tag, Quallinchen?»

Selma verliess ihre Wohnung und rutschte auf dem Handlauf vom dritten in den zweiten Stock hinunter. Noch bevor sie bei Lea klingelte, bereute sie fast alles, was sie zu Marcel und Fabienne gesagt hatte. Ausser jenem Teil, dass sie keinen Bock auf ein wissenschaftliches Gespräch hatte. Sie überlegte kurz, ob sie nochmals hinaufgehen und sich entschuldigen sollte. Sie entschied sich dagegen und drückte den Klingelknopf.

«Selma!», sagte Lea erstaunt, als sie die Türe öffnete.

«Lea.»

«Du da? Was kann ich für dich tun?»

«Darf ich reinkommen? Ich muss mit einer vernünftigen Person parlieren.» Sie ging an Lea vorbei in die Wohnung, drehte sich um, musterte Lea und sagte: «Gehst du noch aus? Wow, du bist richtig aufgebrezelt. Das kurze Kleid, die hohen Schuhe, die perfekte Frisur. Okay, die Frisur ist immer perfekt.»

«Die Kleider und die Schuhe nicht? Aha.»

«Na ja, manchmal ...»

«Schon gut, Süsse, rede dich nicht um Kopf und Kragen. Ich habe dich verstanden.»

«Also, wo geht es hin?»

«Nirgends. Ich habe Besuch.» Sie deutete Richtung Wohnzimmer.

«Ups», machte Selma, schaute hinter sich und sah Leas neue Flamme, Olivier Kaltbrunner.

Dieser stand auf und zog das blau-weiss gestreifte Hemd über seinen Bauch nach unten. «Madame Selma Legrand-Hedlund», sagte er förmlich.

«Längsstreifen machen schlank, monsieur le commissaire», sagte Selma schnippisch und stellte mit Erschrecken fest, dass sie heute ihre Laune nicht in den Griff bekam.

Olivier Kaltbrunner lächelte sowohl die Bemerkung über die Längsstreifen als auch Selmas spitzen Unterton hinweg: «Waren wir nicht beim Du, liebe Selma?»

«Stimmt, wir waren beim Du, lieber Olivier.» Selma lächelte kurz. Dann sagte sie streng: «Du bist also ein Freund von Lea?»

«Es wäre mir eine Ehre», antwortete Olivier und nahm seine goldumrandete Brille ab. «Ich würde mich sehr geschmeichelt fühlen, wenn ich mich bereits als Freund von Lea bezeichnen könnte. Mais non, ich bin nur ein Bekannter. Ich hoffe aber, dass ich ein Freund werden darf.» Er setzte seine Brille wieder auf und schaute zu Lea.

Lea blickte zu Olivier und lächelte verliebt. Etwas zu verliebt, wie Selma kritisch urteilte.

«Ich hoffe», fuhr Olivier fort und sah wieder zu Selma, «dass dies in deinem Sinn ist. Es würde mich sehr freuen.»

Selma schluckte und musterte Olivier. Er hatte ein etwas zerknautschtes Gesicht, fand sie. Aber gut, das spielte keine Rolle. Er war Kommissär und bandelte mit Lea nur deshalb an, um an die Kräuterhexe heranzukommen. Und da er ein Kumpel von Jonas Haberer war, war er für Selma sowieso suspekt. Allerdings, das musste ihm Selma zugestehen, schien er den gepflegten Small Talk zu beherrschen. Da sie aber die Tochter der Small-Talk-Grossmeisterin Charlotte Legrand-Hedlund war, würde er sich an ihr die Zähne ausbeissen.

«Lieber Oli», säuselte Selma, «ich darf dich doch Oli nennen?»

«Selbstverständlich.»

«Also, lieber Oli, es ist so: Falls du in unlauterer Absicht meine liebste und beste Freundin Lea zu bezirzen gedenkst, verwandle ich mich in einen feuerspeienden Drachen.»

«Selma», zischte Lea.

«So, so», sagte Olivier und hängte noch ein zwei «hm, hm» hintendran.

«‹So, so› und ‹hm, hm› scheinen deine Lieblingsausdrücke zu sein», meinte Selma spöttisch.

«Ja, also, nein», entgegnete Olivier verlegen. «Blöde Angewohnheit. Aber mit Verlaub, ich kann mir dich nicht als feuerspeienden Drachen vorstellen.»

«Täusch dich nicht. Lea ist mir heilig.»

«Das ehrt dich, liebe Selma», sagte Olivier. «Über seiner besten Freundin oder seinem besten Freund sollte man stets die schützende Hand halten. Ich pflege es genauso zu tun.»

Punkt für dich, dachte Selma. Wie konnte er nur mit diesem unflätigen Jonas Haberer befreundet sein? Der konnte das Wort Small Talk nicht einmal aussprechen geschweige denn buchstabieren. Gut, das war ein schlechtes Argument. Sie war schliesslich mit Jonas auch irgendwie befreundet. «Dann verstehen wir uns ja glänzend», sagte Selma schliesslich.

Lea verschwand in der Küche, kam kurz darauf zurück und brachte drei Flaschen Bier: «Können wir uns vielleicht normal unterhalten? Offen, ehrlich, bodenständig? Einfach normal?»

«Ich wäre dafür», antworteten Selma und Olivier unisono.

Es brauchte allerdings noch zwei weitere Flaschen Bier und Leas Abgang in die Küche, um ein paar Häppchen zuzubereiten.

«Es steht eins zu eins», sagte Selma, als Lea gegangen war. «Gratuliere, den Small Talk scheinst du zu beherrschen. Können wir Klartext reden?»

«Ich bitte darum.»

«Frau Doktor Fabienne Richemond?»

«So heisst sie. Und sie wohnt bei dir.»

«Alles klar. Du hast dich an Lea herangemacht, um mich und Fabienne beschatten zu können.»

«Ja.»

«Du gibst es also zu?»

«Ja.»

«Wow! Wie dreist ist das denn?»

«Ich verstehe, dass du es so siehst. Allerdings ...»

«Spar dir deine Erklärungen, ich bitte dich.»

«Nein, das werde ich nicht, excusé. Ich respektiere deine Meinung. Aber glaube mir, ich mag Lea wirklich sehr. Das hat sich so ergeben, hat aber nichts mit unseren Jobs zu tun. Unser gemeinsamer Freund Jonas Haberer hat ...»

«Jonas ist kein Freund», sagte Selma trotzig, korrigierte sich aber sofort: «Also kein richtiger Freund.»

Olivier liess sich nicht beirren, korrigierte sich allerdings auch etwas: «Unser gemeinsamer Bekannter Jonas Haberer hat mich vor gewisser Zeit kontaktiert, um zu fragen, ob ich eine journalistisch interessante Story für ihn hätte. Ja, ich hatte einen Fall, in dem ich nicht weiterkam. Eh voilà, liebe Selma, seit du und Jonas an der Story dran seid, bewegt sich etwas. Die Sache entwickelt sich. Ich hoffe zum Guten.»

«Aha.»

«Genau.»

«Und das heisst?»

«Hm», machte Olivier. «So, so. Hm, hm.»

«Und das heisst?», wiederholte Selma.

«Das heisst, dass Fabienne Richemond nichts Unrechtes getan hat. Glaube ich zumindest. Ich glaube aber auch, dass sie in Gefahr ist.»

«Und das wiederum heisst?», insistierte Selma.

«Ich sage es mal so», begann Olivier Kaltbrunner und nahm seine Brille ab: «Ich denke, dass sie über Wissen verfügt, das für gewisse Leute sehr interessant sein könnte. Soll ich es offen aussprechen?»

«Ich bitte darum.»

Olivier rieb seinen Zeigefinger am Daumen und sagte: «Kohle.»

«Aha», sagte Selma und entschied sich, ihm zu vertrauen. Im Moment jedenfalls. «Wenn du die Wahrheit erfahren willst, begleite Lea zum Mittsommerfest ins Appenzellerland. Ohne deine Polizisten. Und bis dahin lässt du uns in Ruhe.»

«Danke, Selma. Aber wir sorgen uns nur um eure Sicherheit.»

«Okay. Dann sorgt euch mal. Falls tatsächlich die chinesische Mafia hinter uns ...»

«Die chinesische ... so, so, hm, hm.»

«Tja, dann legt euch mal ins Zeug.»

«Werden wird, werden wir.»

«Die Einladung zum Mittsommerfest ist aber eine ausschliesslich private Einladung.»

«Ich habe es nicht anders verstanden. Ich freue mich.»

«Du bist die offizielle Begleitung meiner lieben Freundin Lea.»

«C'est magnifique.»

Selma lachte und sagte: «Nicht übertreiben, mein Lieber.» Dann wurde sie ernst: «Weiss eigentlich Lea, weshalb du dich an sie herangemacht hast?»

«Um es geschwollen auszudrücken, meine Liebe: Ich würde beliebt machen, das Wort ‹heranmachen› durch den Ausdruck ‹Kontakt aufnehmen› zu ersetzen. Und ja, sie weiss davon.»

«Du bewegst dich auf dünnem Eis, sehr dünnem Eis. Deshalb wiederhole ich mich: Falls du es mit Lea nicht ernst meinst, wirst du mich von einer anderen Seite kennenlernen.»

«Welche andere Seite, Süsse?», sagte Lea, als sie das Wohnzimmer mit zwei prall gefüllten Tabletts voller Häppchen betrat. «Du als feuerspeiender Drache? Wie süss.»

33

Vielleicht war sie gerade etwas zu sensibel, zu aufgewühlt. Vielleicht war sie aber auch nur sehr realistisch. Als Selma ihre Wohnung betrat und Marcel und Fabienne in der Küche antraf, von den beiden aber kaum wahrgenommen wurde, da sie immer noch – oder wieder – in eine wissenschaftliche Debatte über die Unsterblichkeit verwickelt waren, wurde sie stutzig. Auch deshalb, weil Fabienne ständig mit der Hand durch ihre vom Brand angesengten Haare strich. Und weil sie Marcel in die Augen schaute. Etwas, was Fabienne in den Gesprächen mit Selma nie machte.

Selma bemerkte auch, dass Marcels Augen funkelten, seine Pupillen gross und ohne jeden Zweifel auf Empfang waren.

«Na, ihr zwei?», fragte Selma laut und sah zu Marcel. «Alles gut, Schatz?»

«Alles gut, Selma», bestätigte Marcel.

«Excusé, ich habe mich etwas verquatscht. Habt ihr etwas gegessen, Liebster?»

«Nein, wir haben uns auch verquatscht, Selma.»

«Soll ich euch noch etwas zubereiten, Schatz? Oder etwas bestellen?»

«Danke, aber ich glaube, das ist nicht nötig.»

Fabienne nickte.

Und Selma registrierte, dass Marcel in diesem kurzen Dialog nicht einmal «Liebste» oder «Schatz» gesagt hatte. Sie spürte, wie sich alles in ihr zusammenzog und sie in den Kampfmodus schaltete. Das ärgerte sie zwar, doch sie konnte es nicht verhindern. Deshalb sagte sie: «Vielleicht sollte Fabienne heute Nacht bei dir schlafen. Sicher ist sicher.»

«Wie meinst du das?», fragte Marcel verwirrt.

«Na ja, die Polizei weiss, dass Fabienne hier ist. Dann wird wohl auch die böse Pharmaindustrie wissen, dass sie hier ist. Du kannst Fabienne sicher besser beschützen als ich. Du bist schliesslich ein Mann.» Oh Gott, wie sehr Selma diese Sätze bereute.

«Selma, ich verstehe dich nicht», sagte Marcel und stand auf.

«Excusé, ich dachte nur», sagte sie schnippisch. «Ich will

euch nicht weiter stören.» Selma verschwand im Bad. Und schämte sich. War sie eifersüchtig?

«Alles in Ordnung mir dir?», fragte Marcel und lehnte sich am Rahmen der geschlossenen Türe an.

«Ja, alles bestens», sagte Selma laut und konnte den sarkastischen Unterton nicht unterdrücken.

«Ich gehe jetzt nach Hause», sagte Marcel bestimmt. «Ohne Fabienne. Ich muss morgen früh aufstehen.»

Selma öffnete die Türe, löschte das Licht und sagte: «Ach, das verstehe ich doch. Erst der Frühdienst, dann die Panikattacke von mir, huch, die Sache mit der Wiege und zum Schluss die Begegnung mit der intelligenten und eigentlich attraktiven Fabienne. Das schlaucht den stärksten Mann.»

«Selma ...»

«Komm gut nach Hause», sagte Selma, schob sich an Marcel vorbei und öffnete ihm die Wohnungstüre. Er betrat wortlos das Treppenhaus und ging langsam hinunter. Dann blieb er stehen und schaute zurück. Doch Selma war bereits in ihrer Wohnung verschwunden. Und sie winkte ihm auch nicht mehr zu, als er draussen war, so wie sie es sonst machte. Also ging Marcel seinen Weg.

Selma hasste sich.

Als sie gut eine Stunde später neben Fabienne im Bett lag, schrieb sie Marcel eine Nachricht: «Excusé, ich war mies drauf. Ich liebe dich.»

Sie bekam keine Antwort. Also schrieb sie: «Bist du gut nach Hause gekommen? Ich denke an dich.»

Aber auch darauf folgte keine Antwort.

Selma stand auf, tigerte in der Wohnung herum und schrieb: «Marcel?»

Wieder nichts.

Sie rief ihn an. Das Telefon klingelte. Aber Marcel nahm nicht ab. Sie versuchte es wieder und wieder. Selma wurde nervös. War Marcel eingeschnappt? War sie zu giftig zu ihm gewesen? Oder war etwas passiert?

Plötzlich rief Marcel an.

«Liebster, alles gut?», fragte sie aufgeregt.

«Ja, ja, alles gut. Also fast.»

«Fast?»

«Ich ...»

«Marcel, was ist mit dir?»

«Warte kurz.»

Selma hörte ein leises Rascheln. «Marcel?»

Dann raschelte es wieder und Marcel sagte: «Sei bitte kurz still.» Er flüsterte.

Selma schwieg. Sie drückte ihr Smartphone ans Ohr, konnte aber nichts hören.

«Alles gut», sagte Marcel nach einer Weile.

«Was war denn?»

«Ich weiss nicht, ich hatte so ein seltsames ...» Er stockte schon wieder.

«Ein seltsames ...?»

«Pst!», zischte Marcel.

Wieder hörte Selma ein Rascheln und vermutete, dass Marcel den Lautsprecher seines Telefons abdeckte.

«Ich dachte, es sei jemand im Haus», sagte Marcel nach einer Weile. «Aber vermutlich ist jemand nach mir nach Hause gekommen. Eine Nachbarin oder ein Nachbar.»

«Bist du sicher?», fragte Selma und wurde unruhig.

«Nein, nur eine Vermutung, obwohl ...»

«Obwohl?»

«Also, eigentlich hatte ich das Gefühl, dass hinter mir noch jemand ins Haus gehuscht sei, aber ich konnte niemanden sehen. Und jetzt habe ich Geräusche gehört. Ach, ich bilde mir das nur ein, ich bin einfach ein wenig durcheinander.»

«Weil ich dich so angeblafft habe?»

«Nein. Oder doch. Ja, vielleicht. Aber nicht nur.»

«Nicht nur?»

«Ich bin zu Fuss nach Hause gegangen. Über die Mittlere Brücke, dann dem Rhein entlang Richtung Wettsteinquartier.»

«Bist du nicht mit Haberers Panzer unterwegs?»

«Nein, den habe ich im Depot der Basler Verkehrs-Betriebe stehengelassen. Bei dir gibt es schliesslich keine Parkplätze. Du wohnst in der Altstadt, Liebste. Ich dachte, der Spaziergang würde mir guttun. Aber ...»

Da Marcel nicht weitererzählte, fragte Selma: «Na und? Ist etwas passiert?»

«Nein, eigentlich nicht ...»

«Marcel, du bist doch sonst nicht so wortkarg.»

«Pst!», zischte er wieder.

«Marcel!», sagte Selma nun ziemlich laut. Sie verlor die Geduld: «Du sagst mir jetzt sofort, was los ist.»

«Ich hatte das Gefühl, dass ich beobachtet werde. Und verfolgt.»

«Verfolgt?» Selma spürte ihren Pulsschlag im Hals.

«Was heisst schon verfolgt? Nein. Ich weiss es nicht. Ich hatte einfach ein seltsames Gefühl. Aber es ist auch spät. In der Nacht sind immer dunkle Gestalten in der Stadt unterwegs. Selbst in Basel.»

«Du hattest aber noch nie dieses Gefühl. Und du bist oft nachts in der Stadt unterwegs, wenn du nach deinen Spätschichten nach Hause gehst.»

«Stimmt, das hatte ich wirklich noch nie. Vielleicht hat mich auch die Sache mit dir und Fabienne, ihrer Arbeit und der Polizei aufgewühlt. Ach, ich denke, da ist nichts, da war nichts.»

«Das sehe ich anders», sagte Selma energisch. «Du hast wirklich nie dieses Gefühl. Oder du hast bisher nie etwas gesagt.»

«Ich hatte dieses Gefühl noch nie.»

«Also, dann ruf die Polizei!»

«Was soll ich denen erzählen?»

Selma hatte einen Gedanken.

«Selma? Schatz?»

«Vielleicht war es die Polizei, die dich verfolgt hat», sprach sie ihren Gedanken nun aus.

«Warum sollte die Polizei mich verfolgen?»

«Wegen Fabienne. Schliesslich werden sie und ich observiert. Beziehungsweise beschützt, wie Oli es nennt.»

«Oli?»

«Olivier Kaltbrunner. Er wird übrigens Leas neuer Freund.»

«Ernsthaft?»

«Ich bin mir sicher.»

«Aha. Jedenfalls werden wir noch paranoid wegen dieser Geschichte. Ich gehe jetzt ins Bett.»

«Soll ich zu dir kommen?», fragte Selma.

«Nein, bleib du, wo du bist. Du musst schliesslich Fabienne im Auge behalten.»

«Na dann, pass auf dich auf, Liebster.»

«Pass auf dich auf, Liebste.»

«Ähm, Moment noch, Marcel.»

«Ja?»

«Es tut mir leid wegen vorhin. Ich war mies zu dir.»

«Schon gut, Liebling. Ich war auch nicht besonders nett zu dir. Ich war mit Fabienne am Philosophieren.»

«Sie ist halt verdammt intelligent, das kann ich nicht bieten.»

«Selma, nein …»

«Ich komme mir manchmal etwas dumm vor neben dir. Und wenn noch so jemand wie Fabienne auftaucht, fühle ich mich wirklich doof. Excusé.»

«Du weisst, dass das nicht stimmt.»

«Schon. Ich finde sehr interessant, was Fabienne erforscht.

Aber ehrlich, so richtig verstehen tu ich es nicht. Wo liegt der Reiz, irgendein Mittelchen zu finden, das die Menschen ewig leben lässt? Stell dir einmal dieses Chaos vor, das es auf der Welt geben würde.» Selma kam gerade die Sprachnachricht von Elin über den Tod in den Sinn: «Wenn der alters- oder krankheitsbedingte Tod verhindert oder abgeschafft wird, dann bricht das ganze System der Menschheit auseinander. Überbevölkerung, Hungersnöte, Elend. Was passiert mit der Psyche der Menschen? Denk das einmal zu Ende. Selbst wenn das Durchschnittsalter nur auf 120 oder 130 verlängert werden könnte, nein, Liebster, das kann wirklich nicht ...» Selma stockte, weil sie das Gefühl hatte, Marcel höre ihr nicht mehr zu. «Marcel?»

«Pst.»

Selma wartete kurz. Dann fragte sie flüsternd: «Was ist los?»

«Ich schaue mal im Treppenhaus nach», sagte Marcel stimmlos.

«Nein, warte, Marcel!»

Einige Sekunden hörte Selma nichts.

Dann hörte sie, wie Marcel die Luft einsog. Es gab einen dumpfen Knall. Dann einen lauten. Und schliesslich polterte es.

34

«Marcel?», fragte Selma vorsichtig.

Sie bekam keine Antwort. Es herrschte Stille.

«Marcel!», rief Selma nun laut.

Doch auch jetzt antwortete Marcel nicht. Vor Selmas innerem Auge lief ein fürchterlicher Film ab. Sie sah vor sich, wie Marcel die Türe öffnete und von einem Typen niedergeschlagen oder niedergestochen wurde. War der Knall ein Schuss? Sollte sie zu Marcel eilen? Sollte sie die Polizei alarmieren?

«Marcel!», schrie Selma nun verzweifelt.

«Ich ...»

Selma drückte das Smartphone mit ganzer Kraft an ihr Ohr: «Marcel, was ist passiert?»

«Ich ... aua ... so ein Mist.»

«Bist du okay? Brauchst du einen Krankenwagen? Bist du überfallen worden? Soll ich die Polizei rufen?»

«Nein, alles ... aua ...»

«Du bist doch verletzt! Bist du angeschossen worden? Ich habe einen Knall gehört.»

«Das war die Türe. Ich bin nur so fürchterlich erschrocken. Da habe ich sie zugeknallt. Dann bin ich gestürzt. Jetzt ... aua ... Scheisse ...»

«Marcel?»

«Ich blute.»

«Du brauchst einen Arzt.»

«Nein, ist sicher nur eine kleine Schramme. Ich habe mir den Kopf angeschlagen. An diesem blöden Heizkörper im Korridor.»

«Warum bist du denn gestürzt?»

«Weil ich mich so erschrocken habe, die Tür mit voller Wucht zugeknallt und dabei das Gleichgewicht verloren habe. So ein Mist.»

«Ich rufe jetzt den Notarzt.»

«Nein, lass es. Geht schon wieder. Ich brauche bloss ein Pflaster.»

«Du hast vielleicht eine Gehirnerschütterung. Sicher sogar. Oder etwas viel Schlimmeres.»

«Selma, nein», sagte Marcel streng. «Ich muss einfach aufstehen. Ich muss ins Bad, um mir ein Pflaster auf die Wunde zu kleben. Sonst tropfe ich hier alles mit Blut voll.»

«Du bist vielleicht ein sturer Bock. Ich rufe ...»

«Nein, Selma. Was für eine peinliche Geschichte. Du kannst schon die Schlagzeile schreiben: ‹Mann landet im Notfall wegen Katze›.»

«Wegen Katze?»

«Ja, wegen Katze. Ich habe mich wegen einer niedlichen, süssen Miezekatze dermassen erschrocken.»

Selma konnte sich ein Lachen nicht verkneifen.

«Siehst du, Liebste, du lachst mich auch schon aus.»

«Tu ich nicht.»

«Ich muss einfach mal aufstehen. Das ist aber ein bisschen schwierig, weil ... aua ... weil ... Scheisse!»

«Was ist?»

«Mein Rücken.»

«Was ist mit deinem Rücken? Soll ich vorbeikommen?»

«Nein, nein, ich muss nur ... aua.»

«Ich bin in zehn Minuten da.»

Selma ging ins Schlafzimmer und zog sich an. Fabienne schaute sie fragend an, und Selma erklärte ihr, dass Marcel zu Hause gestürzt sei und er ihre Hilfe benötige. Dann eilte sie in die Küche, nahm einen Wohnungsschlüssel aus der Schublade und legte ihn bei Fabienne auf den Nachttisch. Selma erklärte ihr, dass sie wahrscheinlich bei Marcel bleiben und deshalb die Wohnung abschliessen würde. Mit dem Schlüssel könne sie die Wohnung natürlich verlassen, was sie ihr aber unter diesen Umständen nicht empfehlen würde.

Selma sagte noch dies und das, bis Fabienne sie irgendwann unterbrach und sagte: «Jetzt geh endlich!»

Selma rannte aus dem Haus «Zem Syydebändel» Richtung Schifflände. Beim Kiosk entdeckte sie ein E-Trottinett, entsperrte es mit ihrer App und düste darauf über die Mittlere Rheinbrücke und den Claraplatz Richtung Wettsteinplatz zu Marcel. Die Elektroscooter hatte Selma erst vor Kurzem als praktisches Fortbewegungsmittel entdeckt.

Als sie Marcels Wohnungstüre aufschloss, sah sie Marcel am Boden liegen. Die Kopfverletzung, die Marcel als kleine Schramme bezeichnet hatte, war ein ziemlich grosser Schnitt auf der Stirn beim Haaransatz. Selma ging ins Bad und holte die Erste-Hilfe-Box. Sie legte Marcel einen Verband an.

«Wir sollten die Wunde nähen lassen», kommentierte Selma.

«Ach was», meinte Marcel.

«Das kann eine Narbe geben.»

«Narben machen einen Mann interessant.»

«Wie du meinst», sagte Selma und half Marcel beim Aufstehen. Dies gestaltete sich weitaus einfacher, als es sich Selma vorgestellt hatte. Marcel stöhnte zwar laut, was Selma aber als Männer-Weh-Weh abtat. Und recht bekam: Marcel konnte stehen, sitzen und sich auch sonst ganz ordentlich bewegen. Natürlich mit Schmerzen. Deshalb machte ihm Selma klipp und klar, dass er nicht fahrtüchtig sei und sich bei den Basler Verkehrs-Betrieben krankmelden soll.

«Nein, nein, so schlimm ist es nicht», meinte Marcel.

Selma kochte Marcel einen Tee und fragte: «Wo ist denn die Katze, die dich so erschreckt hat?»

«Keine Ahnung.»

Selma suchte im Wohnzimmer, in der Küche, im Büro. Doch sie fand keine Katze. Im Schlafzimmer schaute sie nicht nach, weil die Türe geschlossen war.

«Eine Katze hat dich also erschreckt?», fragte Selma zur Sicherheit nochmals.

«Ja, eine schwarze Katze.»

«In deiner Wohnung ist aber keine schwarze Katze.»

«Dann ist sie wieder hinausgerannt. Keine Ahnung.»

«Nachdem du die Türe zugeknallt hast?»

Marcel sass am Küchentisch und schaute Selma verwirrt an: «Eher vorher. Meinst du nicht auch?»

«Lass mich überlegen, Schatz», sagte Selma süffisant, verschränkte die Arme und schaute zur Decke. «Du hast recht», sagte sie dann, «sonst müsste sie ja noch hier sein.»

«Du machst dich lustig über mich, nicht wahr?»

«Ach, ein bisschen vielleicht. Immerhin dachte ich, dass du angeschossen worden bist.»

«Das habe ich nie behauptet.»

«Ist gut, mein Liebling», sagte Selma und drückte Marcel einen Kuss auf die Stirn. «Komm, ich bringe dich ins Bett. Und wenn du möchtest, bleibe ich bei dir und beschütze dich.»

«Es wäre wirklich schön, wenn du hierbleiben würdest. In meiner intellektuell verseuchten Wohnung.»

Selma neigte sich nach vorne und sah so in das mit Büchern vollgepferchte Wohnzimmer. «Ach, ich bin gerne etwas doof. Zu viel Wissen macht nicht glücklich.»

«Welch weise Worte», kommentierte Marcel.

Nachdem Marcel den Tee ausgetrunken hatte, half ihm Selma beim Aufstehen und führte ihn zum Schlafzimmer. Sie öffnete die Türe.

Funkelnde grüne Augen starrten sie an.

«Die Katze», sagte Selma konsterniert. «Wie kommt die Katze in dein Schlafzimmer?»

«Keine Ahnung. Die muss irgendwie hineingehuscht sein. Dann knallte die Schlafzimmertür zu. Wegen dem Durchzug.»

Selma liess Marcel stehen und ging langsam auf die Katze zu. Es war eine schwarze Katze. Und sie kauerte auf Marcels Kopfkissen. Sie erhob sich, machte einen Buckel und fauchte Selma an.

Selma sah, dass die schwarze Katze einen weissen Fleck auf dem Kopf hatte. Und eine weisse Schwanzspitze. «Minouche», sagte Selma. «Du bist Minouche. Was machst du hier?»

Minouche miaute.

Selma schaute zu Marcel: «Das ist Fabiennes Katze. Die Hexenkatze. Du erinnerst dich. Wie kommt die hierher?»

«Wie kommt die hierher?», wiederholte Marcel und humpelte zum Bett. Minouche ging auf ihn zu und streckte eine Pfote aus.

«Sie hat sicher Hunger», sagte Selma. «Hast du etwas für sie?»

«Nein, ich glaube nicht.»

Selma ging in die Küche, öffnete den Kühlschrank und entdeckte eine Packung mit zwei Würsten.

«Du isst also heimlich Fleisch?», rief Selma. «Oder für wen hast du die Würste gekauft?»

«Nein, ich esse kein Fleisch», rief Marcel zurück. «Die Würste habe ich nur deshalb eingekauft, falls mir einmal zufälligerweise eine Katze zulaufen sollte», antwortete Marcel. «Oder ein Hund.»

Selma schnitt eine Wurst in kleine Teile, legte sie auf einen Teller und brachte diesen ins Schlafzimmer. Minouche zögerte. Doch irgendwann konnte sie dem Duft nicht widerstehen und schnappte sich ein Stück. Sie machte aber sofort drei Schritte zurück, legte die Wurst ab und starrte sie an. Dann berührte sie sie kurz mit der Pfote, die sie danach schüttelte. Langsam näherte sie sich mit der Schnauze ein zweites Mal der Wurst und biss nun ein winziges Stück ab.

«Wie hat Minouche nur den Weg vom Appenzellerland nach Basel gefunden?», fragte Marcel.

«Keine Ahnung. Aber ich wette, ich habe sie kürzlich gesehen. In einem Baum am Totentanz.»

«Echt?»

«Diese grünen Augen vergisst man nicht.»

«Aber wie kam sie hierher?»

«Sie hat erst Fabienne verfolgt. Dann dich.»

«Glaubst du das wirklich?»

«Sie ist eine Hexenkatze.»

«Und was machen wir jetzt mit ihr?»

«Ich denke, sie hat noch eine wichtige Aufgabe zu erfüllen.»

35

Marcel gab alles: Gleich am nächsten Tag fuhr er nach seinem Dienst bei den Basler Verkehrs-Betrieben, den er trotz Schramme und Rückenschmerzen absolviert hatte, mit Haberers Wagen in eine grosse Tierhandlung, kaufte ein Katzenbett, ein Katzenklo, das teuerste Futter und viele Spielsachen, von der Gummimaus über Gummifische bis zu farbigen Bändchen und Bällen.

Selma wunderte sich etwas, als sie am Nachmittag half, das ganze Zeugs aus dem Wagen in Marcels Wohnung zu tragen. Sie hatte zwar bei ihm übernachtet, war aber am Morgen nach Hause gegangen. Eigentlich hatte sie Fabienne von Minouche erzählen wollen, doch die Wissenschaftlerin war so sehr in ihre Arbeit vertieft, dass Selma es bleiben liess.

«Übertreibst du es nicht ein wenig?», fragte Selma, nachdem Marcel keuchend die letzte Kiste mitten in seine Stube gestellt hatte.

«Nein», sagte er nur, schnappte sich eine Dose Katzenfutter, ging in die Küche, öffnete sie und füllte das Fleisch in den Napf mit Pfötchenmuster. Diesen stellte er am Boden auf eine Plastikunterlage mit einem Bild zweier schmusenden Jungkatzen, holte Minouche aus dem Schlafzimmer und stellte sie vor den Napf.

Minouche guckte und schnüffelte. Plötzlich schüttelte sie die rechte Vorderpfote und verschwand wieder im Schlafzimmer.

Marcel schaute Selma enttäuscht an.

Selma zuckte mit den Achseln: «Katzen!»

Sie sprachen nicht mehr viel an diesem Nachmittag. Und wenn, dann über Minouche.

Selma fragte sich irgendwann, was Marcel wohl alles für sein Kind machen würde. Sie kam einmal mehr zum Schluss: Marcel wäre der perfekte Papa. Obwohl, nein, er würde das Baby zu sehr verwöhnen. Aber sie wäre ja auch noch da. Sie würde seine Euphorie ausgleichen, ihr Kind sollte schliesslich normal aufwachsen.

Was Selma ziemlich erstaunte: Fabienne und ihre verrückte Geschichte waren für Marcel kein Thema mehr. Das beruhigte Selma mehr, als sie sich selbst zugestand: Marcels Interesse war offenbar rein wissenschaftlicher Natur. Sie hatte keinen Grund, eifersüchtig zu sein.

Am Abend kochte Marcel einen Pilzgratin. Und Minouche ass endlich etwas: die letzten Reste von Marcels Wurst.

Selma machte Marcel noch einmal klar, dass Minouche zur Mittsommernacht ins Appenzellerland mitreisen müsse, da sie überzeugt war, dass sie bei Fabiennes Experiment eine Rolle spielen würde. Warum auch immer, es war Esoterik pur. Eine Sache, an die Selma bis vor Kurzem nicht geglaubt hatte. Aber Fabienne hatte mit ihrem Hokuspokus Selmas Ansichten verändert. Und ihre Erlebnisse im Appenzellerland liessen sie ebenfalls an ihrem bisherigen felsenfesten Glauben an eine einzige reale und greifbare Wahrheit zweifeln.

«Ich lade auch Theres und Hannes zu dieser Wiese am Chindlistei ein», sagte Selma. «Ich glaube nämlich, dass Minouche zu ihnen auf den Hochhamm gehört.»

«Ja, ich weiss, vielleicht», murrte Marcel, streichelte Minouche und sagte mit hoher Stimme: «Aber jetzt bin ich erst einmal der Katzen-Papa.»

Selma war irritiert. Und reagierte schnippisch: «Du drehst jetzt aber nicht komplett durch, oder?» Doch sie fasste sich sofort und sagte: «Weisst du was, Schatz? Wenn wir eine Familie sind, also eine richtige kleine Familie, dann haben wir auch Haustiere. Meerschweinchen zum Beispiel. Und einen Hund. Was meinst du?»

«Einen Hund?», fragte Marcel erstaunt. Minouche schaute gelangweilt zu Selma.

«Hunde stärken das Sozialverhalten der Kinder. Das solltest du als Psychologe wissen.»

«Psychologe ausser Dienst», korrigierte Marcel, schraubte seine Stimme nach oben und sagte zu Minouche: «Wollen wir einen Hund?»

Minouche schaute zu Selma.

«Wir werden einen Hund und eine Katze haben», sagte Selma und betonte das Und. «Vielleicht auch noch Meerschweinchen.»

«So ist es», sagte Marcel mit hoher Stimme, «nicht wahr, Minouche?»

Die Katze schaute immer noch zu Selma, der es nun definitiv zu blöd wurde. «Ich lass euch mal alleine», sagte sie. «Es ist schon spät. Ich gehe nach Hause. Pass auf dich auf, Liebster.»

«Pass auf dich auf, Liebste», sagte Marcel abwesend. «Minouche, wir müssen jetzt ins Bett. Papa muss morgen früh raus.»

Selma ging genervt nach Hause. Ihr Liebster, der studierte Psychologe und allwissende Klugscheisser, machte sich wegen einer Katze zum Affen. Wie verrückt war das denn?

Sie marschierte mit langen Schritten durch die Dunkelheit, ging dem Rhein entlang, kam an vielen Menschen vorbei, die die laue Sommernacht genossen und erreichte die Mittlere Rheinbrücke. Eine Brise wirbelte ihr die Haare ins Gesicht. In der Mitte der Brücke, beim Käppelijoch, blieb sie stehen, wischte sich die Haare aus dem Gesicht, schaute auf den Fluss hinunter und beruhigte sich. Wer so liebevoll mit einer Katze umgeht, ist auch liebevoll zu Kindern, sagte sie sich. Und flüsterte: «Marcel ist der Richtige.»

Dass ein dunkelgrauer Kastenwagen vor ihrem Haus stand, registrierte sie. Angenehm war es nicht. Aber es gehörte offenbar zu dieser Geschichte mit Fabienne. Sie ging in ihre Wohnung und schaute zum Fenster hinaus. Der Kastenwagen fuhr in diesem Moment weg. Auch auf der Rheinseite ihres Hauses war keine Polizei zu sehen. Offensichtlich fand keine Dauerbeobachtung mehr statt. Was bedeuten musste, dass es keine neuen Hinweise auf eine Verfolgung und Bedrohung gab. Selma fühlte sich erleichtert.

Als sie ins Bett ging und bemerkte, dass Fabienne noch wach war, erzählte sie ihr von Minouche. Da bekam die Wissenschaftlerin glänzende Augen.

«Sie hat den Weg vom Appenzellerland nach Basel gefunden», sagte Selma. «Das sind fast zweihundert Kilometer. Ich kann das kaum glauben. Verrückt, oder?»

«Nein», sagte Fabienne.

«Wie nein?», fragte Selma erstaunt.

«Es war anders.»

«Gut, Minouche ist eine Hexenkatze. Ist sie mit einem Besen geflogen?»

Fabienne lächelte: «Nein. Sie hatte mich während des Hüttenbrandes im Wald aufgestöbert und mich begleitet. Ich habe sie in meinen Rucksack gesetzt und mit nach Basel genommen.»

«Bitte? Du hast bei deiner Flucht aus der brennenden Hütte einen Rucksack mitgenommen?»

«Ja, aber ich erinnere mich nicht. Ich habe auch mein Fläschchen mit dem Elixier eingepackt.»

«Dem Unsterblichkeitstrunk?»

«Soweit ist das Elixier noch nicht. Aber ja, das habe ich eingepackt. Offensichtlich. Aber ich weiss es nicht mehr. Ich weiss nicht mehr, was passiert ist. Jonas und ich haben dieses Elixier aus dem Topf getrunken und dann ...»

«Dann ist die Hütte explodiert.»

«Vermutlich. Jedenfalls war ich plötzlich im Wald, und Minouche kam angeschlichen. Am Morgen nach dem Brand fuhren wir von Urnäsch mit dem Zug nach Basel. Als ich meine

Wohnung betrat, liess ich sie frei. Erst dann habe ich gesehen, dass mein Appartement durchsucht worden war. Ich geriet in Panik, rannte davon, spurtete durch den Schützenmattpark. Minouche hinterher. Auf einmal war sie verschwunden.»

«Der Schützenmattpark ist voll mit Eichhörnchen», sagte Selma. «Und manchmal gibt es da auch Störche.»

«Ich fand sie nicht mehr. Ich wusste nicht, was ich machen sollte. Schliesslich bin ich zu dir gegangen. Deine Adresse findet man übrigens leicht im Internet. Du solltest vorsichtiger sein, Selma.»

«Ich habe nichts zu verbergen. Nicht so wie du. Über dich findet man so gut wie nichts.»

«Ich habe alles gelöscht, was ich löschen konnte, seit ich verfolgt werde. Ich ging also zu deinem Haus. Deine Freundin Lea hat mich zum Glück hereingelassen und aufgenommen. Minouche muss irgendwie meine Spur zu deinem Haus gefunden haben.»

«Dann war es also doch Minouche, die mich kürzlich aus einem Baum am Totentanz angestarrt hat. Sie hat uns tatsächlich gefunden. Dich, mich – und vor allem Marcel.»

«Marcel mag sie, oder?»

«Du kannst dir gar nicht vorstellen wie!»

Die nächsten Tage verbrachte Selma mit Recherchieren und der Organisation des Mittsommerfests im Appenzellerland. Sie las mehrere Bücher und unzählige Artikel im Internet über die Kraft der Pflanzen, der Steine und des Lichts. Sie traf sich mehrmals mit ihrer Schwester Elin, die ihr als studierte Pharmazeutin noch mehr Wissen vermitteln konnte. Selma nahm sich vor, ihre Erkenntnisse nicht nur in die Reportage über Fabienne Richemond einfliessen zu lassen, sondern auch in ihr eigenes Leben. Und vor allem in ihr künftiges Familienleben.

Für die Mittsommernacht reservierte sie Zimmer im Hotel

Bodenseeblick in Heiden. Für ihre Mutter und Arvid Bengt buchte sie eine ganze Woche, schliesslich wollten die beiden einige Exkursionen im Appenzellerland und rund um den Bodensee machen. Und natürlich die «schwedische» Insel Mainau besuchen.

Zudem charterte sie bei der Segelschule, bei der sie mit Marcel ihren Schein gemacht hatte, eine grosse und topmoderne Segeljacht, die Turicum. Der Inhaber der Segelschule war Zürcher, deshalb nannte er sein Flaggschiff wie einst das antike Zürich.

Von Kräuterbäuerin Theres und «Hochhamm»-Wirt Hannes erhielt sie den Bescheid, dass die magische Wiese beim Chindlistei für eine Mittsommerzeremonie verwendet werden durfte. Der Bauer, dem dieser einstige Ritualplatz und Versammlungsort gehörte, war einverstanden.

Selma ging zu Fabienne in die Stube und teilte ihr mit, dass nun alles organisiert sei. Fabienne blickte vom Computer auf und sagte nur: «Merci.»

«Merci? Ist das alles, was du dazu zu sagen hast? Ich setze alle Hebel in Bewegung, damit du dein Experiment durchführen kannst, damit du den Tau dieses Orts in der Mittsommernacht sammeln kannst und du sagst einfach nur ‹Merci›?»

Fabienne stand auf und umarmte Selma. Selma stellte erfreut fest, dass Fabienne nicht mehr ganz so knochig war. Die Reporterin hatte schliesslich darauf geachtet, dass Fabienne nicht nur arbeitete, sondern auch ass. Und sie sah auch, dass ihr Zopf viel kürzer war.

«Du warst bei Lea?»

«Sie hat es toll gemacht. Nur gerade so viel geschnitten wie unbedingt nötig.»

Selma zupfte an ihren eigenen Haaren und prüfte die Spitzen: «Lea hat sehr viel Übung im Nur-die-Spitzen-schneiden.»

Fabienne umarmte Selma gleich nochmals, aber nur kurz: «Ich weiss wirklich nicht, wie ich dir danken soll.»

«Mit mehr Lebensfreude. Schliesslich stehst du kurz davor, eine berühmte Wissenschaftlerin zu werden.»

Fabienne drehte sich um und schaute auf den Rhein hinaus: «Ja, vielleicht.»

«Sag mal, Fabienne, was machst du eigentlich mit diesem Tau? Und was tust du, wenn es an diesem Morgen keinen Tau gibt?»

Fabienne wandte sich wieder zu Selma: «Wenn es keinen Tau gibt, habe ich Pech gehabt, dann muss ich ein Jahr warten.» Sie lächelte und sagte: «Es wird Tau geben. Einen Teil davon werde ich analysieren. Ein anderer Teil kommt in mein Elixier.»

«In dein Elixier, das du beim Brand retten konntest?»

Fabienne lächelte und zog aus ihrer Jeans, die eigentlich Selmas Hose war, ein kleines Fläschchen. «Ja. Die Formel dazu ist abgespeichert und wird von meiner Gruppe immer noch überprüft, analysiert und auf alle Seiten hin getestet. Aber ich kann dir sagen: Es passt alles.»

«Gratuliere.»

«Allerding wird es sehr, sehr schwierig, das Elixier herzustellen. Denn die Kräfte der Natur sind nicht so leicht nachzuahmen.»

«Dann müsst ihr eine Fabrik im Appenzellerland bauen.»

«Wer weiss. Ich bin einfach nur froh, dass ich diese kleine Flasche habe. Hier drin steckt meine jahrelange Arbeit.»

«Und dein Leben», ergänzte Selma.

«Wie meinst du das?», fragte Fabienne irritiert.

«Wenn du tatsächlich von irgendjemandem verfolgt wirst, dann wohl wegen diesem Zeugs. Und deinem Wissen.»

Fabienne nickte und umarmte Selma noch einmal.

Plötzlich rumpelte es im Treppenhaus. Fabienne und Selma zuckten zusammen.

36

Als Selma die Wohnungstüre einen Spalt breit öffnete und ins Treppenhaus linste, bot sich ihr ein bizarres Bild. Vor ihr stand ihre Mutter Charlotte, die mit schmerzverzerrtem Gesicht die Wiege hielt. Weiter unten war Arvid Bengt, der ebenso leidend aussah und die Wiege mit seinen Händen festhielt. An seinen Unterarmen quollen die Adern hervor.

«Mama, Papa, was wird das?», rief Selma und fasste die Wiege in der Mitte.

Charlotte seufzte und liess die Wiege los. «Du nennst uns Mama und Papa?»

«Ist mir so herausgerutscht.»

«Das freut mich.» Sie strahlte ihre Tochter an.

«Ihr habt mich erschreckt, ich dachte schon ...»

«Was dachtest du, Selmeli?»

«Ich dachte, dass ...»

«Entschuldigt, können wir die Wiege abstellen?», meldete sich nun Arvid Bengt zu Wort. Allerdings wurde er von den beiden Frauen nicht erhört.

«Als bei der Umbauplanung der Architekt die Wiege vom Keller in meine Wohnung brachte, wirkte sie sehr viel leichter», meinte Charlotte.

«Der Mann war sicher auch jünger», meinte Selma.

«Ein bisschen vielleicht.»

«Excusé», sagte Selma. «Wo soll die Wiege denn hin?»

«Ich dachte, wir könnten sie in dein Atelier stellen», erklärte Charlotte. «Damit wir sie schleifen und neu bemalen können.»

«Wollte das nicht Marcel machen? Also zusammen mit Arvid Bengt.»

«Mir geht langsam die Kraft aus», meldete sich nun wieder Arvid Bengt.

«Excusé», wiederholte Selma und half ihrem Vater die Wiege in die Mansarde zu bringen, in ihr Malatelier.

«Uff», machte Arvid Bengt, als sie das Möbel endlich abgestellt hatten. «Ich bin wirklich nicht mehr der Jüngste.» Er lächelte und präsentierte Selma ungeniert sein Grübchen.

«Wir haben von Marcel leider nichts mehr gehört», sagte Charlotte. «Er war die letzten Tage nicht da, oder?»

«Ach, Mama, was du wieder alles weisst.»

«Ich gehe mal hinunter und mache frischen Kaffee. Ich habe Kanelbullar gebacken, frische Zimtschnecken.»

«Mama, ich ...»

Charlotte eilte die Treppe hinunter. Es war offensichtlich, dass sie die Gelegenheit nutzte, Selma und Arvid Bengt alleine zu lassen.

«Entschuldige, Selma, es war meine Idee», sagte Arvid Bengt. «Ich fand die Wiege etwas ...» Der hagere Hüne suchte nach dem richtigen Wort.

«Unpassend in eurem Schlafzimmer?», half ihm Selma auf die Sprünge.

«Genau, unpassend. Zudem, also ich weiss nicht, es geht uns auch nichts an. Charlotte wünscht sich möglicherweise etwas, über das du und Marcel noch gar nicht ...»

Selma fasste ihren Vater am Arm: «Warum so förmlich, Papa? Ich bin nicht schwanger. Und ich weiss auch nicht, ob ich es werden will. Marcel ist gerade in einem etwas anderen Film.»

«Ich restauriere die Wiege auch alleine. Ob sie dann je benutzt wird, ist nicht meine Sache. Und auch nicht jene von Charlotte.»

«Sag das meiner Mutter.»

«Das habe ich schon.»

«Oh», machte Selma. «Das erstaunt mich. Also ein bisschen.»

«Keine Angst, bei uns ist alles gut. Aber deine Mutter ist

manchmal etwas ...» Wieder suchte er nach dem geeigneten Wort.

«Dominant? Rechthaberisch? Penetrant? Lästig?»

Arvid Bengt zeigte mit Daumen und Zeigefinger einen kleinen Abstand an und sagte: «Ein klein wenig.» Dann lachte er.

«Ach, Papa, gut bist du da», sagte Selma und umarmte ihn. «Elin und ich haben es nicht immer einfach mit unserer lieben Frau Mama.»

Selma wollte gerade das Atelier verlassen, als Arvid Bengt sagte: «Du hast vorher gesagt, dass wir dich erschreckt haben, weil du irgendetwas dachtest. Ist alles in Ordnung? Die Polizeiautos ... hat das etwas mit deinem Gast zu tun? Wir machen uns Sorgen.»

«Es ist alles in Ordnung. Ja, es hat etwas mit Fabienne zu tun. Sie forscht an einer Sache, die sie besser lassen sollte. Aber in zwei Tagen ist hoffentlich alles vorbei. Dann feiern wir Mittsommernacht im Appenzellerland, und Fabienne kann ihr Experiment abschliessen.»

«Was hat das mit der Mittsommernacht zu tun?»

«Fabienne forscht nach dem ewigen Leben. Und der Tau ...» Selma stockte.

«... der Mittsommernacht», fuhr Arvid Bengt fort, «soll eine magische Wirkung haben und alle Krankheiten heilen können.»

«Du kennst die Legende?»

«Ich kenne alle Mittsommerlegenden. Schliesslich bist du ein Kind der Mittsommernacht.»

«Dann hoffen wir, dass die Legende von den heilenden Kräften des Taus auch stimmt», sagte Selma und ergänzte nach einer kurzen Pause: «Damit dieser Spuk endlich ein Ende hat.»

37

«Und, wie läuft es mit dem Goppeloni-Kommissär?», fragte Selma, als sie am späten Nachmittag auf Leas Frisierstuhl Platz nahm. Die Auszubildende hatte ihr zuvor die Haare gewaschen.

«Er heisst Olivier», sagte Selmas beste Freundin etwas düpiert.

«Excusé, Olivier. Oder Oli.»

«Hast du ein Problem mit ihm?»

«Lea, nein, natürlich nicht.»

«So, so.»

«Sag mal, hast du dieses blöde ‹so, so› schon von ihm übernommen?»

«Er sagt es wirklich oft, da hast du recht. Ich muss aufpassen, dass ich diese Marotte nicht annehme.»

«Hm, hm», machte Selma. Darauf mussten die beiden Frauen herzhaft lachen.

«Aber sonst ist er ein Goldschatz», sagte Lea, nachdem sie sich beruhigt hatte. «Er hat mir sogar schon seine Tochter vorgestellt.»

«Ach ja?», fragte Selma erstaunt.

Lea wandte sich kurz von Selma ab und schickte ihre Auszubildende in den Feierabend. Dann kam sie zurück und sagte: «Du magst ihn nicht. Dabei kennst du ihn doch gar nicht.»

«Oli ist mit Jonas Haberer befreundet. Also kann mit ihm etwas nicht stimmen.»

«Dann stimmt aber auch mit dir etwas nicht. Und mit deiner Mutter ebenfalls nicht. Ihr seid auch mit Jonas befreundet.»

«Genau. Und mit uns stimmt tatsächlich etwas nicht.»

Die beiden Freundinnen lachten wieder. Und dieses Lachen tat beiden sehr gut.

«Also, erzähl, Lea. Wie ist seine Tochter?»

«Also eigentlich ist sie seine Stieftochter. Sie heisst Nazima. Sie ist achtzehn Jahre alt und will Juristin werden. Ihre Mutter ist Thailänderin, ihr Vater, zu dem sie keinen Kontakt hat, Schweizer.»

«Klingt kompliziert», kommentierte Selma. «Aber ein Jus-Studium ist sehr vernünftig.»

«Sie ist wunderschön.»

«Was aber nichts mit ihrem Stiefvater zu tun hat. Also mit Oli. Er ist sehr nett, aber kein Adonis.»

«Was ist denn mit dir los?», fragte Lea. «Warum bist so kritisch gegenüber Olivier? Weil er Kommissär ist?»

«Nein, Lea, alles gut. Excusé, ich hätte mir halt gewünscht, dass du ihn nicht im Zusammenhang mit meiner verrückten und kriminellen Kräuterhexengeschichte kennengelernt hättest. Aber es ist wirklich alles gut.»

Lea schaute Selma kritisch an.

«Ist so, liebe Lea», bestätigte Selma.

«Okay, Süsse. Also: Was soll ich an deinen Haaren machen?»

«Nur ein wenig schneiden und grosse Wellen.»

Lea begann vorsichtig zu schnippeln.

«Und nochmals excusé. Du hast recht, ich bin in letzter Zeit manchmal etwas zickig.»

«Und warum?»

«Weil in meiner Wohnung eine verrückte Wissenschaftlerin die ganze Zeit vor dem Computer sitzt und ich eine Riesenstory mit ihr machen sollte. Und weil Marcel nur noch diese dämliche Katze im Kopf hat. Und weil meine Mutter immer noch die Idee hat, dass ich bald schwanger werde.»

«Soll ich dir gleich eine Kurzhaarfrisur verpassen?», fragte Lea provokativ.

«Bitte? Hast du sie nicht mehr …» Aber dann musste Selma schon wieder lachen. Und Lea ebenfalls. Selma und eine Kurzhaarfrisur, nein, das war für die beiden unvorstellbar.

«Also, Süsse», sagte Lea und schnippelte weiter. «Oli ist ein toller, charmanter und witziger Mann. Nicht der allerschönste, aber das kleine Bäuchlein stört mich nicht. Und er ist ehrlich.»

«Dann seid ihr also ein Paar?»

«Nein, wir lassen es langsam angehen.»

«So, so, hm, hm», äffte Selma Olivier nach und grinste.

Lea fuhr mit der Schere an Selmas Haaransatz und drohte zu schneiden.

«Untersteh dich», warnte Selma sie. «Morgen Abend werdet ihr ein Paar sein.»

«Morgen Abend?»

«Mittsommernacht im Appenzellerland. Oder kommt ihr doch nicht mit?»

«Natürlich kommen wir. Aber warum sollen wir dann ein Paar sein?»

«Das Appenzellerland ist magisch. Dort kam ich auch auf die dumme Idee, schwanger werden zu wollen.»

«Dumme Idee?»

«Ach, mit Marcel läuft es gerade nicht so toll.» Selma erzählte Lea die Geschichte mit der Katze und von Marcels Desinteresse an der Wiege.

«Süsse, beim Chindlistei werdet ihr beide von den Fruchtbarkeitsfeen geküsst.»

«Ich weiss nicht ...»

Selma zweifelte. Im Appenzellerland war sie so überzeugt gewesen, eine eigene Familie gründen zu wollen. Aber jetzt? Was war passiert? Hatte sie sich im Alltag in Basel schon wieder verloren? Warum zweifelte sie an Marcel? Weil er nicht so euphorisch auf das Thema reagiert hatte? Nicht so, wie sie es sich wünschte?

Oder lagen die Probleme tiefer?

Lea föhnte Selmas Haare, zupfte daran herum und sagte schliesslich: «Jetzt bist du bereit für die Mittsommernacht. Vielleicht die Mittsommernacht deines Lebens.»

«Vielleicht wird es die Mittsommernacht deines Lebens, Lea.»

«Ach, es wird die Mittsommernacht von uns beiden.»

Selma stand auf. «Danke Lea, du bist die beste Freundin, die man sich wünschen kann.»

«Das bist du auch», sagte Lea.

Selma nahm Leas Hand und drückte sie: «Oli kommt alleine, also ohne Polizistenkollegen, oder? So wie er es mir versprochen hat?»

«Selma, er holt mich morgen um acht Uhr ab, dann fahren wir in die Ostschweiz, machen einen Ausflug auf den Säntis und sind am Abend bei euch in Heiden. Wir sind gespannt auf die schwedische Mittsommernacht.»

«Ihr werdet es nicht bereuen.»

Als Selma die Treppe zu ihrer Wohnung im dritten Stock hinaufstieg, beschlich sie plötzlich ein ungutes Gefühl. Fabienne sass noch immer am Computer. In der Wohnung war es heiss und muffig. Selma ging in die Küche und öffnete das Fenster. Im Rhein schwammen viele Menschen, auf den Promenaden spazierten und sassen noch mehr Leute und genossen den Feierabend. Der Himmel war weisslich blau. Kein Wölkchen war zu …

Plötzlich starrte Selma auf einen kleinen, grauen Punkt, der sich leicht hin und her bewegte. Selma rannte in ihre Stube und holte die Kamera mit dem langen Teleobjektiv. Um nicht zu wackeln, stellte sie sich breitbeinig hin, lehnte sich etwas nach hinten, stemmte ihre Ellbogen in die Rippen und zoomte das Objekt heran.

«Merde», flüsterte Selma. «Die Drohne …»

In diesem Augenblick flog das Flugobjekt davon. Selma hatte keine Chance, es zu verfolgen.

38

Je näher sie dem Appenzellerland kamen, desto stärker spürte Selma ein Kribbeln im Bauch. Sie drehte an ihren Silberringen oder fuhr sich mit den Händen durch die Haare.

«Selma, alles in Ordnung?», fragte Marcel, der Haberers Panzer über die Autobahn Richtung St. Gallen röhren liess.

«Ich bin etwas aufgeregt», antwortete Selma und schaute nach hinten: «Du auch, Fabienne?»

Fabienne, die ihre Haare zu einem Zopf geflochten hatte, nahm gerade Minouche aus der Transportbox, hielt sie in den Armen und kraulte ihren Bauch. «Ich bin auch aufgeregt», sagte sie.

Schon der Start zur Reise war aufregend gewesen. Selma hatte Marcel angewiesen, um fünf Uhr morgens auf dem Trottoir so nahe wie möglich an der Haustüre zum Haus «Zem Syydebändel» zu parken, um Selma und Fabienne samt Gepäck so schnell wie möglich einsteigen zu lassen. Das hatte perfekt geklappt. Selma hatte gehofft, dadurch von niemandem beobachtet oder erkannt zu werden.

Obwohl sie immer noch befürchtete verfolgt zu werden, wurde die Hoffnung, dass es nicht so war, immer grösser. Sie schaute seit der Abfahrt in Basel immer wieder in den Rückspiegel, konnte aber nie ein verdächtiges Fahrzeug erkennen. Was auch immer geschehen war, der Brand in der Hütte, der Einbruch in Fabiennes Wohnung – vielleicht war alles nur Zufall, und Fabienne wurde gar nicht verfolgt. Da die Polizei die Rund-um-die-Uhr-Bewachung ebenfalls aufgehoben hatte, gelangte Selma immer mehr zur Überzeugung, dass alles halb so wild war, wie sie es sich vorgestellt hatte.

Allerdings beschäftigte sie die Sache mit der Drohne. Sie war sich sicher, bei der Hütte im Appenzellerland und in Basel eine Drohne gesehen zu haben. Alles Zufall?

Selma vertrieb diesen Gedanken. Sie freute sich nun auf die Mittsommernacht und hoffte, dass alle kommen würden. Auch Lea mit ihrem neuen Freund oder Fast-Freund Olivier. Ganz traute sie Oli nach wie vor nicht. Würde er tatsächlich als Privatmann mit Lea zur Mittsommernacht kommen, ohne seine Polizistenkollegen zu informieren oder sie sogar aufzubieten?

Charlotte und Arvid Bengt würden auf jeden Fall dabei sein. Sie wollten etwas später mit Elins Familie ins Appenzellerland fahren. Am Abend würden sie sich alle beim Chindlistei treffen.

Den Kerl, der beim Hotel Bodenseeblick in Heiden winkend und hinkend auf sie zukam, kannte Selma gut, aber er sah anders aus. Er trug wie so oft einen Nadelstreifenanzug und rote Cowboyboots, aber er hatte keine halblange gegelte Haare, dafür einen Cowboyhut. Und er hatte mehrere dicke Pflaster im Gesicht.

Als Marcel den Wagen stoppte, umarmte Jonas sein Auto. Selma stieg aus und sagte: «Bier, Autos, Frauen. Oder wie ging das schon wieder?»

«Selmeli, was für eine Freude, dich wiederzusehen. Und natürlich meinen geliebten Panzer. Was für eine Qual, dass ihr mich nicht in St. Gallen abgeholt habt und ich mit einem Taxi nach Heiden fahren musste.»

«Dann stimmt es also. Bier, Autos, Frauen. Das Bier hast du schon gehabt, obwohl es erst kurz nach acht Uhr ist?»

«Du irrst dich, Selmeli, du irrst dich. Autos, Bier, Frauen.»

«Dann hast du das Bier also noch nicht gehabt?»

«Kleines, ich bitte dich, um diese Zeit!» Er lachte laut heraus. «Ich habe mir aber schon einen Appenzeller Schnaps gegönnt. Verdammt lecker.»

Selma musterte ihn: «Geht es dir gut?»

«Ach, Selmeli, ich leide. All die schrecklichen Verbrennungen.» Er lachte gequält. «Ich hoffe nur, dass die Narben im Gesicht bleiben. Das sieht sicher gut aus. Kampfverletzungen, weisst du, Selmeli, mein ganzes Reporterleben soll mir ins Gesicht geschrieben stehen.»

Als Fabienne aus dem Auto stieg, ging Haberer auf sie zu: «Die Kräuterhexe. Dass ich dich wiedersehe, hätte ich nicht gedacht. Du wirst uns reich machen.»

«Jonas», sagte Fabienne verlegen und hievte die Transportbox mit Minouche aus dem Wagen.

Jonas schielte in die Box und strahlte: «Ich fasse es nicht. Die Kräuterhexe mit ihrer schwarzen Katze. Eine Hexenkatze. Fabienne, du wirst uns noch reicher machen. Katzen ziehen immer. Jesusmariasanktjosef, wenn ich daran denke, dass ich in den asozialen Doofmedien diese Katze bis zum Erbrechen posten werde ... Ich werde auf meine alten Tage noch ein hipper Influencer!»

«Warum trägst du eigentlich diesen dämlichen Hut?», fragte Selma. «Sind all deine Haare verbrannt? War keine einzige Strähne zu retten?»

«Komplett verbrannt», antwortete Jonas trocken und lüftete den Hut. «Ich trage Glatze. Vorübergehend.» Auf der Glatze waren allerdings drei grosse Pflaster verteilt. «Die Ärzte meinen, mein Engelshaar würde nachwachsen.»

«Die Glatze steht dir aber», sagte Selma und strich ihm über den Kopf. Also dort, wo keine Pflaster waren. «Sogar besser als dein ...» Sie zögerte und ergänzte dann: «... Engelshaar.»

«Selmeli, das ist nett, dass du das sagst. Und für dich würde ich die Glatze sogar behalten.»

«Ich bitte dich!»

«Ich weiss, Selmeli, du liebst mich auch mit Haaren. Mit Haut und Haar!» Er lachte kurz und setzte den Cowboyhut wieder auf.

«Und du hast neue Schuhe und einen neuen Anzug.»

«Habe ich alles übers Verblödungsnetz bestellt. Jetzt fühle

ich mich wieder als Mensch. Allerdings schmerzen die Füsse. Die sind auch verbrannt.»

«Warum trägst du dann diese Boots?»

«Eine Qual. Aber ein Mann muss vernünftige Schuhe tragen, sonst ist er kein Mann.»

«Es tut mir leid, was in der Hütte passiert ist», sagte Fabienne leise.

«Papperlapapp, wenn eine geile Story rausspringt, war es das wert. Und so eine Feuerhölle macht die Geschichte noch viel besser. Übel nehme ich dir nur, dass du bei diesem Feuer davongeflogen bist. Du hättest mich mitnehmen können, verdammt nochmal. Anstand kennt ihr Hexen wohl überhaupt nicht.»

«Jonas, Fabienne ist nicht geflogen», sagte Selma. «Das hast du dir nur eingebildet.»

«Papperlapapp. Gibt es heute Nacht wieder so geiles Zeug zu saufen?»

«Vergiss es», sagte Selma. «Übrigens: Der Goppeloni-Kommissär wird auch dabei sein. Hoffe ich zumindest.»

«Was? Kommissär Zufall? Wie hast du das geschafft?»

«Das hat Lea geschafft.»

«Lea?», fragte Jonas verdattert, räusperte sich und sagte dann: «Dieser kleine, miese Steuergeldschlucker krallt sich unsere Lea? Was für eine Ratte. Der gehört wirklich in die Rattenlöcher von Basel, dort wo ich ihn kennengelernt habe, als wir dieses Kaff und die ganze Welt vor einem Giftgas-Angriff gerettet haben. Ach, Selmeli, sind wir nun endlich ein Paar?»

«Sorry, ich bin auch noch da», mischte sich Marcel ein und überreichte Jonas den Autoschlüssel.

«Märssu, wie konnte ich nur so unsensibel sein.» Haberer nahm den Schlüssel, umarmte Marcel und drückte ihm einen Kuss auf die Wange. «Du hast mein Baby gehütet, meinen geliebten Panzer.»

Selma wollte mit Marcel und Fabienne das Hotel betreten, doch Jonas hielt Selma fest. «Wir müssen reden», flüsterte er ihr zu. «Jetzt.»

Selma sagte zu Marcel und Fabienne, dass sie vorgehen sollen und fragte dann Jonas: «Was gibt es?»

Jonas neigte sich zu Selma und flüsterte ihr ins Ohr: «Wir müssen liefern.»

«Was müssen wir liefern?»

«Die Story. Die Hexenstory mit dem Unsterblichkeitsscheiss. Du weisst, was ich meine.»

«Nein.»

«Ach, Selmeli, der liebe Onkel Jonas hat die Geschichte bereits verkauft. Und zwar international.»

«Du spinnst.»

«Ein bisschen vielleicht. Aber mir war so fürchterlich langweilig.»

«Verkaufst die Story, bevor wir sie haben. Du hast einen Knall.»

«Oh, nein. Ich bekam ganz interessante Reaktionen.»

«Aha?»

«Einige Leute wollen mich unbedingt treffen, sind interessiert an Informationen über Fabienne und die anderen Wissenschaftler. Sie haben mir auch Kohle angeboten.»

«Du hast die Leute aber weder getroffen noch hast du ihnen Informationen gegeben, oder?»

«Selmeli, wo denkst du hin? Ich bin seriös. Und vor allem kassiere ich nicht zweimal ab.»

«Tust du doch.»

«Okay, kam schon einmal vor, ja. Aber nicht in diesem Fall. Oder erst, wenn die Story veröffentlicht ist.» Er lachte laut heraus.

«Untersteh dich!»

«Schon gut. Ich habe nichts gesagt. Aber ich glaube, die

Schergen von Big Pharma sind wirklich hinter Fabienne her. Da hat mein Goppeloni-Kommissär recht.»

«Ich glaube, sie beobachten Fabienne mithilfe einer Drohne.»

Haberer schaute zum Himmel, kniff die Augen zusammen, blinzelte, sah wieder zu Selma und sagte: «Würde mich nicht wundern. Wenn diese Leute tatsächlich für Big Pharma arbeiten, dann sind es Profis, und sie wissen jederzeit, wo sich Fabienne aufhält. Sobald sie sich in ein digitales System einloggt, sind sie live dabei. Und mit der Drohne überwachen sie sie und versuchen an die Formel zu kommen. Selmeli, die werden dein Haus durchleuchtet und jede Bewegung aufgezeichnet haben. Die werden euch nicht nur nackt gesehen haben, sondern auch sämtliche Fingerbewegungen, die Fabienne auf dem Computer gemacht hat, registriert haben. Ha! Die kennen alle Passwörter. Vielleicht auch die noch unfertigen Formeln. Die brauchen nur noch das letzte Puzzleteilchen.»

«Den Tau von der Hexenwiese.»

Haberer packte Selma an der Schulter und sagte: «Und wir sind live dabei. Das ist der Wahnsinn. Und es ist gut, dass Oli Kaltbrunner dabei ist.»

Selma war verwirrt: «Du glaubst, dass es heute Nacht gefährlich sein könnte?»

«Es ist immer gefährlich, wenn man ein richtiger Reporter ist», brüllte Haberer. «Wenn es nicht gefährlich ist, dann ist es Müll. Merk dir das.»

«Dann werde ich meiner Familie absagen.»

«Spinnst du? Wir feiern Mittsommer wie geplant. Sonst merken diese Schurken, dass etwas faul ist. Wir wollen diese Leute schliesslich schnappen. Ich und Oli.»

«Du und Oli?»

«Notfalls ich alleine. Keine Angst: Die Unbekannten wollen bloss diese Unsterblichkeitsformel. Und die bekommen sie nur durch Fabienne. Lebend. Also ist alles im grünen Bereich. Und ich hab alles im Griff. Lass mich einfach machen, Kleines.» Darauf stapfte Haberer humpelnd davon.

Das Klack – klack – klack klang nicht wie sonst, es klang leise und unregelmässig. Dennoch: Jonas war noch immer der gleiche Kotzbrocken, stellte Selma fest. Aber die Glatze stand ihm wirklich gut.

39

Die Flammen züngelten in den sternenklaren Nachthimmel.

Als Selma das Feuer sah, war sie verunsichert. Sie erinnerte sich an den Hüttenbrand. Vor ihrem inneren Auge erschienen plötzlich die Bilder des halbtoten Haberers. Und dieser beissende Geruch stieg ihr in die Nase.

«Selma?», fragte Marcel keuchend. «Geht es?»

«Ja, es ist nur ... der Brand. Aber das hier ist nur ein Lagerfeuer, oder?»

«Es ist nur ein Lagerfeuer», bestätigte Marcel. «Hier ist sicher alles unter Kontrolle.» Er musste eine kurze Pause einlegen, nach Luft schnappen. «Wir feiern die Mittsommernacht.»

Tatsächlich war es ein Lagerfeuer. Mitten auf der Wiese Raspeln beim Chindlistei, dem mythischen Platz oberhalb von Heiden.

Selma, Marcel mitsamt Minouche in der Katzenbox, Fabienne, Selmas Schwester Elin, ihr Mann Eric und die beiden Buben waren den steilen Weg hinaufgestiegen und standen jetzt in der Nähe der Teufelskanzel und schauten auf die Wiese.

Marcel keuchte immer noch und schwankte ein wenig.

«Das war steil», sagte Selma. «Minouche hätte auch ich tragen können. Wie geht es dir?»

«Alles ... gut ... Wird schon wieder.»

«Wann gehst du zum Arzt?»

«Ja, ja», sagte Marcel nur und blickte auf die Wiese. «Wunderschön, magisch!»

Die Wiese sah tatsächlich magisch aus. Das Licht des Feuers liess sie wie eine Arena wirken. Wie ein sagenumwobener Versammlungsplatz für Hexen.

Als sie noch näherkamen, erblickte Selma Festbänke und mehrere Männer in weiss-blau-karierten Hemden, die um das Feuer herumstanden und ihre Hände in die Hüften gestemmt hatten. Männer, die sie nicht kannte. Sie entdeckte auch Hannes und Theres. Und ihre Appenzeller Hündin Merle. Sie hörte sie vor allem. Denn sie rannte kläffend auf sie zu. Doch Merle verlor schnell das Interesse an Selma, wechselte zu Fabienne und bellte schliesslich Minouche an. Die Katze fauchte. Merle duckte sich und winselte.

Fabienne ging in die Hocke, streichelte Merle und öffnete vorsichtig die Katzenbox. Die beiden Tiere beäugten sich, bevor Minouche aus der Box tappte und mit ihrer Pfote an Merles Nase tippte.

Selma staunte nicht schlecht: «Kennen sich die beiden etwa?»

Hannes kam herangelaufen und rief: «Susi, du Streunerin, wo kommst du denn her?»

Selma staunte noch mehr. Und mit ihr Fabienne. Gleichzeitig sagten sie: «Susi?»

«Sie ist uns vor Wochen weggelaufen», erklärte Hannes. «Sie gehört eigentlich zu uns und dem Restaurant.»

«Sie war bei mir», sagte Fabienne. «Ich nannte sie Minouche.»

«Sie ist jetzt eine Hexenkatze», sagte Selma.

«Eine Hexenkatze?», fragte Hannes irritiert.

«Ja, also, nein», antwortete Selma verlegen. «Nur ein dummer Spruch.» Dann erzählte sie Minouches ganzes Abenteuer.

Zumindest den ersten Teil. Den zweiten Teil, der in Basel spielte, erzählte Marcel. Ziemlich ausführlich und langfädig. Selma nervte sich und trat demonstrativ von einem Bein aufs andere.

Erst als er fertig war, gingen alle zum Feuer und stellten sich nun gegenseitig vor. Die stattlichen und kräftigen Männer in den weiss-blau-karierten Hemden waren Freunde und Kollegen von Hannes, die mit ihm im Männerchor sangen. Sie hatten das Feuer entfacht, einige Kisten Bier hinaufgeschleppt und waren bereits in bester Stimmung.

Sven und Sören, die beiden Buben von Elin und Eric, tobten mit Merle herum. Manchmal mischte sich auch Susi – oder Minouche – ein, aber immer nur kurz. Sie fauchte, machte einen Buckel und sprang dann zu Fabienne. Diese sass im Gras und hielt mit beiden Händen ihren Rucksack fest.

«Hast du keine Decke?», fragte Selma. «Du wirst sonst ganz nass.»

«Es geht», sagte Fabienne. «Ich warte auf den Tau.»

Selma nahm aus ihrem Rucksack eine Decke, breitete sie aus, setzte sich und zog Fabienne zu sich herüber. Fabienne kippte dabei auf Selma und musste lachen.

«Du kannst tatsächlich lachen», sagte Selma und drückte die Wissenschaftlerin an sich.

«Ja, ich kann lachen», meinte Fabienne leise.

«Dann geht es dir gut?»

«Mir geht es gut.»

«Weil heute dein letztes Experiment stattfindet? Weil du heute am Ziel sein wirst?»

«Vielleicht», sagte Fabienne. «Vielleicht aber auch, weil ihr alle so liebe Menschen seid.»

Selma lief ein angenehmer Schauer über den Rücken. Dann sagte sie: «Oder, weil wir an einem mythischen Ort sind.» Selma stand auf, reichte Fabienne die Hand und sagte: «Los, komm mit. Ich zeige dir etwas.»

Die beiden Frauen gingen die Wiese hinunter, erreichten den Wald und stiegen zur Anhöhe mit dem Chindlistei. Selma kletterte hinauf und setzte sich zuoberst in die Ausbuchtung, in die Schale. Fabienne folgte ihr. Von hier aus hatten sie freie Sicht auf die Hexenwiese und das Lagerfeuer.

«Ich habe gelesen, dass dies eine Gebärschale gewesen sein könnte», erklärte Selma. «Der Rutschstein zur Empfängnis mit den mysteriösen Einkerbungen, die du für dein Experiment hast nachschleifen lassen, ist dort unten.» Sie zeigte durch den Wald Richtung Norden, Richtung Bodensee.

«Hier oben ist der perfekte Ort, um die Sommersonnenwende, aber auch die Wintersonnenwende zu beobachten und zu spüren», sagte Fabienne. Der Jahreskreis, der Lebenskreis, schliesst sich. Geburt, Tod, Wiedergeburt.»

Es hätte noch viel zu erzählen und zu spekulieren gegeben, aber die beiden Frauen liessen es bleiben. Sie schwiegen lieber und liessen die Kraft dieses Orts auf sich wirken. Sie gaben sich die Hände und schlossen die Augen. Selma spürte eine wohlige Wärme in ihrem Körper.

Wer war Fabienne? Irgendwie war ihr Selma nahegekommen. Und doch war sie unnahbar. Einerseits wirke Fabienne zerbrechlich, andererseits stürzte sie sich wagemutig in den Rhein, entkam einem fürchterlichen Brand, legte sich womöglich mit der chinesischen Mafia an – ging aber ihren Weg. Den Weg der Wissenschaft. Oder der Zauberei? Fabienne blieb für Selma ein Rätsel.

Plötzlich war ein lautes Motorengeräusch zu hören. Kurz darauf erhellten Scheinwerfer die Wiese. Der Lärm verstummte, und das Licht ging aus. Eine Autotüre knallte.

Nun war eine laute Stimme zu hören: «Warum muss diese Scheisse immer auf einem gottverdammten Berg stattfinden? Und warum muss man dabei immer knietief im Morast stehen? Meine neuen Boots, mein neuer Anzug. Herrgottsack!»

Selma und Fabienne wurden aus ihren Träumen und Gedanken gerissen.

«Es seien nur liebe Menschen hier, hast du gesagt», flüsterte Selma zu Fabienne. «Also ich weiss nicht. Es gibt auch Ausnahmen. Zumindest eine.»

Fabienne musste lachen und flüsterte: «Aberer?»

«Aberer ...», bestätige Selma und lachte noch mehr.

Die beiden Frauen standen auf, kletterten vorsichtig den Chindlistei hinunter und gingen zurück auf die Wiese.

Haberer stapfte und humpelte durchs Gras. Die Hosenbeine seines Anzugs waren tatsächlich bereits schmutzig. Und das Rot seiner Boots war wegen des Drecks kaum noch erkennbar. Haberer kam zum Feuer, entdeckte Selma und Fabienne und breitete die Arme aus: «Mein Selmeli und die Kräuterhexe, was für ein magischer Anblick.»

«Habilein», sagte Selma. «Nicht wir sind magisch, sondern die Wiese, auf der du herumtrampelst.»

«Eine magische Wiese? Das ist etwas für Rindviecher.»

«So führst du dich auch auf.»

Jonas schaute um sich und entdeckte die Bierkästen: «Selmeli, du hast recht, es ist eine magische Wiese. Hier wächst Bier! Das Elixier der Unsterblichkeit.» Er schnappte sich eine Flasche, liess den Deckel an der Kiste wegspicken und trank sie in einem Zug leer.

Nun erreichten auch Charlotte und Arvid Bengt das Feuer. Kurz darauf Lea und Oli. Sie alle waren mit Haberer über mehrere Waldwege zur Hexenwiese gefahren. Lea und Oli schleppten Kisten. Selma, Eric und Elin sprangen auf und halfen den beiden auf den letzten Metern. Charlotte und Arvid Bengt begannen sofort, in der Nähe des Feuers auf den Festbänken ein Buffet aufzubauen. Es gab eingelegten Hering, Kartoffelsalat, Knäckebrot, Erdbeeren, zwei Erdbeertorten und jede Menge Zimtschnecken.

«Und wo ist der verdammte Schnaps?», maulte Haberer.

Charlotte stellte eine Flasche Aquavit auf eine Bank, und die Männer vom Gesangsverein positionierten fünf Flaschen mit Appenzeller Kräuterschnaps daneben.

«Jetzt frohlockt mein Herz», sagte Haberer, packte eine Flasche, öffnete sie, setzte sie an – und trank mehrere Schlucke davon. Dann rülpste er und sagte: «Leute, jetzt stellt euch mal vor, hier wäre Musik. Ich würde tanzen.» Er bewegte sich ungelenk, humpelte und sang: «Mi Vater isch en Appezeller. Er frisst dr Chäs mit samt em Teller.»

Darauf stellten sich die Männer in den blau-weiss-karierten Hemden in einen Halbkreis und begannen zu singen, zu zauren und zu jauchzen.

Haberer tanzte. Selma schaute ihm amüsiert zu. Dann tanzten auch Theres und Hannes. Arvid Bengt führte Charlotte äusserst stilsicher. Eric tanzte mit seiner Frau Elin.

Selma suchte Marcel. Er sass etwas abseits. Auf seinem Schoss war Minouche. Gleichzeitig kraulte er Merle. Warum kam er nicht zu ihr? Selma ärgerte sich schon wieder.

Und wo waren eigentlich Lea und Oli?

Lea naschte Erdbeeren. Selma ging zu ihr: «Schön, dass ihr gekommen seid. Wie war euer Ausflug auf den Säntis?»

«Toll, einfach toll», sagte Lea.

«Mir ist dieser Klotz etwas unheimlich.»

«Ach ja? Mir überhaupt nicht. Dieses Panorama, das man oben geniessen kann, ist einfach umwerfend. Und weisst du was?» Lea ergriff Selmas Hand und drückte sie. «Dort oben kann man heiraten.»

«Langsam, Lea, langsam», mahnte Selma. «Ich bin zuerst an der Reihe.» Sie seufzte leise und ergänzte: «Eigentlich.»

«Du wirst heiraten, Selma. Ich bin schliesslich das Blumenmädchen. Und natürlich auch die Patentante ...»

«Lea, ich freu mich so für dich und Oli», unterbrach Selma, schaute sich um und fragte: «Wo ist er überhaupt?»

Lea zeigte den Hang hinauf: «Dort oben.»

Olivier hatte sich einen Logenplatz in der Hexenarena ausgesucht. Aber warum?, fragte sich Selma. War er doch dienstlich hier? Überwachte er das Geschehen?

40

«Lieber Oli», sagte Selma ausser Atem, nachdem sie zu ihm hinaufgerannt war. «Was wird das?»

«Was meinst du, liebe Selma?», fragte Oli und nahm seine Brille mit dem feinen Goldrahmen ab.

«Überwachst du uns?» Selmas Tonfall war ziemlich gereizt. Das war nicht ihre Absicht. Es lag einerseits daran, dass sie nicht kapierte, warum Oli nicht bei Lea war. Andererseits aber auch daran, dass Marcel lieber mit Hund und Katze schmuste als mit ihr.

«Warum sollte ich euch überwachen?»

«Überwachen oder beschützen, weil Fabienne doch in Gefahr ist?» Selma schaute nach oben und suchte den Nachthimmel, der nun leicht bewölkt war, nach einer Drohne ab. Sie entdeckte aber nichts Auffälliges.

«Selma, ich bin ...»

«Gib es doch zu: Die strammen Burschen, die hier so schön singen, sind verdeckte Polizisten einer Appenzeller Kampfeinheit. Du musst ihnen mit einem Codewort nur noch den Zugriff befehlen, dann erleben wir ein tolles Feuerwerk und die Verhaftung von Fabienne Richemond.»

«Liebe Selma. Ich bin privat hier. Das habe ich dir doch gesagt. Zudem sind wir in der Schweiz. Als Basler Kommissär hätte ich niemals ...»

«Ach komm, Fabienne soll Daten einer Pharmafirma geklaut haben. Und wird vermutlich international gesucht. Und die Pharmamafia ist hinter ihr her. Das weiss sogar Haberer. Du spielst doch ein falsches Spiel mit mir, mit Fabienne und vor allem mit Lea. Du bringst uns alle in Gefahr, verdammt nochmal!»

«Selma, ich kann dich beruhigen», sagte Oli. «Der Anfangsverdacht gegen Frau Richemond hat sich nicht erhärtet. Wir haben auch keine Hinweise gefunden, die darauf hindeuten, dass sie erpresst oder bedroht wird. Und auch nicht verfolgt. Du kannst mir wirklich glauben, dass ich privat hier bin.»

«Aha. Und warum tanzt du dann nicht mit Lea?»

«Ich bin nicht so der Tänzer.»

«Du als Guggemusiker? Aber hallo! Immer Rambazamba, oder etwa nicht?»

«Selma, was willst du?»

«Lass einfach deine Spielchen, Olivier Kaltbrunner.»

«Selma Legrand-Hedlund, ich bitte dich.»

«Ich bitte dich!»

Olivier Kaltbrunner liess sich nicht provozieren. Er stand auf und sagte: «Lass uns zu den anderen gehen, feiern wir Mittsommer.» Er schaute nach oben, setzte die Brille auf die Nase und sagte: «Leider ziehen in der Nacht Wolken auf. Aber das sollte der guten Stimmung keinen Abbruch tun, oder?»

«Wie war eigentlich dein Wiedersehen mit Jonas Haberer?», fragte Selma. «Schon ausgetüftelt, wie ihr zwei echten Kerle wieder einmal die Welt retten könnt?»

«Machst du dich lustig?»

«Ein bisschen. Also, wie sehr hast du dich gefreut?»

«Jonas, der gute alte Haudegen», sinnierte Olivier. «Er klopfte mir auf die Schulter, bis sie schmerzte. Und Ohrenweh von seinem Gebrüll habe ich auch. Aber ich habe mich sehr gefreut, ihn wiederzusehen.»

«Okay.» Selma schluckte, steckte die Hände in die Hosentaschen ihrer Jeans und fragte: «Darf ich dich doch etwas fragen?»

«Nur zu.»

«Wer hat Fabiennes Wohnung in Basel durchsucht?»

«Wir wissen es nicht. Wir wussten nicht einmal, dass sie durchsucht worden ist. Fabienne hat nämlich keine Anzeige erstattet. Wegen des Datendiebstahl-Verfahrens gegen Fabienne und des Verdachts der Brandstiftung konnten wir uns aber einen Durchsuchungsbeschluss ausstellen lassen. Doch gefunden haben wir abgesehen von einem Riesenchaos nichts Bedeutungsvolles. Es war jemand vor uns dort. Deshalb die Observierung beziehungsweise der Schutz für Fabienne. Aber weisst du, Selma, wenn wir nichts vorweisen können, wenn nichts passiert, wenn kein weiterer Verdacht besteht, dann sind uns die Hände gebunden.»

«Wow», sagte Selma beeindruckt. «Das nenn ich einmal eine vernünftige Auskunft. Und dann noch von einem Polizisten, Chapeau!»

«Kommissär, liebe Selma, von einem Kommissär, nicht von einem Polizisten. In Basel gehören wir zur Staatsanwaltschaft, nicht zur Polizei.»

«Excusé, das sollte ich eigentlich wissen.»

Oli kramte ein Stofftaschentuch hervor und schnäuzte. «Und wenn ich schon bei klaren Aussagen bin», meinte er danach. «Lea ist ein wundervoller Mensch. Ich bin auf dem besten Weg, mich in sie zu verlieben.»

Selma lächelte: «Dann sollten wir uns definitiv auf den Weg zu Lea und den anderen machen.»

Mit schnellen Schritten gingen Selma und Oli zurück zum Feuer. Lea kam auf sie zugerannt, umarmte zuerst Oli, dann Selma.

«Alles gut?», fragte Selma flüsternd.

232

«Alles gut, Süsse.»

«Bist du glücklich?»

«Und wie!»

Selma war erleichtert. Sie atmete tief durch. Dann sprach sie mit ihrer Mutter, mit ihrem Vater, mit ihrer Schwester. Alle waren in Feierlaune. Sogar Fabienne. Sie stand am Feuer und ass Kuchen. Alles war gut.

War alles gut?

Nein. Marcel sass immer noch abseits und war mit Minouche alias Susi und Merle beschäftigt.

Selma ging zu ihm und setzte sich neben ihn ins nasse Gras. Minouche tappte zu ihr.

«Sie mag dich», sagte Marcel.

Minouche schnurrte.

«Ist es nicht wunderschön?», fragte Selma und beantwortete die Frage gleich selbst: «Wir feiern Mittsommer an einem Kraftort im Appenzellerland. Beim Chindlistei. Spürst du diese Kraft?»

«Na ja, also, ich weiss nicht», antwortete Marcel.

«Du bist hier, mein Liebster. Meine Familie. Wir hätten deine Familie auch einladen können, excusé, deine Mama.»

«Lass gut sein, Liebste. Meiner Mama geht es gut. Aber meine Familie bist du.»

Selma war es etwas peinlich, dass ihr das herausgerutscht war. Marcels Vater war schon lange tot, seine Mutter lebte sehr zurückgezogen auf dem Land, und Geschwister hatte er keine. Selma hatte Marcels Mutter in all den Jahren nur wenige Male gesehen. Marcel sprach nicht viel über seine Eltern. Selma wusste nur, dass sein Vater lange krank war und starb, als Marcel dreizehn Jahre alt war. Seine Mutter hatte danach viel gearbeitet, vor allem in Restaurants und Hotels in Basel. Marcel musste früh selbstständig werden. Nach der Pensionierung war seine Mama in den Jura gezogen, wo sie eine günstige Wohnung gefunden

hatte und sich ihren langersehnten Traum von einem Pferd erfüllen konnte. Auch wenn Marcel viel und gerne sprach – bei diesem Thema war er zurückhaltend. Das respektierte Selma.

Minouche ging zurück zu Marcel. «Sie liebt dich eindeutig
mehr», sagte Selma. Nach einer Weile ergänzte sie: «Du bist
also mehr der Katzentyp. Das wusste ich gar nicht. Aber ich
weiss wohl noch viel nicht von dir.»

«Bist du denn mehr der Hundetyp?»

«Das weiss ich auch nicht.» Selma schloss die Augen und
legte sich ins nasse Gras. «Ich spüre gerade wieder eine so unbändige Lebenslust hier am Chindlistei. Ich wünsche mir so
sehr eine Familie.»

Marcel sagte nichts.

«Und du?», fragte Selma.

«Ja, Selma, eine Familie ...», sagte Marcel leise. Und fuhr
sogleich mit fester Stimme weiter: «Eine Katze wäre toll. Ich
hätte aber auch nichts gegen einen Hund. Was meinst du, wenn
wir beides in unserer Familie aufnehmen würden? Hund und
Katze?»

Selma setzte sich kerzengerade hin und sah Marcel in die
Augen.

«Selma ...?», fragte Marcel irritiert.

Selma starrte Marcel an, versuchte zu lächeln, was aber nicht
gelang, weil sie viel zu angespannt war. Hatte er wirklich nicht
gehört, was sie gesagt hatte? Dass sie sich eine Familie wünsche? Eine Familie, Kinder! Hatte er es falsch verstanden? Hatte
er es falsch verstehen wollen? Sollte sie nachhaken? Was war
mit Marcel los?

Marcel wandte den Blick von Selma ab und kraulte Minouche am Bauch. Die Katze räkelte sich und schnurrte.

41

Es war nicht die ganz perfekte Mittsommernacht. Es hatte einige Wolken am Himmel, und es wurde sehr kühl. Trotzdem waren alle fröhlich.

Bis auf Marcel. Er war definitiv nicht fröhlich. Er war stattdessen völlig vernarrt in Minouche oder Susi oder wie auch immer die Katze hiess. Selma ertappte sich, dass sie tatsächlich eifersüchtig war. Auf eine Katze. Auf eine Hexenkatze!

Selma stand auf, umarmte Marcel und flüsterte ihm zu: «Du hast den Narren an dieser Katze gefressen, nicht wahr?»

«Ja, entschuldige, ich entpuppe mich als totaler Katzenfan. Das ist ziemlich peinlich.»

«Aber du weisst schon, dass es nicht unsere Katze ist?»

«Natürlich, wir werden eine eigene Katze haben. Oder zwei. Was meinst du?»

Selma antwortete nicht.

«Und, Schatz, die andere Frage, die ist natürlich …»

«Lass gut sein, Schatz», unterbrach ihn Selma, «ich wollte dich nicht überrumpeln.» Sie stand auf und sagte: «Komm, wir tanzen.»

«Ja, gleich», antwortete Marcel etwas unwirsch.

Selma ging Richtung Feuer und entdeckte Fabienne auf der Decke im Gras sitzend. Sie ging zu ihr, schaute in den Nachthimmel und sagte: «Ich hoffe, es regnet nicht. Du brauchst doch den Tau für dein Elixier. Kein Regenwasser.» Sie strich mit den Händen durchs Gras: «Also etwas Tau hat es bereits. Ich habe ihn vorhin schon deutlich gespürt, als ich mich ins feuchte Gras gelegt habe.»

«Laut meinen Apps sollte das Wetter erst gegen Morgen umschlagen und Regen und Sturm aufkommen. Bis dann habe ich den Tau eingesammelt.»

Plötzlich sprang Minouche heran, duckte sich und schlich durchs nasse Gras.

«Wir sind am richtigen Ort», flüsterte Fabienne, nahm ein Fläschchen aus dem Rucksack und sammelte erste Tropfen von den Gräsern.

«Die Hexenkatze zeigt dir den Ort mit dem wirkungsvollsten Tau?», fragte Selma ungläubig, nahm ihre kleine Kamera aus der Jacke und fotografierte Fabienne und Minouche.

«Das werden wir sehen. Tau ist nicht gleich Tau. Minouche wird schon recht haben. Wir sind zur richtigen Zeit am richtigen Ort. An einem magischen Ort.» Sie klopfte mit einem Finger sanft gegen einen Grashalm, damit der Tau abfiel und sie ihn auffangen konnte.

«Mach das nochmal», sagte Selma.

«Was?»

«Den Tau einfangen. Aber warte noch einen Moment.» Selma zupfte an der Decke auf der Fabienne sass, legte sich bäuchlings darauf und nahm die Tropfen an den Grashalmen ins Visier. Im Hintergrund loderte das Feuer. «Jetzt!»

Selma fotografierte, wie Fabienne mit einem Finger auf einen Grashalm tippte und die Tropfen ins Fläschchen kullerten. Das wiederholten sie mehrere Male. Selma frohlockte. Sie fand ihre Aufnahmen stark. Die Tropfen, das Fläschchen, Fabiennes Gesicht und das Feuer. Manchmal war auch noch Minouche, die Hexenkatze, zu sehen. «Magisch», sagte Selma. «Einfach magisch!»

Plötzlich tauchte Arvid Bengt hinter Fabienne auf.

«Papa», sagte Selma.

«Störe ich?»

«Nein, ich habe soeben wundervolle Aufnahmen gemacht.» Selma sprang auf und zeigte sie ihm.

«Du bist wirklich eine gute Fotografin», sagte Arvid Bengt. «Ich bin sehr stolz auf dich. Und eine gute Malerin bist du auch.»

«Diese Gabe habe ich von dir. Doch leider haben wir noch immer nicht zusammen gemalt.»

«Wir werden zusammen malen. Ich hoffe, du hast noch ein paar Tage Zeit im Appenzellerland. Segeln wollen wir auch noch. Charlotte und ich haben heute das Boot übernommen, das du für uns organisiert hast. Ein tolles Boot, die Turicum. Und jetzt, da du selbst den Segelschein hast, steht einem Törn auf dem Bodensee nichts mehr im Weg.»

«Ihr habt ein Boot?», fragte Fabienne erstaunt und schaute zu Selma.

«Ja, gechartert. Mein Papa ist leidenschaftlicher Segler.»

«Wie mein Vater es war.»

«Excusé, Fabienne», sagte Selma schnell und schaute zu Arvid Bengt: «Ihr Vater wollte die Welt umsegeln, kam ...»

«Schon gut, Selma», unterbrach Fabienne. «Das ist Vergangenheit. Mein Vater ist tot.»

«Das tut mir leid», sagte Arvid Bengt.

«Ist lange her.»

«Vielleicht kommst du mit auf unser Boot», sagte Selma

«Ja, vielleicht, gerne ...»

Marcel kam zu Selma, Fabienne und Arvid Bengt und fragte: «Minouche wollte unbedingt zu Fabienne. Hat die Hexerei begonnen?»

«Ja, die Hexerei hat begonnen», sagte Selma.

«Das ist reinste Wissenschaft», erklärte Fabienne und lächelte.

Es war längst nach Mitternacht. Das Feuer war nur noch eine Glut. Hannes und die strammen Burschen sprangen darüber. Natürlich auch Selmas Neffen Sven und Sören. Ebenso Eric, Elin, selbst Marcel und Arvid Bengt. Selma sowieso. Zusammen mit Lea.

Fabienne sammelte weiterhin den Tau dieser ersten Morgenstunden. Jonas Haberer und Olivier Kaltbrunner sassen abseits und redeten.

Selma ging zu ihnen und sagte: «Na, diskutiert ihr über alte Heldentaten?»

«Ach, das waren keine Heldentaten, wir haben nur unseren Job gemacht und die Welt gerettet», prahlte Haberer.

Selma bemerkte, dass Olivier immer wieder zum Himmel schaute. «Es wird erst später regnen», sagte sie. «Das behaupten zumindest Fabiennes Wetter-Apps.»

«So, so, hm, hm», machte Oli nur.

«Sag mal, Kommissär Zufall, was ist mit dir?», maulte Haberer. «Siehst du da oben einen Engel? Oder eine Hexe?» Haberer schaute nun ebenfalls hinauf, wobei ihm der Cowboyhut vom Kopf rutschte.

«Oder eine Drohne», sagte Selma und blickte nun auch nach oben.

«Jesusmariasanktjosef», sagte Haberer. «Das gibt es doch nicht.»

«Das gibt es sehr wohl», stellte Olivier fest.

Selma suchte den ganzen Himmel ab, konnte aber keine Drohne entdecken.

«Tu das nicht!», hörte sie plötzlich Olivier schreien und schaute wieder zu den Männern. Haberer hielt seine Pistole in den Händen und zielte Richtung Himmel.

Selma sog entsetzt die Luft ein. Oli riss Haberers Arm nach unten. Doch Jonas stand jetzt auf, stellte sich breitbeinig hin und zielte erneut.

«Jonas, verdammt nochmal, lass den Quatsch», versuchte Oli Jonas zu beschwichtigen.

Doch es half nichts: «Ich lasse mich doch nicht verarschen. Nein, nein, sowas lässt sich der alte Haberer nicht gefallen!»

«Jonas!», rief Selma.

Haberer drückte ab. Mehrere Schüsse peitschten durch die Nacht.

42

Das Ding, das vom Himmel fiel, landete rund zehn Meter neben der Glut des Lagerfeuers. Oder zumindest Teile davon.

Jonas Haberer setzte seinen Cowboyhut wieder auf und humpelte Olivier Kaltbrunner hinterher, um das abgeschossene Flugobjekt zu betrachten.

«So, so, hm, hm», machte Oli.

Selma und Lea eilten hinzu. Lea klammerte sich an Olis Arm: «Was ist passiert?»

«Volltreffer würde ich meinen», prahlte Haberer. «Was auch immer das war, es ist ausser Gefecht.»

«Ich muss zugeben, nicht schlecht, alter Haudegen.» Oli löste sich von Lea, ging zu Jonas und klopfte ihm auf die Schulter. «Das ist oder war einmal eine Drohne.»

«Die uns ausspioniert und überwacht hat», stellte Jonas Haberer fest und schaute Oli böse an.

«Ich war das nicht», sagte Oli. Er ging in die Knie und betrachtete die Überreste der Drohne genau. Er schob die Brille auf die Stirn und prüfte sie noch genauer. «So, so, hm, hm», murmelte er mehrmals, setzte die Brille wieder auf die Nase, stand auf, blickte zu Hannes und den Männern in den weiss-blau-karierten Hemden und sagte: «Ich brauche eure Hilfe!»

Die Männer schauten zu Olivier.

«Folgt mir», schrie Olivier. «Irgendwo muss der Drohnenpilot sein. Schnappen wir ihn!»

«Was hast du vor, Oli?», fragte Lea ängstlich.

Doch Oli gab keine Antwort, zeigte stattdessen mit der Hand die Richtung an und schritt davon, die Männer gingen hinter ihm her. Nach einigen Metern blieb Oli stehen. Die Männer bildeten einen Halbkreis um ihn herum. Oli redete im Befehlston, die Männer nickten stumm. Dann rannten Oli und die Männer plötzlich in alle Himmelsrichtungen davon.

Inzwischen waren auch Selmas Eltern, ihre Schwester mit Familie und Theres, die Kräuterbäuerin, herbeigeeilt und begutachteten die abgeschossene Drohne. Jonas stellte seinen Fuss drauf, klemmte die Pistole in den Hosenbund und verschränkte seine Arme. «Man darf mich jetzt fotografieren und die Bilder im Gaganetz ins Blödbuch stellen.»

«Es ist gut, Jonas, du übertreibst.»

«Selmeli, das war ein wahrer Meisterschuss.»

«Ein Schuss? Habilein, du hast das ganze Magazin abgefeuert, bis du getroffen hast.»

«Papperlapapp. Hauptsache, der Job ist erledigt.» Er räusperte sich, dann sagte er: «Und unsere Story ist jetzt auch erledigt. Hoffe ich zumindest. Hat die Kräuterhexe den Tau? Dann können wir von hier verschwinden.» Er schaute sich um. «Wo ist sie?»

Selma starrte zur Stelle, wo Fabienne eben noch auf der Decke gesessen und den Tau gesammelt hatte, aber nur noch die Decke lag dort.

Selma schaute ihren Vater, der neben Jonas stand, fragend an.

Arvid Bengt blickte ebenfalls zur Stelle und sagte: «Wir waren doch gerade noch mit ihr dort.»

«Aber jetzt ist sie weg», sagte Selma.

«Und was bedeutet das?», fragte Arvid Bengt.

«Keine Ahnung. Wo ist eigentlich Marcel?»

Sie schaute zu Lea, Elin, Eric und Charlotte, aber auch sie wussten nicht, wo Marcel war.

«Er hat doch die ganze Zeit mit Minouche gespielt», sagte Charlotte.

Selma suchte mit den Augen das Gelände ab.

Dann kam Merle bellend angerannt. Sie hechelte und wedelte aufgeregt mit dem Schwanz, drehte sich um, rannte davon, blieb stehen, schaute zurück und bellte wieder.

«Sie will, dass wir ihr folgen», sagte Selma und ging voraus. Jonas und Eric folgten ihr. Lea und Elin blieben bei Charlotte und Arvid Bengt, den Kindern und Theres.

Merle raste vorwärts und zurück und bellte immer wieder.

«Kann mal jemand dieses Gekläffe abstellen?», maulte Haberer, der Selma und Eric hinterherhumpelte.

Eric versuchte, Merle zu beruhigen. Allerdings ohne Erfolg.

Selma erblickte am Rand der Hexenwiese Haberers Auto. Merle raste schnurstracks darauf los und bellte das Auto an.

«Merle, was soll das?», fragte Selma und blieb gut zwanzig Meter vor dem Wagen stehen. «Brennt da nicht ein Licht?»

Eric starrte ebenfalls auf das Auto und sagte: «Ich glaube, du hast recht.»

Als Haberer zu den beiden stiess, sagte Selma: «In deinem Panzer brennt Licht.»

«Das kann nicht sein», schimpfte Jonas.

«Ich sehe es aber genau, nicht wahr, Eric?»

«Doch», sagte dieser. «Und ich glaube, da sitzt sogar jemand drin. Vorne am Steuer.»

«Hast du den Wagen nicht abgeschlossen?», fragte Selma Jonas.

«Nein, natürlich nicht, wir sind schliesslich auf dem Land.»

«Ist es Fabienne? Oder Marcel?», fragte Selma.

«Es kann auch der verdammte Drohnenpilot sein», sagte Jonas.

«Was sollte er in deinem Auto machen?»

«Sich verstecken. Oder es durchsuchen. Vielleicht hofft er, irgendwelche geheimen Unterlagen von Fabienne zu finden.»

«Das werden wir herausfinden», sagte Selma und ging langsam und leicht geduckt auf den Wagen zu.

«Pass auf, Selma», sagte Eric.

«Lasst lieber mich das machen», sagte Jonas Haberer, nahm seine Pistole aus dem Hosenbund und checkte sie durch:

«Noch ist das Magazin nicht leer.» Dann humpelte er weiter Richtung Auto. Selma und Eric wies er an zurückzubleiben.

«Mach keinen Quatsch, Jonas!», zischte Selma.

Merle bellte nicht mehr. Es herrschte Stille.

Selma hielt sich an Eric fest und beobachtete, wie Haberer sich duckte, mit der Pistole auf sein Auto zielte, langsam näher schlich, die Hand ausstreckte und dann die Beifahrertüre aufriss.

Dann schrie Haberer auf und fiel zu Boden.

43

Selma und Eric gingen in die Knie und warteten einige Sekunden.

Sie hörten, wie Merle winselte. Kurz darauf folgte ein lauter Fluch von Haberer.

Sie spurteten die letzten Meter zum Wagen und fanden Jonas mit zerkratztem und blutverschmiertem Gesicht. Auch seine Verbände am Kopf waren ganz rot. Der Cowboyhut lag neben ihm. Beide Vordertüren des Wagens standen offen.

«Was ist passiert?», fragte Selma und kauerte neben Jonas.

«Ich hätte abdrücken sollen», antwortete Jonas. «Ich hätte verdammt nochmal abdrücken sollen. Was bin ich bloss für eine Memme.»

Selma nahm ein Taschentuch aus ihrer Jacke und tupfte Haberers Gesicht ab. «Warum hättest du schiessen sollen? War jemand im Wagen?»

«Ja.»

«Wer?»

«Vergiss es, Selmeli», knurrte Haberer. «Vergiss es einfach.»

«Jonas», insistierte Selma. «Was ist passiert?»

Schritte waren zu hören.

Selma, Eric und Jonas wagten kaum noch zu atmen.

«Hallo?», rief plötzlich Marcel aus einiger Entfernung.

Selma stand auf und sah, wie Marcel auf sie zu rannte. Er keuchte fürchterlich.

«Liebster, was ist los?»

«Wir sassen im ...» Marcel schnappte nach Luft. «Wir sassen im Auto. Dann sahen wir, dass jemand kommt. Wir bekamen fürchterlich Angst, dachten, das sei der Drohnenpilot oder sonst einer von Fabiennes Verfolgern.» Marcel musste durchatmen. «Wir haben dann leise die Fahrertür geöffnet, sind ausgestiegen und davongerannt. Bis in den Wald hinein.» Marcel beugte sich, stützte seine Hände auf die Knie und schnaufte kräftig. Dann blickte er auf den am Boden liegenden Haberer und sagte: «Wir konnten ja nicht wissen, dass es Jonas ist, der zum Auto schleicht.»

«Mit wir meinst du Fabienne und dich?», fragte Selma und legte ihre rechte Hand auf Marcels Rücken.

«Ja, Fabienne und ich.»

«Was wolltet ihr denn in Haberers Auto?»

«Als auf der Hexenwiese die Schüsse fielen, ist Fabienne wie von der Tarantel gestochen hochgeschnellt und losgerannt. Sie versteckte sich hinter Haberers Auto. Als ich dazukam, habe ich die Türe aufgerissen. Das Auto war nicht abgeschlossen. Ich hoffte, dass der Autoschlüssel steckt. Aber das war nicht der Fall. Wir haben uns dann darin versteckt. Fabienne zitterte und heulte. Sie sagte immer wieder: ‹Sie entführen mich, dann töten sie mich›. Sie schickte mit dem Smartphone eine Nachricht an ihre Forschergruppe Turido und bekam kurz darauf die Mitteilung, dass sie offenbar längst entdeckt worden und in grosser Gefahr sei. Und dass sie sofort verschwinden soll. Sie müsse unbedingt versuchen, sich zum vereinbarten Treffpunkt durchzuschlagen. Dort wäre sie in Sicherheit.»

«Und wo ist sie jetzt?»

Marcel richtete sich auf und zeigte hinter sich Richtung Wald: «Sie versteckt sich irgendwo.» Er blickte zu Haberer und fragte: «Was ist denn mit dir passiert? Warum blutest du?»

Haberer hustete und richtete sich auf: «Ich hätte abdrücken sollen», maulte er. «Was bin ich bloss für ein Weichei. Ich hätte sie einfach erschiessen sollen, verdammt nochmal.»

«Wen hättest du erschiessen sollen?», fragte Selma.

«Diese vermaledeite Hexenkatze!», wetterte Jonas. «Diese Bestie hat mich angefallen und wollte mir die Augen auskratzen.»

«Was? Minouche?», sagte Marcel entsetzt. «Die tut noch niemandem etwas.»

«Na ja», meinte Selma. «Beim Hüttenbrand hat sie mich auch schon zu Tode erschreckt. Dass sie mir nicht ins Gesicht gesprungen ist, war offenbar reines Glück.»

«Das ist eine Bestie», sagte Haberer.

Die Bestie mit der weissen Schwanzspitze und dem weissen Fleck auf der Stirn strich gerade um Merle herum und schmuste mit ihr.

«Jesusmariasanktjosef», murrte Haberer, rieb sich das Blut aus dem Gesicht und setzte den Hut wieder auf. «Vielleicht bekomme ich jetzt endlich die Narben ins Gesicht, die mich als knallharten Reporter auszeichnen.»

«Wir müssen Minouche die Krallen schneiden», sagte Marcel.

Eine Bemerkung, die Selma völlig surreal vorkam.

Oli und die Männer mit den weiss-blau-karierten Hemden kamen zurück. Alle waren ausser Atem. Sie hatten weder eine Person gefunden noch Spuren oder Hinweise entdeckt.

Olivier Kaltbrunner, der Basler Kommissär, ging zu Selma und sagte: «Ich hoffe, du verstehst, dass ich nun meine Kollegen verständigen muss.»

«Und ich glaubte tatsächlich», sagte Selma süffisant, «dass du privat hier bist.»

«Das bin ich in der Tat. Aber du weisst doch, so ganz ausser Dienst bin ich nie. Vor allem nicht, wenn der Verdacht besteht, dass eine Person bedroht wird. Und offensichtlich wird diese Person zumindest von jemandem überwacht oder bedroht, wie ich befürchtet hatte.»

«Fabienne», sagte Selma bissig. «Diese Person heisst Fabienne Richemond und ist eine anerkannte Wissenschaftlerin.»

«Anerkannt? So, so, hm, hm», machte Olivier.

«Kannst du bitte mit diesem So-so-hm-hm-Quatsch aufhören?»

«Nein. Aber das ändert nichts daran, dass ich nun meine lokalen Kollegen alarmieren muss.» Er kramte sein Telefon hervor. «Wo ist eigentlich Fabienne?»

«Sie versteckt sich.»

«So, so, hm, hm.»

«Oli!»

«Sie soll zu uns kommen. Bei uns ist sie am sichersten.»

«Okay, ich suche sie.»

«Tu das. Ich verständige in der Zwischenzeit meine lokalen Kollegen.»

«Warte noch, bis ich Fabienne gefunden habe.»

«Wozu?»

«Damit wir mit ihr alles besprechen können.»

«Nein, Selma, dafür reicht die Zeit nicht. Sie ist in Gefahr.»

«Warte trotzdem.»

«Nein.»

«Dieses Mal kein so, so, hm, hm?»

«Nein. Wenn es um Leib und Leben geht, muss ich nicht überlegen.»

«Geht es wirklich um Leib und Leben?», fragte Selma.

«Ich fürchte ja.»

«Und wie kommst du darauf?»

«Die Drohne, die unser Freund Haberer abgeschossen hat, war keine Drohne, die man in jedem Geschäft erwerben kann», erklärte Oli, wählte die Notrufnummer der Polizei, hielt das Telefon ans Ohr und sprach weiter mit Selma: «Das war ein sündhaft teures Fluggerät, das nur von Profis benutzt wird.»

«Profis? Foto-Profis und so?»

«Ich will dich nicht erschrecken, liebe Selma, ich denke eher an professionelle Sicherheitsleute, Spione und Armeeange … ja?» Er wandte sich von Selma ab und machte einige Schritte. «Ja, hier ist Olivier Kaltbrunner, Kommissär aus Basel, Mitarbeiter der Basler Staatsanwaltschaft. Ich muss einen ernsten Vorfall auf Ihrem Gebiet melden. Es ist dringend.»

Selma rannte zu Marcel: «Los, wir müssen Fabienne finden. Und dann müssen wir abhauen. Schnell!»

«Komm mit, Schatz», sagte Marcel und ergriff Selmas Hand.

Selma und Marcel fanden Fabienne tatsächlich im Wald. Sie sass unter einem grossen Baum und war völlig verängstigt.

«Ich muss weg», sagte sie immer wieder auf Französisch: «Ich muss weg.»

«Wir bringen dich in Sicherheit, okay?», versuchte Selma sie zu beruhigen und beugte sich zu ihr. «Du kannst wählen, Fabienne: Entweder stellst du dich den Behörden oder du haust ab. Mehr können wir nicht für dich tun.»

Fabienne konnte oder wollte nicht antworten.

«Fabienne!», sagte Selma resolut und schüttelte Fabienne.

Da die Wissenschaftlerin noch immer nicht antwortete, fällte Selma eine Entscheidung und sagte zu Marcel: «Du bringst Fabienne zu Haberers Panzer und erklärst Haberer, dass wir so schnell wie möglich fliehen. Ich organisiere den Rest. Okay?»

«Okay», bestätigte Marcel.

Beim Zurückspurten auf die magische Wiese beim Chindlistei flogen Selma die kuriosesten Gedanken zu. Was mache ich hier? Bin ich noch Reporterin? Oder längst Teil dieser Geschichte, Fluchthelferin, Agitatorin? Was ist mit Marcel? Warum begreift er nicht, dass es mir um etwas Grösseres geht? Um Familie? Um Kinder? An diesem magischen Ort? Hat er die Sensibilität dazu nicht? Ist er überhaupt der richtige Partner? Der Vater meiner Kinder?

Als sie die fast erloschene Feuerstelle erreichte, ging sie zu Charlotte und Arvid Bengt. Sie fasste beide an den Armen und sagte: «Fabienne muss weg. Wollt ihr mitkommen?»

«Was heisst, sie muss weg?», fragte Charlotte. «Flüchten?»

«Mama, ja, nein, also einfach zur Sicherheit. Willst du mitfahren oder den Berg hinuntergehen?»

«Mon dieu, ich bin todmüde, Liebes, lass mich mitfahren.»

«Dann geh mit Arvid Bengt zu Haberers Auto.»

Selma rannte zu ihrem Rucksack, nahm die Jacke heraus, zog sie an, steckte die kleine Kamera ein, packte die grosse Kamera in den Rucksack und hängte ihn sich über die Schulter.

Elin kam zu Selma und fragte, was los sei. Selma fasste die Ereignisse kurz zusammen und fragte, ob sie klarkomme und den Weg zurück nach Heiden finde. Elin meinte lächelnd, dass sie einen Mann und zwei Buben hätte, die sich auf dem Heimweg als Pfadfinder beweisen können.

Merle, die Appenzeller Hündin, war bei Theres und Hannes. Selma fragte, ob sie Minouche beziehungsweise Susi gesehen hätten, sie sei eben noch bei Merle gewesen. Sie verneinten, sagten aber, Susi würde auf alle Fälle wieder auftauchen.

Lea und Olivier kamen hinzu. «Das sieht nach Aufbruch und Abschied aus», sagte Oli ruhig.

«Ja, es ist besser», antwortete Selma.

«Ich würde euch raten, hier zu bleiben und auf die Polizei zu warten.»

«Und dann?»

«Dann wäre Fabienne in Sicherheit.»

«Oli, was für eine Sicherheit könnt ihr denn bieten?»

Olivier nahm seine goldumrandete Brille von der Nase und machte: «Hm, hm ...»

«Eben», sagte Selma aufgeregt und raufte sich die Haare. «Fabienne hat nichts verbrochen, die Ermittlungen gegen sie habt ihr eingestellt, sie ist ein freier Mensch. Und sie hat offenbar einen Plan.»

«Selma», sagte Oli ruhig, «wenn sie tatsächlich dieses Wunderheilmittel zum ewigen Leben gefunden haben sollte und deswegen irgendwelche Kriminelle hinter ihr her sind, dann ist ihre Flucht sinnlos. Nicht daran zu denken, dass die chinesische Mafia ...»

«Sie will es versuchen», unterbrach Selma.

«Halt mich auf dem Laufenden», sagte Oli schliesslich und setzte die Brille wieder auf.

Lea packte Selma am Arm: «Pass auf dich auf, Süsse, versprochen?»

«Versprochen.»

In diesem Moment brauste Haberer mit seinem Panzer an. Charlotte sass auf dem Beifahrersitz, Selma quetschte sich auf dem Rücksitz zu Fabienne, Marcel und Arvid Bengt.

«Festhalten», befahl Haberer und gab Gas.

Der Panzer holperte quer über die Wiese. Als sie einen Feldweg erreichten, drückte Haberer das Gaspedal durch und driftete das Gefährt wie ein Rallyefahrer durch die Kurven. Kurz darauf erreichten sie den Wald.

Charlotte schlug die Hände vors Gesicht und murmelte: «Mon dieu, Jonas, du bringst uns alle um.»

«Keine Sorge, ich habe alles im Griff. Mein rechter Fuss ist durch den Brand lädiert, ich spüre ihn kaum, aber zum Gas geben reicht es.»

«Und zum Bremsen?»

«Das wird schwieriger. Aber wer will schon bremsen, liebe Charlotte?» Er lachte laut.

Als er tatsächlich wegen einer engen Kurve auf die Bremse treten musste, schrie er vor Schmerzen und liess das Pedal wieder los. Der Wagen rumpelte furchterregend schnell auf die enge Kurve zu. Die Bäume kamen immer näher. Geistesgegenwärtig zog Haberer die Handbremse, der Panzer rutschte und schleuderte, verlangsamte aber. Dann knallte es. Die Passagiere wurden ordentlich durchgeschüttelt.

«Mon dieu!», schrie Charlotte.

Haberer gab wieder Gas: «Alles unter Kontrolle, das war nur eine leichte Berührung mit einem Bäumchen.»

«Mit einem Bäumchen?», sagte Charlotte. «Das war ein Baum. Und das Auto ist verbeult.»

«Papperlapapp, das war höchstens ein Strauch. Und mein Auto wurde nur etwas verschönert. Dieser Panzer ist unzerstörbar.»

Die wilde Fahrt ging weiter. Haberer konzentrierte sich auf die Strasse, schaute aber immer wieder in die Rückspiegel. Bald erreichten sie die ersten Häuser von Heiden. Die Strasse war nun asphaltiert, und Haberer mässigte seinen Fahrstil etwas. Dann gab er plötzlich wieder Gas, bog in eine Seitenstrasse, verlangsamte, schaute in die Rückspiegel und drückte wieder aufs Gaspedal.

Plötzlich zuckte Fabienne, die neben Selma sass, zusammen. Selma schaute zu ihr und sagte entsetzt: «Das glaube ich jetzt nicht!»

Minouche sass auf Fabiennes linker Schulter.

«Wer hat denn Minouche eingepackt?», fragte Selma giftig. «Marcel?»

«Nein», antwortete Marcel. «Sie muss sich ins Auto geschlichen haben.»

«Fabienne? Gehört die Katze etwa immer noch zu deinem Plan?»

«Nein, ich ...»

«Sag bloss, du hast keinen Plan?», fragte Selma.

Fabienne antwortete nicht.

Selma schrie: «Stopp! Haberer, halt sofort an. Ich habe keine Lust auf diesen Mist. Halt an! Ich rufe Oli und seine Truppe. Wir beenden das hier sofort.»

«Schlechte Idee, Selmeli.»

«Oh, nein, Jonas, halt endlich an!»

«Ganz schlechte Idee», wiederholte Jonas Haberer. «Wir werden verfolgt.»

44

Haberers Panzer quietschte und krächzte. Es klapperten immer mehr Teile am Fahrzeug. Doch Jonas schien unbeeindruckt und fuhr wie ein Irrer durch Heiden.

Selma fürchtete, dass die Karre bald auseinanderfallen würde. Von wegen unzerstörbar. Charlotte krallte sich an ihrem Sitz fest, Marcel ebenso, Fabienne schaute die ganze Zeit nach hinten und hielt Minouche fest. Nur einer war die Ruhe selbst: Arvid Bengt.

«Excusé, Papa», sagte Selma. «Haberers Fahrstil entspricht nicht ganz dem schweizerischen Strassenverkehrsgesetz.»

«Dem schwedischen auch nicht», meinte Arvid Bengt trocken. «Zum Glück gibt es hier keine Elche.»

Haberer lenkte den Wagen nach links, fuhr eine breite Hauptstrasse den Hügel hinauf, liess den Motor aufheulen, schaute gebannt in den Rückspiegel, zog die Handbremse und riss das Steuer rechts in Richtung eines Feldwegs herum. Der Panzer schleuderte. Charlotte kippte nach links und hing im Gurt. Die hinteren Passagiere wurden alle gegen Marcel gedrückt, der ganz links sass. Minouche miaute und krallte sich nun an Marcel fest.

Der Wagen knallte gegen einen Felsen. Funken stoben. Haberer gab Gas und liess das Auto nun über den Feldweg donnern. Dann zog er erneut die Handbremse und machte das Licht und den Motor aus. Sie waren nun etwa fünfzig Meter von der Hauptstrasse entfernt. Es war still, der aufgewirbelte Staub senkte sich langsam. Haberer schaute in den Rückspiegel. Alle anderen blickten aus dem Heckfenster nach hinten zur Hauptstrasse.

Einige Sekunden später raste eine grosse Limousine vorbei.

«Oh yeah!», triumphierte Jonas Haberer. «Die wären wir los. Zumindest fürs Erste. Wie im Film, wie im Film.»

«Uff», machte Charlotte und richtete ihre Frisur. «Können wir nun endlich ins Hotel? Ich würde gerne duschen.»

«Non, nein», sagte Fabienne. «Nicht ins Hotel. Bringt mich zu einem Bahnhof. Bitte.»

«Und dann?», fragte Selma.

«Dann schaue ich selbst. Ich will euch nicht weiter in Gefahr bringen. Am besten ist es, wenn ich so schnell wie möglich die Schweiz verlasse.»

Selma schaute auf die Uhr im Armaturenbrett: «Um 3.30 Uhr fährt kein Zug.»

«Ich warte und verstecke mich irgendwo.»

«Marcel hat erzählt, dass du und deine Gruppe Turido einen Treffpunkt vereinbart habt. Wo ist der?»

«Das kann ich nicht sagen.»

«Und warum nicht?»

«Selma, bitte. Ihr habt genug für mich getan.»

Haberer startete den Motor, legte den Rückwärtsgang ein und fuhr auf die Hauptstrasse. Er rollte nun in normalem Tempo Richtung Heiden zurück. Der Panzer ächzte, stöhnte, klapperte.

Nach etwa einem Kilometer kam ihnen ein grosses Auto entgegen und schoss mit stark überhöhter Geschwindigkeit an ihnen vorbei.

«Habt ihr dieses Auto gesehen?», sagte Haberer. «Gleiches Modell wie das erste, das wir abgehängt haben. Und im gleichen Fahrstil unterwegs.» Haberer schaute kurz darauf in den Rückspiegel, gab danach Vollgas und rief: «Festhalten! Die Scheisse geht weiter.»

«Was geht weiter?», fragte Charlotte.

«Der Wagen hat gewendet. Er verfolgt uns jetzt. Zwei Leute sitzen darin. Ich gehe davon aus, dass die zu denen gehören, die wir vorher abgehängt haben. Das heisst, dass wir in Kürze von zwei PS-Monstern verfolgt werden. Jesusmariasanktjosef, wie ich dieses verdammte Reporterleben liebe!»

«Ich rufe die Polizei um Hilfe», sagte Selma, nahm ihr Smartphone aus der Jackentasche und rief Olivier Kaltbrunner an.

«Selma?»

«Wir stecken in Schwierigkeiten. Wir werden von zwei Autos verfolgt. Und sag jetzt bloss nicht so, so, hm, hm.»

«Wo seid ihr?»

«Irgendwo bei Heiden.» Sie neigte sich nach vorne zu Haberer: «Wo sind wir genau?»

«Alles im Griff, Kommissär Zufall», brüllte Jonas, «der alte Haberer rettet gerade wieder einmal die Welt.»

«Sag dem Spinner, er soll Richtung St. Gallen fahren», schrie Oli ins Telefon. Selma hörte eine zweite Stimme. Sie vermutete, dass es ein Kollege der lokalen Polizei war. «Okay, ihr fahrt jetzt Richtung St. Gallen. Aber vorsichtig, die Strecke durchs Tobel bei Martinsbrugg ist sehr kurvig. Wir schicken euch eine Patrouille entgegen. Macht langsam. Verstanden?»

«Ja. Ich melde mich.» Selma beendete das Gespräch und gab Haberer die Route an: «Und fahr bitte langsam.»

«Scheiss-Plan», maulte Haberer und gab Gas. «Oli ist und bleibt ein Amateur.»

Sie erreichten die Gemeinde Grub. Plötzlich trat Haberer voll auf die Bremse, bog rechts ab und drückte wieder aufs Gaspedal.

Selma schaute nach hinten. Die Verfolger klebten förmlich an Haberers Stossstange. «Jonas, hör auf!», schrie nun Selma. «Das bringt nichts. Wo fährst du überhaupt hin? Das ist nicht die Strasse nach St. Gallen.»

«Nein, ist sie nicht. Aber das ziehen wir durch. Du willst doch nicht aufgeben, Selmeli? Diese Knallergeschichte der Polizei überlassen, damit diese sich dann in Medienmitteilungen brüsten kann und wir unseren Scoop mit der ganzen Journalistenmeute teilen müssen? Vergiss es, Selmeli! Wir bringen die Kräuterhexe und unsere Story ins Trockene!»

«Mon dieu», sagte Charlotte aufgeregt. «Wie soll das alles enden?»

«Keine Sorge, ich habe alles im Griff», versuchte Haberer Charlotte zu beruhigen. «Wie immer.»

Das Auto machte immer lautere und furchterregendere Geräusche. Und obwohl Haberer hanebüchen schnell über die schmale Strasse Richtung Bodensee fuhr, konnte er die Limousine hinter sich nicht abhängen. Mittlerweile hatte auch das zweite Verfolgerauto aufschliessen können.

«Wir machen eine Panoramafahrt», rief Haberer und zeigte auf ein Strassenschild, das Richtung Fünfländerblick wies. «Leider haben wir keine Zeit.» Haberer raste am Schild vorbei.

Selma war durch den Namen Fünfländerblick einen Moment vom Geschehen abgelenkt und schaute Marcel an: «Wo sind hier fünf Länder? Schweiz, Deutschland, Österreich …?»

«Schweiz, Österreich und die früher eigenständigen Staaten Bayern, Baden und Württemberg. Das habe ich zufällig gelesen, als ich mich über die Bodenseeregion informiert habe. Soll sehr schön sein.»

«Klugscheisser», sagte Selma und lächelte ihn an.

Auf einer Kuppe löste sich der Panzer vom Asphalt und knallte kurz darauf auf diesen zurück.

«Yeah!», schrie Haberer.

Die Strasse war schmal und kurvig. Sie fuhren durch den Ort Wienacht.

«Wir müssen nach Rorschach am Bodensee», sagte plötzlich Arvid Bengt ruhig. «Zum Hafen.»

«Zum Hafen?», fragte Selma so, als ob sie nicht richtig gehört hätte.

«Endlich hat einmal jemand eine Idee», murrte Haberer und schaute zu Charlotte: «Cleveres Bürschchen, dein alter Schwede.» Er lachte laut heraus und verkündete einige Zeit später triumphierend: «Ha, wir sind schon in Rorschach! Was bin ich nur für ein Fuchs.»

Tatsächlich rasten sie gerade am Strassenschild Rorschach vorbei.

«Und was sollen wir am Hafen?», fragte Selma.

«Wir nehmen das Boot.»

«Papa?» Selma war entsetzt.

«Boot ist gut», sagte Fabienne. «Boot ist sogar sehr gut.»

Haberer donnerte durch die Stadt, bog mal links, mal rechts ab, was ziemlich planlos und hektisch wirkte. Arvid Bengt erklärte derweil ruhig und sachlich seinen Plan.

45

Um die Irrfahrt durch Rorschach zu beenden, lotste Marcel Haberer nun mit der Navigations-App auf seinem Smartphone zum Hafen. «In zwei Minuten sollten wir da sein», kommentierte er.

Fabienne schaute zurück und meldete: «Sie sind immer noch an uns dran.»

«Okay, wir machen es wie besprochen», sagte Arvid Bengt ruhig.

Selma fragte sich, woher ihr Vater diese Ruhe nahm. Leider hatte sie diese Gelassenheit nicht von ihm vererbt bekommen.

«Noch dreissig Sekunden», sagte Marcel.

«Da ist es», sagte Arvid Bengt schon nach 15 Sekunden.

Haberer brachte das Auto mit der Handbremse zum Stillstand. Selma umklammerte ihren Rucksack und stieg zusammen mit Arvid Bengt aus dem Panzer. Beide schauten kurz zu den heranbrausenden Verfolgern und rannten dann in die Hafenanlage. Alle anderen blieben im Auto.

Haberer gab wieder Gas.

Die Verfolger in den beiden Autos schienen einen Moment irritiert zu sein, rasten dann aber Haberers Panzer hinterher.

«Das ist schon einmal gut gegangen», sagte Arvid Bengt zu seiner Tochter. «Sie haben erkannt, dass du nicht Fabienne bist und verfolgen Haberers ...»

«... Panzer», machte Selma den Satz fertig und feuerte Arvid Bengt an: «Los jetzt! Wo ist das Boot?»

Da Arvid Bengt und Charlotte bereits am Nachmittag ihr gechartertes Segelschiff in Empfang genommen hatten, wusste Arvid Bengt genau, wo es lag. Arvid Bengt rannte über die Mole zum Steg, Selma hinterher. Als sie das Boot erreicht hatten, betrat Arvid Bengt vorsichtig das Deck, drehte sich um und wollte Selma die Hand reichen. Doch Selma sprang mit einem grossen Satz aufs Boot und begann sofort und hektisch, die Persenning, die Abdeckung, die über das ganze Schiff gespannt war, zu entfernen und legte ihren Rucksack in die Kajüte.

«Selma!», sagte Arvid Bengt streng. «Bleib ruhig. Ich gebe dir genaue Kommandos, verstanden?»

«Ja, Papa, klar, du bist der Kapitän.»

Arvid Bengts Befehle zur Auftakelung der fünfzehn Meter langen Jacht Turicum waren ruhig und präzise. Selma führte alles sorgfältig aus und fühlte sich wohl und sicher dabei. Mehr Sorgen bereitete ihr das Wetter: Es begann zu winden und zu tröpfeln. «Der angekündigte Regen setzt ein», rief sie Arvid Bengt zu.

«Das ist kein Problem», entgegnete Arvid Bengt. «Hauptsache wir haben ordentlich Wind.»

«Bloss keinen Sturm.»

«Lieber Sturm als Flaute», sagte Arvid Bengt und lächelte. Das typische Ivarsson-Grübchen zeichnete sich deutlich ab. Selma fühlte sich sehr sicher. Ihr Vater war ein richtiger Seemann.

Im Cockpit schaltete Arvid Bengt die Beleuchtung ein und startete sämtliche elektronischen Geräte. Die Turicum war mit modernen Funk-, Navigations- und Messgeräten ausgestattet, sogar mit digitalen Seekarten, einem Radar und einem Kollisionswarnsystem.

Im Panzer fühlte sich niemand mehr wohl. Selbst Haberer nicht. «Wie lange dauert es, bis so ein Kahn bereit ist?», wollte er wissen.

«Das kann schon eine Weile dauern», sagte Marcel.

«Na toll», murrte Haberer und schaute zu Charlotte. «Warum ein Segelboot und kein Motorboot?»

«Weil Arvid Bengt Segler ist. Ein echter Seemann eben.»

«Papperlapapp, so ein Unsinn. Die verdammten Wikinger hätten auch Motorboote für ihre Eroberungsfeldzüge genommen, wenn sie welche gehabt hätten.»

Marcel führte Haberer in mehreren Schleifen durch Rorschach, Rorschacherberg und Goldach, die Verfolger stets im Schlepptau.

«Ich sollte übrigens tanken», sagte Haberer.

«Mon dieu, geht dir der Most aus?», fragte Charlotte.

Haberer lachte laut. «Nein, nein, nur ein Scherz. Die Blödmänner hinter uns fragen sich bestimmt, ob wir völlig durchgeknallt sind. Wir fahren einfach im Kreis herum. Und eigentlich mag ich längst nicht mehr. Ich bin kaputt.»

«Durchhalten, Jonas», munterte ihn Marcel auf.

Endlich kam der erlösende Anruf von Selma: «Wir sind bereit», meldete sie Marcel.

«Also Haberer, zurück zum Hafen, es geht los!»

Haberer trat voll aufs Gaspedal, erreichte das Hafengelände, durchschlug die Schranke zum Parkplatz, donnerte Richtung Hafenmole, bremste kurz davor und parkte den Panzer so, dass er den Weg zur Mole versperrte.

Selma winkte mit einer Lampe.

Marcel packte Minouche, Fabienne ihren Rucksack mit den Fläschchen, die den Tau der Mittsommernacht enthielten, und natürlich jenes mit dem Unsterblichkeitselixier. Haberer zerrte Charlotte ziemlich unwirsch aus dem Wagen.

«Jonas, ich komme nicht mit. Ich bleibe hier.»

«Charlotte! Willst du tatsächlich von der chinesischen Mafia als Geisel genommen werden?»

«Mon dieu!», schrie Charlotte und rannte mit Fabienne und Marcel zum Boot. Haberer humpelte fluchend hinterher. Als er endlich die Turicum erreicht hatte, hievten ihn Selma und Arvid Bengt an Deck, und Arvid Bengt befahl: «Leinen los!»

Arvid Bengt ging ans Steuer. Der PS-starke Innenbordmotor gab ordentlich Schub. Die Turicum setzte sich in Bewegung.

Die vier Männer aus den beiden Autos kletterten gerade über Haberers Panzer und rannten zum Liegeplatz des Boots. Sie fuchtelten zuerst mit den Armen. Dann zückten sie ihre Telefone.

«Alter Schwede», sagte Haberer. «Die wären wir endgültig los.» Er stellte sich ans Heck, hielt sich mit der einen Hand am Achterstag fest, lüftete seinen Cowboyhut und winkte den vier Verfolgern zu.

Arvid Bengt wies Selma an, in der Kajüte die gelben Öljacken und Schwimmwesten zu holen, zu verteilen und darauf zu achten, dass alle die Sachen sofort anziehen. Mit ruhiger Hand steuerte er das Boot aus dem Hafen. Als alle mit den Jacken und Westen ausgestattet waren, gab er das Kommando, die Segel zu setzen. Selma und Marcel harmonierten ausgezeichnet, und auch Fabienne konnte ihre Segelkenntnisse unter Beweis stellen. Es regnete immer stärker, aber der See war ruhig. Noch. Am Horizont zeichnete sich unter den Wolken der neue Morgen ab. Einige Fischerboote waren zu erkennen.

«Gutes Team», sagte Arvid Bengt, als die Turicum Fahrt aufnahm. «Selma, übernimm das Steuer», sagte er. «Bleib immer hoch am Wind.»

«Ai, ai, Käpitän.»

Arvid Bengt zog den Kopf ein und ging in die Kajüte. Er holte die Seekarte aus Papier hervor, breitete sie im Cockpit aus, verglich sie mit der digitalen Karte und prägte sich alles ein. Dann faltete er sie zusammen und brachte sie zurück in die Kajüte. Er wollte gerade hinaufgehen, als er ganz hinten bei den Kojen Fabienne und Minouche entdeckte.

«Alles klar bei dir?», fragte Arvid Bengt.

«Ihr bringt mich nach Deutschland, oder?», fragte Fabienne. «Friedrichshafen?»

«Ja», bestätigte Arvid Bengt. «Du hast doch gesagt, du möchtest die Schweiz verlassen.»

«Danke.»

«Ich hoffe, dass der Wind bald auffrischt.»

«Es wird Sturm kommen.»

«Das sagen meine Wetterkarten auch. Ich hoffe, sie haben recht. Sonst brauchen wir ewig bis nach Deutschland.»

Als Arvid Bengt wieder an Deck kam, sah er, dass die orangen Blinklichter am Ufer eingeschaltet waren. Er zählte das Aufflackern einer der Leuchten.

Kurz darauf sagte er: «Die Lichter blinken eindeutig auf der höchsten Stufe, rund neunzig Mal pro Minute. Das bedeutet Sturm. Sehr gut. Dann kommen wir schnell voran.»

«Papa, ich will dir nicht dreinreden», sagte Selma und hielt das Steuer dabei fest in ihren Händen. «Wir, also Marcel und ich, haben in der Segelschule gelernt, dass wir bei Sturmwarnung zum Hafen segeln sollen.»

«Das ist richtig. Aber wir sind nicht zum Vergnügen hier. Wir wollen schliesslich Fabienne schnell ans andere Ufer bringen. Also brauchen wir ...» Arvid Bengt stockte und zeigte mit der Hand auf das Segel, das im Wind flatterte. «Selma, du bist zu hoch am Wind. So verhungern wir.»

«Das auch noch», machte sich Haberer über den Segelausdruck «verhungern» lustig. Selma korrigierte den Kurs, sodass die Segel vom Wind wieder gestrafft wurden. «Bevor wir verhungern, kotze ich erst mal eine Runde.»

«Bist du seekrank?», fragte Charlotte. Sie sass in ihrem Ölzeug mit zugezogener Kapuze neben dem Steuer.

«Ich bin ein verdammtes Landei. Bringt mich ans Ufer.»

Arvid Bengt nahm den Feldstecher, der neben dem Kompass lag, und drückte ihn Jonas in die Hand: «Beobachte, was vor, hinter und neben uns passiert.»

«Hast du keinen Radar?», fragte Haberer mürrisch.

«Doch. Aber wir brauchen trotzdem einen Ausgucker. Verstanden?»

«Verstanden? Verdammter Wikinger, wie redest du mit mir?»

«Das Auto war dein Revier, das hier ist meines», antwortete Arvid Bengt scharf.

«Hoppla», machte Selma und konnte sich ein Grinsen nicht verkneifen. Ihr Vater beeindruckte sie immer mehr. Sie fing sogar an, ihn zu bewundern.

Dann rief Arvid Bengt Selma und Marcel zu: «Klar zur Wende?»

Selma und Marcel prüften, ob die Schoten für die Wende vorbereitet waren und bestätigten unisono: «Ist klar.»

«Ree», kommandierte Arvid Bengt und steuerte den Bug des Boots durch den Wind. Selma und Marcel wussten, was zu tun war. Nach wenigen Sekunden segelte die Jacht wieder mit straffen Segeln hoch am Wind.

«Gut gemacht, Leute», lobte Arvid Bengt.

Jonas Haberer verdrehte die Augen. Ein heftiger Windstoss wehte ihm den Cowboyhut vom Kopf. Das Schiff neigte sich stark.

«So eine verdammte Scheisse», wetterte Haberer und versuchte, den Hut zu retten. Doch dieser flog über die Reling in den See. Schnell verschwand er in den Wellen. Haberer zog die Kapuze des Mantels über den Kopf.

«Langsam fängt es an, mir richtig zu gefallen», sagte Arvid Bengt und lächelte.

46

Selma fragte Kapitän Ivarsson, ob sie ihren Posten kurz verlassen dürfe. Arvid Bengt nickte. Darauf angelte Selma ihre kleine Kamera aus der Jackentasche und fotografierte die ganze Szene: Ihr Vater mit lächelnder Miene am Ruder, Haberer mit seinen blutigen Verbänden und dem Feldstecher vor den Augen, Marcel mit starrem Blick in die Ferne. Die straffen Segel, die Wassertropfen, die nassen Gesichter, die Blinklichter am Ufer ...

Danach stieg sie in die Kajüte zu Fabienne. Diese war damit beschäftigt, ihre Fläschchen in kleine Plastiksäcke zu verpacken. Sie verschloss sie mit Klebeband und stopfte sie unter ihre Kleidung. In einer Koje lag Minouche und döste.

«Was machst du da?», fragte Selma irritiert.

«Nur zur Sicherheit, falls wir kentern», antwortete Fabienne und schaute Selma nur kurz in die Augen.

«Wir kentern nicht», sagte Selma. «Arvid Bengt ist ein erfahrener Skipper.» Sie schaute zu ihrem Rucksack mit ihrer Fotoausrüstung: «Meine Fotoapparate sind übrigens auch nicht ganz wertlos.»

«Selma, es ist bloss zur Sicherheit.»

«Und deine Ausweise und dein Handy verpackst du auch und schiebst sie in die Unterwäsche?»

«Nein, nein, das kann man alles ersetzen.» Wieder schaute Fabienne Selma nur kurz in die Augen, danach auf ihren Mund, wie immer. Aber Selma fiel es jetzt extrem auf. «Den Tau der Mittsommernacht von der magischen Wiese gibt es erst in einem Jahr wieder», sprach Fabienne weiter. «Und mein Elixier wohl gar nie mehr.»

«Du hast doch die Formel deines Zaubertranks.»

«Schon. Aber du weisst, wie kompliziert die Herstellung ist. Zudem müssen wir die Essenz im Labor weiter untersuchen. Das hier ist das einzige Original.»

Selma sah Fabienne lange an. Fabienne strich die Haare glatt, kontrollierte ihren Zopf, straffte ihn und wickelte den Gummi ein zusätzliches Mal drumherum, damit er ganz festsass. Selma kam alles gerade ziemlich seltsam und gespenstisch vor. «Sag mal, warum schaust du mir eigentlich nie richtig in die Augen?»

«Tu ich doch», antwortete Fabienne verlegen und schaute auch jetzt Selma nur kurz in die Augen.

«Tust du nicht. Lügst du mich an?»

«Nein, Selma, nein», platzte es aus Fabienne heraus. «Es ist Unsicherheit.» Sie versuchte den Augenkontakt zu halten, aber schaffte es nicht. «Du bist so anders als ich, so selbstsicher, so stark, so lebensfroh. Und ich verkrieche mich in der Wissenschaft.»

«Wenn du wüsstest», sagte Selma. «So stark bin ich nicht.» Sie hielt einen Moment inne. Der Sturm heulte nun laut und liess das Boot kräftig schwanken. «Du bereitest dich auf deinen Abgang vor, stimmt's?», fragte Selma schliesslich.

«Nein, es ist nur zur Sicherheit.»

«Fabienne! Was hast du vor?»

«Ich muss weg.»

«Arvid Bengt gibt alles. Vertrau ihm und uns. Wir werden das deutsche Ufer erreichen. Aber was passiert dann?»

«Selma, bitte.»

«Gibt es einen Plan?»

«Ja.»

«Wirst du abgeholt? Ist in Friedrichshafen euer Treffpunkt?»

«Nein. Aber wenn ich erst einmal drüben bin, bin ich in Sicherheit.»

«Wie kommst du darauf?»

«Es ist so, Selma.»

«Schau mir endlich in die Augen, Fabienne! Was soll in Deutschland anders sein als auf der Schweizer Seite? Du glaubst wirklich, die verfolgen dich nicht um die ganze Welt?»

Fabienne schaute Selma in die Augen und sagte: «Das werden sie nicht können, Selma. Ganz sicher nicht.»

Selma verstand noch immer nicht, was Fabienne meinte. Doch sie bohrte nicht weiter, sondern sagte: «Wir können dir nicht weiterhelfen.»

«Ihr habt mir genug geholfen. Ich werde mich melden, wenn ich die Resultate habe und wir die Formel zum ewigen oder zumindest für ein sehr langes Leben gefunden haben. Dann kannst du die Geschichte veröffentlichen. Die ganze Geschichte.»

«Die ganze Geschichte?»

«Ja, die ganze Geschichte. Nicht nur jene von unserer Forschungsarbeit. Sondern auch die, wie uns die Pharma jagt.»

«Okay, Fabienne. Aber jetzt verrätst du mir endlich, was das Besondere an deiner und eurer Formel ist?»

«Selma, vereinfacht gesagt: Wir können nicht viel mehr als die anderen Forscher, also das Absterben der Zellen verlangsamen, die Stammzellen und das Immunsystem verjüngen und noch einige andere Sachen. Aber in Kombination mit meinem aus der Natur und dem Kosmos gereiften und entwickelten Elixier können wir diese Therapien massiv verbessern. Ist das nicht toll?!»

«Wow! Und was passiert dabei mit dir? Was für ein Leben wirst du führen? Wie sieht dein ewiges Leben aus?»

«Ich will nicht ewig leben. Ich werde irgendwann nach Hause zurückkehren.»

«In die Bretagne?»

«Ja. Ich werde mich weiterbilden und mich dem Rätsel der geheimnisvollen Steinreihen von Carnac zuwenden. Im Wissen, dass ich dieses Rätsel niemals lösen kann. Aber mit meinem Wissen und meinen Erfahrungen aus dem Appenzellerland werde ich hoffentlich ein Stück weiterkommen. Ganz im Sinn meiner Mama.»

«Ich wünsche es dir.»

«Was wirst du tun, Selma?»

«Ich weiss es nicht. Ich bin Reporterin, Malerin, und ich wünsche mir eine Familie.»

«Ich wünsche es dir von ganzem Herzen. Du und Marcel seid ein wundervolles Paar. Wer weiss, vielleicht werde ich eines Tages dieses Glück auch haben.»

Glück? Was bedeutete schon Glück?, fragte sich Selma. Sie hatte nicht den Eindruck gewonnen, dass Marcel mit ihr eine Familie gründen wollte. Aber sie konnte sich natürlich täuschen.

«Passt ihr auf Minouche auf?», fragte Fabienne und nahm jetzt die Hexenkatze auf ihren Arm. Minouche schnurrte.

Selma sah, dass Fabienne wässrige Augen bekam. «Ja», sagte sie, «das werden wir.»

«Alle an Deck», schrie Arvid Bengt plötzlich.

«Es geht los», sagte Fabienne, setzte die Katze wieder in die

Koje, stand auf und umarmte Selma. «Ich wünsche dir ein gutes Leben.»

«Fabienne?»

«Ja?»

«Es gibt gar keinen Treffpunkt, nicht wahr? Du bist auf dich alleine gestellt ...»

«Alle an Deck, wird es endlich!», rief Arvid Bengt.

Fabienne löste sich von Selma, warf ihren Zopf in den Nacken und eilte aus der Kajüte nach oben.

Selma folgte ihr.

«Leute, der Sturm ist stärker geworden», erklärte Arvid Bengt. «Und wir werden von einem Motorboot verfolgt.»

«Bestätige, Kapitän!», brüllte Haberer. «Ich sehe es durch den Feldstecher. Es kommt schnell näher.»

«Ich habe bereits einen Notruf abgesetzt und die Seepolizei per Funk verständigt», sagte Arvid Bengt. «Jeder und jede geht jetzt auf seinen Posten. Verstanden?»

«Sind das die Verfolger?», fragte Selma aufgeregt. «Wie haben sie uns gefunden?»

«Wegen unseren Navigationsgeräten sind wir leicht zu finden und zu identifizieren.»

«Schalte sie aus! Die Lichter ebenso. Dann drehen wir ab und verschwinden in der Dunkelheit.»

«Schlechter Plan, Selma. Wir brauchen diese Geräte, um heil durch den Sturm zu kommen. Zudem soll die Seepolizei uns finden.»

Das leuchtete Selma ein. Trotzdem stieg die Angst in ihr hoch.

«Segeln ist gar nicht so langweilig, wie ich mir das immer vorgestellt habe», maulte Haberer. «Wenn es jetzt noch etwas zu trinken gäbe ...»

«Jonas, du behältst das Motorboot im Auge.»

«Du kannst dich auf mich verlassen, Käpt'n Blaubär», sagte

Haberer, lachte und linste durch den Feldstecher. «Ich wiederhole mich: Der Feind kommt näher, verdammt schnell sogar. Zeig, was du kannst, Wikinger Ivarsson!»

«Klar zur Wende», schrie Arvid Beugt in den Wind. Selma, Marcel und Fabienne quittierten den Befehl, und die Jacht drehte eine Kurve, neigte sich auf die andere Seite und verlor kein bisschen an Fahrt.

«Marcel», sagte Arvid Bengt plötzlich. «Nimm das Ruder und steure dieses Licht da vorne an.» Er zeigte auf ein blinkendes Warnsignal. «Verstanden?»

«Verstanden», erwiderte Marcel und packte das Steuer.

«Ich bin kurz in der Kajüte», sagte Arvid Bengt. «Ich studiere nochmals die Seekarte auf Papier. Ich traue dem digitalen Zeugs nicht. Ich bin old school.»

Selma sass auf ihrem Posten als Vorschoter und war fasziniert von ihrem Vater. Bisher kannte sie ihn nur als ruhigen, zurückhaltenden, leicht knorrigen Mann. Manchmal hatte sie sogar das Gefühl, sie müsste ihn beschützen. Beschützen vor ihrer so bestimmenden und manchmal herrischen Mutter. Aber jetzt, hier auf dem See, in diesem Sturm, war Arvid Bengt wie ausgewechselt, strotzte vor Selbstbewusstsein und liess nicht den geringsten Zweifel aufkommen, wer auf diesem Boot das Kommando hatte.

Selma suchte Blickkontakt zu Marcel. Er hob die Hand und zeigte mit dem Daumen nach oben. Selma machte dasselbe Handzeichen.

«Das kann richtig ungemütlich werden», schrie Marcel ihr zu und schaute wieder nach vorne. «Auf dem Bodensee kann es Wellen von mehreren Metern Höhe geben. Es gab schon viele Tragödien, auch grosse Schiffe sind untergegangen, und wir sitzen ...»

«Marcel, du Klugscheisser», unterbrach ihn Selma. «Wir haben den besten Kapitän.» Und es fiel ihr gerade auf, dass

Marcel in letzter Zeit sehr zurückhaltend war mit seinen fast allwissenden Bemerkungen und Erklärungen. Sie fragte sich, ob die Themen Kraftorte, Magie, Alternativmedizin und Esoterik ihn überhaupt interessierten. Genauso wie das Thema Familienplanung ...

«Dein Vater ist ein sehr beeindruckender Seemann, führt sehr selbstsicher das Kommando. Und deine Mutter habe ich auch noch nie so erlebt.»

Tatsächlich sass Charlotte neben dem Ruder und blickte wie Marcel eisern nach vorne, obwohl ihr der Wind, der Regen und manchmal die Gischt ins Gesicht peitschten. Jetzt wehte es ihr sogar die Kapuze des Ölmantels vom Kopf, und aus ihrem geliebten Pony wurde eine Sturmfrisur. Doch Charlotte lächelte. Ja, sie lächelte.

Arvid Bengt kam zurück auf Deck, ging zu Charlotte und fragte: «Alles okay?»

«Alles okay», sagte Charlotte. «Du bringst uns heil an Land?»

«Versprochen.» Arvid Bengt übernahm von Marcel wieder das Steuer.

Selma dachte an ihren Traum, den sie damals im Spital nach dem Drama am Piz Bernina gehabt hatte: Sie mit Marcel auf einem Segelschiff, Charlotte und Arvid Bengt am Ruder ...

Obwohl es bereits 5.30 Uhr und Hochsommer war, wollte es einfach nicht richtig Tag werden. Die Wolken hingen tief, es regnete und stürmte. Die Wellen wurden immer höher, das Schiff bewegte sich stark auf und ab, flog teilweise regelrecht über die Wellen. Fischerboote entdeckte Selma keine mehr. Sie hatten sich offenbar alle an die Sturmwarnung gehalten und einen Hafen aufgesucht. Die orangen Warnlichter am deutschen Ufer waren gut zu erkennen. Aber sie waren noch weit weg. Und das Motorboot hinter ihnen kam immer näher.

«Klar zur Wende», schrie Kapitän Ivarsson erneut. Die Mannschaft parierte. Auch dieses Manöver funktionierte perfekt.

«Kapitän», schrie Jonas Haberer. «Ich erkenne zwei Leute auf dem Motorboot. Es ist definitiv kein Boot der Seepolizei. Ich nehme an, das sind zwei der vier Schurken, die uns verfolgt haben. Was machen wir?»

«Nichts. Die Seepolizei wird sicher gleich da sein.»

«Bis dann haben die Scheisskerle uns längst in diesem gottverdammten See versenkt», schrie Jonas Haberer. «Ich habe definitiv genug von diesen Mistkerlen. Die lernen jetzt den alten Haberer kennen. Ich habe nämlich keine Lust, als Fischfutter zu enden.» Er zog seine Pistole aus dem Hosenbund und zielte auf das Boot. «Wenn ich den Motor oder den Tank treffe, sind wir sie los.»

Charlotte schrie entsetzt: «Was?!»

Arvid Bengt zuckte zusammen. Er rief Marcel zu: «Übernimm das Steuer!» Dann hechtete er zu Jonas Haberer, riss ihm die Pistole aus der Hand und warf sie in den See.

«Was soll das?», wetterte Haberer, stand auf und ging Arvid Bengt an den Kragen.

Dieser gab ihm mit dem Handrücken eine Ohrfeige. Jonas taumelte und kippte fast über Bord. Doch Arvid Bengt fing ihn auf und setzte ihn wieder auf seinen Platz: «Kein Wort mehr, verstanden?!»

«Blödmann», brummte Haberer.

«Kein Wort!», schrie Arvid Bengt noch einmal und übernahm wieder das Steuer, prüfte die Segel, den Mast, seine Mannschaft. Und zuckte erneut zusammen, verlor sogar einen Moment das Gleichgewicht. «Fabienne!», schrie er aus Leibeskräften und starrte auf der rechten Seite zur Mitte der Jacht.

Die gesamte Crew blickte nun auch dorthin.

«Fabienne!», schrie Selma entsetzt.

Doch Fabienne liess sich nicht beirren. Sie hatte die Schwimmweste ausgezogen, schlüpfte nun schnell aus dem gelben Ölmantel und aus ihrer Jacke, die sie darunter trug, zog die Schuhe und die Hosen aus und kletterte über die Reling.

Ohne noch einmal zurückzuschauen, sprang sie über Bord.

47

Selma schrie: «Fabienne!»

Und Skipper Arvid Bengt: «Mensch über Bord!»

Er riss das Ruder herum und stellte das Boot direkt in den Wind. Die Segel flatterten laut. Das Schiff wurde langsamer, schwankte jetzt aber bedrohlich in den Wellen. Marcel nahm einen Rettungsring, warf ihn, wie er es in der Segelschule gelernt hatte, dort ins Wasser, wo er Fabienne vermutete. Arvid Bengt schmiss zudem eine Markierungsboje über Bord.

Selma kraxelte vorsichtig nach vorne zum Bugkorb. «Fabienne!», schrie sie erneut. Doch sie konnte Fabienne nirgendwo sehen.

Die ganze Crew schaute sich um.

«Da!», schrie plötzlich Jonas Haberer, zog die Schwimmweste und den Mantel aus und riss sich vor Schmerz schreiend die Cowboyboots von den Füssen. Arvid Bengt hechtete zu ihm hinüber, um ihn aufzuhalten. Doch zu spät. Haberer stürzte sich über die Reling in die Fluten und crawlte davon.

«Verdammt!», murrte Arvid Bengt, packte einen weiteren Rettungsring und warf ihn Haberer hinterher. «Halt dich fest, Jonas, halt dich fest.»

Doch Jonas Haberer hörte nichts. Er crawlte weiter, tauchte ab, tauchte wieder auf.

Und tauchte ab. Und verschwand.

Arvid Bengt ging ans Steuer zurück, befahl eine Wende und führte diese zusammen mit Marcel aus. Dabei behielt Arvid Bengt immer die Markierungsboje im Auge.

Plötzlich tauchte Haberer wieder auf und krallte sich am Rettungsring fest. «Ich habe sie gesehen», schrie er und zeigte in Richtung des deutschen Ufers. «Da vorne.»

Aber da vorne war ausser Wasser, Wellen, Wolken und den blinkenden Alarmlichtern nichts zu erkennen.

Das Motorboot, das eben noch in voller Fahrt heranbrauste, fuhr nun langsam heran.

«Mensch über Bord!», schrie Arvid Bengt der anderen Crew zu. Er konnte den Namen des Schiffs erkennen: Princess II.

Doch die beiden Männer der Princess II reagierten nicht. Sie trugen weder Ölzeug noch Schwimmwesten. Sie starrten entweder ins Wasser oder zu Arvid Bengt und hatten offensichtlich keine Ahnung, was zu tun war. Oder sie wollten nicht helfen.

«Mensch über Bord!», schrie Arvid Bengt den Männern erneut zu. «Wir brauchen Hilfe.»

Doch die beiden machten keine Anstalten zu helfen. Einer schaute durchs Fernglas und nahm jede einzelne Person, die sich auf der Turicum aufhielt, ins Visier.

«Sie checken uns ab», rief Selma aufgeregt zu Arvid Bengt. «Sie suchen Fabienne, kontrollieren, ob sie es war, die über Bord gesprungen ist.» Selma fiel das Gespräch mit Fabienne ein, in dem sie gesagt hatte, dass sie möglicherweise von der Triade, der chinesischen Mafia, verfolgt werde. Selma blickte angestrengt in die Gesichter der beiden Männer. Nein, das waren definitiv keine Asiaten.

«Jetzt helft uns endlich!», schrie Arvid Bengt aus Leibeskräften. «Das ist eure Pflicht.» Doch die Männer reagierten nicht. Der Mann mit dem Fernglas schüttelte bloss den Kopf.

Plötzlich tauchte ein blau-weisses Boot auf. Es war ein Schiff der deutschen Wasserschutzpolizei.

Arvid Bengt atmete kurz durch.

In diesem Augenblick dröhnte der Motor der Princess II auf. Das Boot drehte ab und brauste Richtung Schweizer Ufer davon.

Haberer hielt sich immer noch am Rettungsring fest und versuchte, zur Turicum zurückzuschwimmen. Doch er driftete stattdessen weiter ab. Die Wellen trieben ihn davon. Haberer hustete und spuckte Wasser aus.

Arvid Bengt machte die Crew des Polizeiboots auf Haberer aufmerksam. Die Frau am Ruder steuerte das Schiff Richtung Haberer, ihr Team leitete seine Rettung ein.

Haberer schaffte es nicht, an Bord zu klettern. Er war offensichtlich geschwächt und unterkühlt. Einer der Beamten musste ihn hinaufziehen. Obwohl der Wind heftig toste und die Segel flatterten, war sein Gefluche auch auf der Turicum gut zu hören.

Sofort hielten alle wieder Ausschau nach Fabienne.

Ein weiteres Boot der Wasserschutzpolizei kam hinzu. Arvid Bengt funkte, dass sie von einem Motorboot namens Princess II verfolgt worden seien und die Crew ihre Hilfe an der Seerettung verweigert hätte. Das Boot habe Richtung Schweiz abgedreht. Der Kapitän des Polizeiboots funkte diese Information sofort an die Schweizer Kollegen weiter.

Die Suche nach Fabienne Richemond wurde nun professionell eingeleitet und ausgeführt. Es wurde Grossalarm ausgelöst.

Bald erschienen auch Boote der Schweizer Seepolizei.

Die Turicum wurde an einem Polizeiboot festgemacht, die Mannschaft mit Wärmefolien und Decken versorgt. Niemand sprach ein Wort. Alle starrten in die Wellen.

Von Fabienne war nichts zu sehen.

Selma fror. Sie hatte kein Zeitgefühl mehr. Trotz Regen und Sturm war es jetzt hell. Es kam ihr vor, als würden sie schon Stunden in die Wellen starren und Fabienne suchen.

Plötzlich ging ein Notruf der Schweizer Seepolizei ein. Die Princess II sei in voller Fahrt bei hohem Wellengang und schlechter Sicht in die Hafenmauer bei Rorschach geprallt und zerschellt. Zwei Personen seien dabei ertrunken.

Selma sog die Luft ein: «Das sind Fabiennes Verfolger. Ihr Boot hiess doch Princess II, oder?»

«Ja», bestätigte Arvid Bengt kurz. «Selma, konzentriere dich. Wir müssen Fabienne finden. Sie hat keine Chance bei diesem Seegang.»

Selma starrte weiter in die Wellen. Aber sie konnte Fabienne nicht finden.

Niemand konnte Fabienne finden.

Plötzlich kam Minouche aus der Kajüte, hielt ihre Schnauze in die Luft, streckte sich, schaute über den Bootsrand in die Wellen und fixierte einen Punkt.

Die ganze Turicum-Crew und auch die Polizistinnen und Polizisten schaute nun gebannt dorthin, wo Minouche hinschaute. Der Feldstecher machte die Runde. Aber niemand konnte Fabienne entdecken.

Minouche gähnte, schüttelte ihr rechte Vorderpfote und verschwand wieder in der Kajüte.

48

Selma wusste genau, dass sich Marcel, ihre beste Freundin Lea und ihre ganze Familie wieder grosse Sorgen um sie machen würden. Wie damals nach dem schrecklichen Abenteuer auf dem Piz Bernina, als sie monatelang nicht mehr richtig gegessen, nicht mehr richtig gelebt hatte.

Aber dieses Mal war es anders.

Nein, Selma musste sich in den Tagen und Wochen nach der Katastrophe auf dem Bodensee nicht zusammenreissen, um Freude am Leben zu haben und Zuversicht zu spüren. Obwohl Fabienne verschwunden war, auch von professionellen Tauchtrupps nicht gefunden werden konnte und die Chance, dass ihre Leiche je einmal auftauchen würde, äusserst klein war –

Selma ging es gut. Sie ging mit Marcel wandern, manchmal auch alleine, sie übte mit ihrer Clique Ehrenherren für die Fasnacht, besuchte Elin und ihre beiden Neffen und begann wieder zu malen. Natürlich war sie traurig, aber irgendetwas in ihr stimmte sie positiv und hoffnungsvoll.

Lag es daran, dass es Fabienne vielleicht doch noch ans Ufer geschafft hatte und ihren Weg gegangen war? Eine Hoffnung, die niemand bestätigen wollte. Alle Rettungsspezialisten hatten Selma klar gemacht, dass es unmöglich war, sich bei diesem Seegang aus eigener Kraft ans Ufer zu retten. Hatte Fabienne vielleicht Hilfe erhalten? War jemand aus ihrer Forschungsgruppe Turido zur Stelle? Nein, das konnte nicht sein, die Wasserschutzpolizei hätte sie mit Sicherheit entdeckt.

Selma hatte von der ganzen Sache Abstand genommen und die Reportage auf Eis gelegt – sehr zum Ärger von Jonas Haberer. Aber Selma blieb standhaft. Denn irgendwie war die Geschichte noch nicht zu Ende. Selma wollte Zeit vergehen lassen, bis die Polizei etwas herausfand. Oder es würde noch etwas passieren.

Vielleicht lag Selmas positive Stimmung auch daran, dass das Haus «Zem Syydebändel» eine neue Bewohnerin hatte: die schwarze Katze mit der weissen Schwanzspitze und dem weissen Fleck auf der Stirn – Minouche. Da Marcel Selma in dieser Zeit nicht alleine lassen wollte, wohnte er mehrheitlich bei ihr und hatte Minouche gezügelt. Die Hexenkatze eroberte im Nu nicht nur Selmas Appartement, sondern auch jenes von Lea im zweiten und jenes von Charlotte und Arvid Bengt im ersten Stock. Selbst in Leas Coiffeursalon machte sie ihre Streifzüge.

Manchmal begleitete Minouche Selma auch in die Mansarde, ins Atelier. Oder auf die Dachterrasse. Selma malte oft in diesen ersten Herbsttagen, an denen es in der Nacht und frühmorgens schon recht kalt war und die Blätter an den Bäumen farbig wurden. Sie malte den See, den Sturm, die Boote. Meistens ziemlich abstrakt, aber niemals düster und bedrückend. Selbst auf ihren Sturmbildern war meistens ein Licht zu sehen, ein Sonnenstrahl, eine himmlische Erscheinung.

Auch heute malte Selma. Und neben ihr sass nicht nur Minouche, sondern zum ersten Mal auch ihr Vater Arvid Bengt. Sie taten endlich, was sie sich schon so lange vorgenommen hatten: zusammen malen. Während Selma einmal mehr ein Bild vom Bodensee malte, widmete sich Arvid Bengt dem Ausblick auf den Rhein, die Mittlere Brücke und Kleinbasel und brachte seine Interpretation mit kräftigen Farben auf die Leinwand.

«Ich könnte dich malen», sagte Selma. «Dich als Kapitän.»

«Lieber nicht.»

«Warum nicht? Du hast uns alle beeindruckt auf dem See.»

«Ein Skipper muss sich durchsetzen können.»

«Das hat selbst Haberer kapieren müssen», sagte Selma und lächelte verschmitzt.

«Er hat Glück gehabt. Dass er ins Wasser gesprungen ist, war eine grosse Dummheit. Wie geht es ihm eigentlich?»

«Ach, wieder ganz der Alte. Immer, wenn er anruft, erzählt er die gleiche Geschichte: Er träume jede Nacht, dass der Bodensee nicht aus Wasser, sondern aus Bier bestehen würde, und er darin ertrinke.»

Arvid Bengt lachte laut heraus: «Ihm scheint es wirklich gut zu gehen.»

«Er geht mir bereits wieder auf die Nerven, will mich zwingen, die Reportage über Fabienne endlich zu schreiben.»

«Eine tragische Geschichte.»

«Ja, aber das mag ich nicht. Meine Fotos aus dem Appenzellerland und von der Hexenwiese, vom Brand, ja selbst vom Boot und vom Sturm, sie alle sind wirklich toll. Aber was soll ich für eine Geschichte erzählen?»

«Erzähl einfach die Wahrheit.»

«Dass die Wissenschaftlerin Fabienne Richemond möglicherweise komplett durchgeknallt war? Unter Verfolgungswahn litt? Dass sie in den Tod gehetzt worden ist?»

«Hast du schon einmal in Betracht gezogen, dass Fabienne Selbstmord begangen hat?», fragte Arvid Bengt. «Immer wieder stürzen sich Menschen von Schiffen.»

«Die Polizei hat mich dazu befragt. Aber Suizid ist eher unwahrscheinlich. Ihr Smartphone und die Ausweise hat Fabienne zwar im Rucksack auf dem Schiff zurückgelassen, aber die Fläschchen mit dem Tau und dem Elixier hat sie mitgenommen. Das macht keinen Sinn. Wozu hätte sie die Fläschchen gebraucht, wenn sie sich hätte umbringen wollen? Tötet sich eine Wissenschaftlerin, die die Unsterblichkeit erforscht, selbst?»

Selma schwieg einen Moment, dachte nach. Dann sprach sie weiter: «Nein, Fabienne machte keinen Suizid. Ich habe kurz vor ihrem Abgang mit ihr gesprochen. Sie war ruhig. Sie hatte einen Plan. Ich denke, sie glaubte wirklich, ans Ufer schwimmen und den Verfolgern entkommen zu können. Wenn es diese Verfolger überhaupt ...» Selma raufte sich die Haare. «Keine Ahnung, was in dieser Frau vorgegangen ist. Sie litt wirklich unter Verfolgungswahn.»

«Aber sie wurde doch tatsächlich verfolgt», bemerkte Arvid Bengt, schaute hinüber zum Kleinbasel, kniff die Augen zusammen und setzte seinen Pinsel zu einem weiteren Strich an. «Wir haben es selbst miterlebt. Zu dumm, dass die beiden Kerle mit ihrem Boot in die Hafenmole gekracht und dabei ums Leben gekommen sind. Hast du erfahren, was das für Männer gewesen sind?»

«Offiziell ist nicht viel bekannt. Zwei Männer, die die Princess II gestohlen haben und bei einem Unfall gestorben sind. Die Ermittlungen sind noch im Gang.»

«Und inoffiziell?», fragte Arvid Bengt nach und zwinkerte Selma zu.

«Also, unser lieber Freund, Kommissär Olivier Kaltbrunner, sagt, dass die beiden französische Staatsangehörige sein sollen und Verbindungen zur chinesischen Mafia haben könnten. Was Sinn machen würde. Fabienne erwähnte mir gegenüber einmal, dass eine obskure Pharmafirma aus China hinter ihr her sein könnte. Beziehungsweise die chinesische Mafia, die in Frankreich Ableger habe.»

«Das ist alles so schrecklich», sagte Arvid Bengt. «Und was ist mit den anderen Männern, die uns im zweiten Wagen verfolgt haben? Und wer hat die Drohne geflogen?»

«Das weiss auch Oli nicht. Die Autos waren gemietet. Mit gefälschten Ausweisen. Die Typen sind verschwunden. Und die Ermittlungen wegen der Drohne seien ins Stocken geraten. Die Drohne sei vermutlich von chinesischer Bauart, was aber nicht viel bedeuten würde.»

«Auch das würde passen. Oli bleibt sicher dran.»

«Ja, nicht nur Oli. Auch seine Kollegen in der Ostschweiz und in Deutschland.»

Selma und Arvid Bengt schwiegen eine Weile. Beide malten konzentriert. Dann sagte Arvid Bengt: «Oli ist in letzter Zeit oft bei Lea.»

«Das ist doch toll. Zwischen den beiden läuft es richtig gut. Wie bei dir und Mama.»

«Seit unserem Erlebnis auf dem Bodensee läuft es noch viel besser.»

«Weil sie weiss, dass du der Kapitän bist. Du solltest dir eine Uniform zulegen. Männer in Uniformen sind sexy. Das sage ich Marcel immer wieder.»

«Charlotte ist doch die Kapitänin. Ich habe nur auf dem Wasser das Sagen.» Arvid Bengt lächelte und zwinkerte Selma zu.

Minouche räkelte sich, sprang auf das breite Geländer der Terrasse und schaute nach unten zum Rhein.

«Glaubst du, dass Minouche glücklich ist?», fragte Selma ihren Vater.

«Ich weiss es nicht.»

«Vermisst sie Fabienne?»

«Können Katzen jemanden vermissen?»

«Sie vermisst sicher die Freiheit. Aber ich getraue mich nicht, sie aus dem Haus zu lassen. Dieser Verkehr! Nein, das geht nicht. Ich glaube, ich bringe sie definitiv zurück ins Appenzellerland. Marcel wird es verstehen müssen.»

Minouche starrte immer noch zum Rhein.

Selma stand auf und ging zu ihr: «Na, was siehst du denn Interessantes?»

Minouche schnurrte.

Auch Selma starrte nun zum Rhein. Und plötzlich erinnerte sie sich an die Nacht, in der Fabienne aufgekreuzt war. Es war die Nacht, als sie zusammen im Rhein schwimmen gegangen waren. Und es war die Nacht, in der Fabienne minutenlang abgetaucht war und Selma vor Sorge fast gestorben wäre. In jener Nacht hatte Fabienne ihr auch erzählt, dass sie leidenschaftliche Taucherin sei, dass sie sich im Wasser geborgen fühle. Und nur im Wasser.

«Verdammt, sie lebt», flüsterte Selma.

49

«Selmeli, Kleines», sagte Jonas Haberer leise ins Telefon. «Eigentlich würde ich mich über deinen Anruf freuen. Aber ich hatte wieder diesen Traum. Ich träumte, dass der Bodensee ...»

«Mit Bier gefüllt ist und du darin ertrinkst», unterbrach Selma. «Du erzählst es mir fast jeden Tag.»

«Ein schöner Traum, nicht wahr?»

«Es geht.»

Haberer seufzte laut. «Ich habe eben keine anderen Träume mehr.»

«Papperlapapp», sagte Selma und äffte ihn nach. «Ich liefere dir die Story.»

«Bitte? Was?», Haberer klang plötzlich ganz aufgeregt: «Die Kräuterhexenstory? Mit allen schmutzigen Details?»

«Nicht nur mit den schmutzigen, sondern und vor allem mit den schönen und positiven Details.»

«Endlich, Selmeli, endlich, du machst mich glücklich.» Er hielt inne und räusperte sich laut. Dann fragte er äusserst sachlich: «Warum dein Sinneswandel?»

«Fabienne lebt!»

«Jesusmariasanktjosef!», rief Haberer triumphierend.

«Jonas, ich bitte dich.»

«Sie hat sich also bei dir gemeldet?»

Selma zögerte mit ihrer Antwort.

«Bitte?»

«Nein ... noch nicht. Aber ich weiss es, ich spüre es.»

«Ich kann es kaum glauben, aber mein kleines Selmeli ist endlich eine richtige Reporterin geworden.»

«Was redest du da?»

«Man ist erst ein richtiger Reporter, wenn man die Geschichten spürt. So wie ich. Ich spüre immer alles im Urin.» Er lachte laut drauflos, beruhigte sich aber schnell wieder. «Wann kannst du liefern?»

«In einer Woche.»

«Der Traum vom ewigen Leben wird real», sinnierte Haberer. «Was für eine Hammerstory. In einer Woche ist gut. Ich verkaufe die Story gleich weltweit, kein Problem. Ach, ich habe sie ja schon verkauft. Muss nur noch die Bestätigung liefern. Wir werden reich, und das Appenzellerland wird ein Wallfahrtsort der Unsterblichkeit. Dank uns. Wir müssen unsere Rechte sichern und schauen, dass wir an allen Pilgerreisen und Souvenirartikeln mitverdienen. Und bitte, Selmeli, Kleines, reserviere mir eine grosse Flasche von diesem Zeugs.»

«Jonas, von welchem Zeugs?»

«Vom Unsterblichkeitstrunk. Oh Gott, Selmeli, wir werden bis in alle Ewigkeit miteinander verbunden sein.»

«Muss das sein?»

«Keine Zeit mehr, Selmeli», frohlockte Haberer und schrie ins Telefon. «Du musst jetzt schreiben. Das ist ein gottverdammter Befehl!»

Die Reporterin setzte sich sofort an den Computer und schrieb. Sie schrieb und recherchierte. Mehrere Tage lang. Sie setzte sich auch immer wieder mit ihrer Schwester Elin zusammen. Selma profitierte von Elins Wissen und Erfahrung als Apothekerin, Elin überprüfte alle medizinischen- und pharmazeutischen Aspekte der Geschichte. Selma nahm auch Elins philosophischen Gedanken über die Abschaffung, die Verhinderung des Todes auf. Was würde dies für die Menschheit bedeuten? Und sie liess die Frage bewusst offen. Jede Leserin, jeder Leser sollte sich selbst eine Meinung bilden.

Selma war sich sicher, dass ihre Reportage über dieses geheimnisvolle Elixier des ewigen Lebens weltweit Schlagzeilen machen würde. Die Geschichte einer Wissenschaftlerin, deren Forschungsdrang sie aus dem Labor und aus der virtuellen Welt in die reale zurückholte, in die Natur. Sie aber auch in die Welt des Profits führte, in die Welt der Gier und der Rücksichtslosigkeit. Und wie viel darauf hindeutete, dass die Triade, die chinesische Mafia, im Auftrag einer Pharmaunternehmung hinter ihr her gewesen war. Oder es immer noch ist.

Und Selma wusste auch, dass die rührende Geschichte über die Hexenkatze Minouche für Aufsehen sorgen würde.

«Was ist eigentlich mit Minouche los?», fragte Elin in einer Arbeitspause. «Sie rennt die ganze Zeit vom Fenster in der Stube zur Wohnungstüre.»

«Sie will hinaus», sagte Selma. «Marcel und ich werden sie ins Appenzellerland zurückbringen. Zum Hochhamm. Zu Hannes und Theres. Nach Hause.»

«Spürt sie es schon?»

Selma wollte gerade Kaffee aufsetzen, als Minouche auf dem Sims des Fensters zum Totentanz sass und laut miaute. Mehrmals. Sie machte das Männchen und scharrte mit den Pfoten am Fenster.

Selma lief es eiskalt den Rücken hinunter. Sie liess alles stehen und liegen, rutschte auf dem Handlauf das Treppenhaus hinunter und riss die Haustüre auf. «Fabienne?», rief sie. Aber niemand stand vor der Türe. Sie rannte einige Meter Richtung Schifflände und entdeckte eine Frau, die die Haare zu einem Zopf geflochten hatte.

«Fabienne!», rief Selma erneut.

Doch die Frau drehte sich nicht um.

Selma rannte auf sie zu, überholte sie.

Aber die Frau war nicht Fabienne.

Selma spurtete zurück, doch konnte sie Fabienne nirgendwo entdecken. Auch am Petersgraben nicht, auch nicht in der Spitalstrasse, nicht in der St. Johanns-Vorstadt, nicht im Park am Totentanz.

Frustriert ging Selma zum Haus «Zem Syydebändel» zurück und sah, dass in ihrem Briefkasten ein roter Umschlag zwei Zentimeter aus dem Schlitz herausragte.

Selma nahm den Brief und riss ihn auf. Ihre Hände zitterten.

Der Brief war handgeschrieben: «Liebe Selma, ich bleibe noch eine Weile auf Tauchstation. Der Tau hat Wunder vollbracht. Wir haben den Durchbruch geschafft. Unsere Studie wird nächste Woche veröffentlicht. Hier kannst du sie bereits einsehen.» Fabienne hatte eine lange Internetadresse angegeben. «Der Wissenschaft wird noch ein langer Weg bevorstehen. Ein Weg, den ich nicht mehr mitgehen werde. Ewiges Leben kann möglich sein. Aber nur im Einklang mit der Natur und dem Übersinnlichen.»

«Was für ein Satz», flüsterte Selma. «Was für ein wunderschöner doppeldeutiger Satz für eine wunderschöne Geschichte.»

Zum Schluss schrieb Fabienne: «Liebe Selma, ich wünsche dir kein ewiges Leben. Einfach nur ein glückliches. Merci. Fabienne.»

50

Schweren Herzens war Marcel damit einverstanden, Minouche zurück ins Appenzellerland zu bringen. Minouche war definitiv kein Stubentiger, das hatte Marcel eingesehen. Die Hexenkatze brauchte ihre Freiheit.

Nachdem Selma ihre Reportage fertig getextet, die Fotoauswahl zusammengestellt und alles an Jonas Haberer übermittelt hatte, fuhr sie zusammen mit Marcel mit dem Zug ins Appenzellerland. Minouche sass in der Katzenbox und miaute.

Auch dieses Mal spürte Selma wieder ein Kribbeln. Mit jedem Kilometer, den sie dem Appenzellerland näherkamen. Diese Kraft, diese Magie, diese Lebenslust.

Sie fuhren bis nach Herisau. Dort wurden sie von der Kräuterbäuerin Theres abgeholt. Hündin Merle sprang aus dem Lieferwagen und begrüsste Selma und Marcel bellend. Als sie Minouche in der Katzenbox entdeckte, winselte und wedelte sie.

Theres fuhr zu ihrem Hof nach Schönengrund und zeigte Selma und Marcel stolz ihren Kräutergarten und die moderne Trocknungsanlage. Danach tuckerten sie mit dem Traktor und Anhänger zum Hochhamm. Im Anhänger sassen Merle und Minouche, die Hexenkatze allerdings immer noch in ihrer Box.

Es war ein schöner, sonniger und warmer Spätsommertag.

Die Terrasse des Restaurants war gut besucht. Hannes begrüsste seine Basler Freunde. Und natürlich seine Katze: «Wir behalten den Namen Minouche», verkündete er. «Er ist viel schöner als Susi. Zudem erinnert uns der Name an diese verrückte Geschichte mit Fabienne und euch. Und der Hexenkatze ist es egal. Sie hört sowieso nicht auf uns.»

Alle lachten. Selma öffnete die Box. Minouche tapste heraus, schaute noch einmal kurz zu Selma und Marcel, dann sprang sie auf die Weide, blieb stehen, guckte noch einmal zurück, rannte weiter und verschwand schliesslich hinter einer Kuppe.

Selma und Marcel setzten sich auf die Terrasse, redeten lange mit Theres und erfuhren, dass sie und Hannes sich entschieden hätten, die abgebrannte Hütte wieder aufzubauen.

«Fabienne darf gerne wieder kommen und sich ihr Homeoffice oder ihr Homelabor einrichten», sagte Theres. «Dieses Mal allerdings ohne gefährliche Experimente. Geht es ihr gut? Sie ist wieder aufgetaucht, oder?»

«Nein, ich habe nur ein Lebenszeichen erhalten. Ich denke nicht, dass sie so schnell ins Appenzellerland zurückkommen wird. Wenn überhaupt.» Selma legte ihre Hand auf Marcels Bein und sagte: «Aber wir könnten doch in der neuen Hütte einmal unsere Ferien verbringen.» Sie strahlte Marcel an und zeigte ihm ungeniert ihr Grübchen. «Vielleicht sind wir bis dann ja nicht mehr zu zweit.»

Marcel lächelte. Etwas verlegen. So empfand es jedenfalls Selma.

Auch Theres lächelte. Auffällig breit sogar.

«Oh», machte Selma und kapierte sofort. «Ihr …»

«Ja», platzte es aus Theres heraus. «Wir bekommen ein Kind!»

Wieder lachten alle. Hannes kam hinzu und strahlte nun mit Theres um die Wette.

Als die Sonne untergegangen war, es kühl wurde und die letzten Gäste längst gegangen waren, verabschiedeten sich auch Selma und Marcel.

«Kommt», sagte Hannes. «Wir zeigen euch noch etwas.» Hannes und Theres führten Selma und Marcel zum Wanderwegweiser, der etwas abseits des Hauses stand. «Wir haben für den magischen Stein einen schönen Platz gefunden.»

Da lag er, der Felsbrocken mit den neun und den drei Einkerbungen, den Hannes für Fabienne angefertigt hatte. Selma kauerte hin und strich mit ihren Händen langsam durch die Ritzen: «Tatsächlich wie beim Rutschstein», sagte Selma. «Der Rutschstein zur Empfängnis. Und symbolisch für die Schwangerschaft neun und für die Mondphasen drei Einkerbungen. Magie! Sie hat gewirkt.»

«Ja, sie hat gewirkt», sagte Marcel.

Selma sprang auf, packte Marcels Hand und spurtete mit ihm den kurzen aber steilen Aufstieg zum Gipfel des Hochhamms hinauf.

Marcel gab sich alle Mühe, Selma zu folgen, musste aber schwer atmen. Sie zog ihn nach oben. Als sie ankamen, stützte sich Marcel an der Bank.

Selma liess ihm keine Zeit, sich zu erholen: «Schau, Marcel, schau!» Sie zeigte aufgeregt durch die Bäume zum Säntis. Der Mond ging soeben auf, leuchtete gelbrot.

Marcel drehte sich um und stellte sich neben Selma. Seine Atmung beruhigte sich etwas. Zusammen schauten sie sich das Schauspiel an.

Dann trat Selma hinter Marcel, umarmte ihn und sagte: «Ich bin so glücklich, ich liebe dich so.»

«Ich liebe dich auch, Selma.»

«Dann …» Selma löste die Umarmung, drehte Marcel zu sich um, ergriff seine Hände, drückte sie und schaute ihm in die Augen.

Sie zögerte.

Sie warf ihre Haare in den Nacken, schüttelte sie, warf sie nochmals in den Nacken.

Dann sagte sie es: «Marcel, ich wünsche mir ein Kind mit dir.»

Jetzt war es endlich draussen. Deutlicher konnte sie es nicht aussprechen. Mit grossen Augen schaute sie Marcel an. Sie spürte ihren Puls in den Schläfen.

Marcel blickte Selma lange an, neigte den Kopf nach unten, starrte mehrere Sekunden auf den Boden, richtete den Kopf wieder auf und schaute Selma in die Augen. Leise sagte er: «Liebste Selma, ich», er stockte, atmete tief ein und aus und sagte laut: «Ja, ich möchte auch ein Kind mit dir ...»

Selma fiel ihm um den Hals, sie küsste, herzte und umarmte ihn.

Marcel hielt Selma plötzlich an den Oberarmen fest, drückte mit seinen Händen kräftig zu, stiess sie etwas von sich und schaute ihr tief in die Augen: «Aber da ist noch etwas, was ich dir sagen muss.»

«Marcel?», fragte Selma etwas verstört. Sein fester Händedruck irritierte sie.

«Selma, ich war beim Arzt. Er schickte mich zu einem Spezialisten. Und dieser ...»

Selma spürte, wie Marcels Hände schwach wurden, sie sah, wie seine Augen matt wurden, sich nach oben verdrehten. Marcels Körper sackte zusammen und fiel zu Boden.

«Marcel, Liebster», sagte Selma leise, kniete sich zu ihm und schüttelte ihn.

«Ich ... liebe ... wünsche ... ein Kind ...», sagte Marcel noch.

FORTSETZUNG FOLGT.

ALPSEGEN

Im ersten Teil der Romanserie berichtet die Reporterin Selma Legrand-Hedlund über eine Schweizer Alp. Doch das Leben hoch über dem Lauenensee im Saanenland ist alles andere als friedlich. In einem Mix aus alten Geschichten, wirtschaftlicher Not und einem ungeklärten Todesfall wird Selma aufgerieben. Gefühle wegen einer grossen alten und einer neuen Liebe bringen sie zusätzlich durcheinander. Zudem treibt im Saanenland ein mysteriöser Baumfrevler sein Unwesen. Die Reporterin kann ihn entlarven.

Doch nicht nur das Abenteuer im Berner Oberland erschüttert Selma, auch zu Hause in Basel bahnt sich eine böse Überraschung an: Ihre Schwester Elin kommt in Selmas Abwesenheit einem alten Familiengeheimnis auf die Spur. Sie hegt den Verdacht, dass Selma und sie nur Halbschwestern seien, dass Selmas Vater in Wirklichkeit ein schwedischer Kunstmaler sei. Eines Nachts führt Charlotte ihre Tochter in die geheimnisvolle Wohnung im zweiten Stock des Hauses «Zem Syydebändel». Die Wohnung war für viele Jahre für Selma und Elin tabu. Jetzt erfährt Selma den Grund: In der Wohnung lagern mehrere Bilder eines Kunstmalers, dessen Bilder ihren Werken sehr ähnlich sind.

Philipp Probst · **Alpsegen**
238 Seiten, ISBN: 978-3-85830-266-3

WÖLFE

Reporterin Selma bricht zu ihrem zweiten Abenteuer auf: «Wölfe» folgt als Nachfolgeroman auf «Alpsegen». Liebe, Drama und Abenteuer vermischen sich zu einer spannenden Geschichte.

Das Leben der Basler Reporterin Selma gerät bei einer Fotoreportage in Engelberg gehörig aus den Fugen. Dabei wollte sie doch nur den Auftrag ihres Chefs erfüllen und tolle Fotos von einer Gruppe Freeridern machen. Bald schon verstrickt sie sich in mehrere Geschichten, muss aus einer Gletscherspalte gerettet werden und schaut in den Lauf eines Gewehrs. Während ein Stalker gesucht wird, schafft sie das Unglaubliche: Sie kommt wilden Wölfen ungewöhnlich nahe. Zudem erfährt Selma Legrand-Hedlund, dass sie eine Halbschwester oder einen Halbbruder hat, und sie hegt Gefühle für mehr als nur einen Mann.

Während «Alpsegen» die Leserinnen und Leser ins Berner Oberland mitnimmt, spielt die Geschichte in «Wölfe» in Engelberg und der umliegenden Bergwelt. Die Orte für seine Romane sucht sich Philipp Probst gezielt aus. Um Fiktion und Realität miteinander zu verweben, verbringt Philipp Probst immer einige Tage in der Region, in der seine Geschichte spielt.

Philipp Probst · **Wölfe**
242 Seiten, ISBN: 978-3-85830-276-2

GIPFELKUSS

Zum dritten Mal in Folge gerät die Basler Reporterin Selma in ein gefährliches Abenteuer. Wie immer sieht es zu Beginn nach einem harmlosen Auftrag aus: Auf dem Piz Bernina soll sie ein Hochzeitspaar aus besserem Haus fotografieren, Gipfelkuss inklusive. Ein alter Bergsteiger jedoch warnt vor der Tour – alle würden sterben. Als sich oben auf dem Gipfel ein Drama abspielt, können Vater, Mutter und Freund nur hoffen. Dabei hat sich Selma doch so sehr gewünscht, nach der Tour zusammen mit ihrem Papa, dem sie erst vor wenigen Tagen zum ersten Mal begegnete, im Engadin Bilder zu malen.

Der Roman bietet Abenteuer, Drama und Romantik zugleich. Autor Philipp Probst knüpft mit dem dritten Werk seiner Romanserie gekonnt an die erfolgreichen Titel «Alpsegen» und «Wölfe» an und sorgt erneut für unterhaltsame Lektüre. Als Leserin und Leser bekommt man auch Lust, die geschilderten Regionen selbst zu besuchen und kennenzulernen.

Philipp Probst · **Gipfelkuss**
272 Seiten, ISBN: 978-3-85830-291-5